Collection dirigée par Jean-Pierre Demarche

Du mot à la phrase

VOCABULAIRE ANGLAIS CONTEMPORAIN ET EXERCICES

Michel DUMONG
Jean POUVELLE
Professeurs en Classes Préparatoires au lycée Roosevelt, Reims

Christine KNOTT
Professeur à la Préparation Colbert, Reims

ellipses

EDITION MARKETING
EDITEUR DES PREPARATIONS
GRANDES ECOLES MEDECINE
32, rue Bargue 75015 PARIS

ISBN 2-7298-9466-7

PRÉFACE

Cet ouvrage s'adresse aux élèves du second cycle de l'enseignement secondaire, aux étudiants des classes préparatoires (en particulier dans les sections scientifiques), ou aux grands débutants qui souhaitent améliorer rapidement leurs connaissances lexicales.

Le but visé est d'enrichir l'expression orale tout autant que de faciliter la rédaction de textes ou de commentaires.

Pour rendre cette tâche plus aisée, chacun des trente-cinq chapitres thématiques est divisé selon les catégories auxquelles les éléments appartiennent : noms, adjectifs, adverbes, verbes, expressions, phrases.

Chaque chapitre est suivi d'une série d'exercices permettant de vérifier et de stimuler l'apprentissage. Les chapitres sont regroupés en neuf grandes parties, dont chacune est reprise par un QCM récapitulatif.

Le choix des éléments n'a pas été limité à un registre particulier, de façon à ce que chacun y trouve son compte dans des circonstances et domaines variés. Nous nous sommes efforcés de faire un tri, afin que ne figurent dans cet ouvrage que le vocabulaire essentiel – celui qui doit devenir actif – et les expressions qu'un bon élève de second cycle ou qu'un bon étudiant non spécialiste devrait à notre sens posséder. Ainsi avons-nous éliminé tous les mots qui nous semblaient susceptibles d'encombrer inutilement la mémoire.

Chaque chapitre vise à fournir non seulement le vocabulaire thématique propre, mais aussi les mots et les expressions qui permettent de traiter le sujet. Il concilie donc le classement thématique et l'approche notionnelle.

Conçu pour être avant tout un outil d'apprentissage et de révision en vue de tests ou examens, cet ouvrage devrait aussi constituer une aide appréciable dans la rédaction d' "essays" ou de devoirs. Il peut enfin se révéler un vade-mecum utile lors d'un séjour en pays anglophone. N'oublions pas qu'un élément lexical n'est vraiment acquis que lorsqu'il trouve sa place dans un énoncé suivi, écrit ou oral.

Notre souhait le plus vif est que cet ouvrage soit pour vous un passeport en bonne et due forme pour une meilleure pratique de la langue anglaise.

Les auteurs

TABLE DES MATIÈRES

I. THE HUMAN BEING

1. THE HUMAN BODY — LE CORPS HUMAIN

Vocabulaire général

the body	*le corps*	health	*la santé*
the heart	*le cœur*	strength	*la force*
blood	*le sang*	weakness	*la faiblesse*
the stomach	*l'estomac*	balance	*l'équilibre*
the skeleton	*le squelette*	the weight	*le poids*
a bone	*un os*	tiredness	*la fatigue*
the frame	*l'ossature*	exhaustion	*l'épuisement*
the flesh	*la chair*	digestion	*la digestion*
the skin	*la peau*	a giant	*un géant*
the neck	*le cou*	a dwarf	*un nain*
the throat	*la gorge*	a cripple	*un handicapé*
a lung	*un poumon*	a blind person	*un aveugle*
the breath	*l'haleine, le souffle*	the blind	*les aveugles*
sweat	*la sueur*	a step	*un pas*
the head	*la tête*	a stride	*une enjambée*
the hair (sing.)	*les cheveux*	a leap	*un bond*
a hair	*un cheveu, un poil*	a movement	*un mouvement*
the nose	*le nez*	motion	*le mouvement*
the mouth	*la bouche*	an attempt	*une tentative*
the voice	*la voix*	a try	*un essai*
a moustache	*une moustache*	rest	*le repos*
a beard	*une barbe*	sleep	*le sommeil*
a tooth (teeth)	*une dent*	perception	*la perception*
the tongue	*la langue*	the senses	*les sens*
an eye	*un œil*	sight	*la vue*
a tear	*une larme*	hearing	*l'ouïe*
an ear	*une oreille*	touch	*le toucher*
an arm	*un bras*	smell	*l'odorat*
a hand	*une main*	taste	*le goût*
a fist	*un poing*	beauty	*la beauté*
a finger	*un doigt*		
a leg	*une jambe*	healthy	*bien portant*
a knee	*un genou*	unhealthy	*maladif*
a foot (feet)	*un pied*	lively	*vif*

sound	_sain_
tired	_fatigué_
exhausted	_épuisé_
worn-out	_fourbu_
smart	_chic, élégant_
lovely	_ravissant_
good-looking	_beau, belle_
handsome	_beau_
pretty	_joli_
ugly	_laid_
visible	_visible_
invisible	_invisible_
clever	_intelligent_
awkward	_maladroit_
stiff	_raide_
small, short	_petit_
light	_léger_
heavy	_lourd_
thin, lean	_maigre_
fat	_gros_
overweight	_obèse_
large	_grand, gros_
enormous, huge	_énorme_
gigantic	_gigantesque_
tiny	_tout petit_
well-fed	_bien nourri_
ill-fed	_mal nourri_
tall	_grand_
quick, fast	_rapide_
brisk	_animé, vif_
clean	_propre_
dirty	_sale_
tidy	_ordonné_
untidy	_désordonné_
naked	_nu_
rough	_rude, grossier_
tough	_dur, robuste_
soft	_doux_
smooth	_lisse_
handy	_adroit_
sun-tanned	_bronzé_
muscular	_musclé_
powerful	_puissant_
fit	_en forme_
fair-haired	_blond_
broad-shouldered	_large d'épaules_
pale	_pâle_
blue-eyed	_aux yeux bleus_
bald (-headed)	_chauve_
wrinkled	_ridé_
deaf	_sourd_
dumb	_muet_
deaf and dumb	_sourd-muet_
quite	_assez_
still	_encore, toujours_

extremely, exceedingly	_excessivement_
strikingly	_remarquablement_
carefully	_prudemment_
delicately	_délicatement_
gently, softly	_doucement_
lightly	_légèrement_
roughly	_brutalement_
painfully	_péniblement_
quickly, swiftly	_rapidement_
fast	_vite_
energetically	_énergiquement_
steadily	_régulièrement_
slightly	_légèrement, un peu_
approximately	_environ_
prettily	_joliment_
sexually	_sexuellement_
backward(s)	_en arrière_
forward(s)	_en avant_
sideways	_de côté_
to and fro	_de long en large_
back and forth	_en allant et venant (va-et-vient)_
to leave*	_quitter, partir_
to go*	_aller_
to go* on	_continuer_
to go* away	_s'en aller_
to quit*	_quitter, cesser_
to come*	_venir_
to come* upon	_tomber sur_
to meet*	_rencontrer_
to push	_pousser_
to pull	_tirer_
to move	_bouger_
to move on	_avancer_
to hold*	_tenir_
to seize	_saisir_
to stand*	_être debout_
to stand* up	_se lever_
to lie*	_s'étendre, être allongé_
to lie* down	_s'allonger_
to lay*	_poser, mettre_
to lay* out	_disposer_
to lay* down	_poser, déposer_
to bring*	_apporter_
to bring* up	_élever (enfant)_
to carry	_porter_
to carry on	_continuer_
to carry out	_effectuer_
to bear*	_porter, supporter_
to drag	_traîner_
to fetch	_aller chercher_
to weigh	_peser_
to hit*	_frapper_
to beat*	_battre_

to punch *donner un coup de poing à*
to strike*, to knock *frapper*
to kick *donner un coup de pied à / dans*
to break* *casser*
to bite* *mordre*
to sting* *piquer*
to throw*, to cast* *jeter, lancer*
to put* *mettre*
to try *essayer*
to sit* *s'asseoir, être assis*
to sit* down *s'asseoir*
to dance *danser*
to kneel* *s'agenouiller*
to run* *courir*
to run* away *se sauver*
to rush *se précipiter*
to swim* *nager*
to climb *grimper*
to jump *sauter*
to leap* *bondir*
to start *commencer, partir, sursauter*
to startle *faire sursauter*
to flee* *fuir, s'enfuir*
to hide* *(se) cacher*
to make* up *se maquiller*
to cut* *couper*
to cut* off *couper, amputer*
to turn *(se) tourner*
to turn up *arriver, venir*
to turn over *retourner*
to turn round *se retourner*
to give* *donner*

to give* up *abandonner*
to look *paraître*
to look for, to search for *chercher*
to search *fouiller*
to sleep* *dormir*
to rest *se reposer*
to become* *devenir*
to remain *demeurer, rester*
to stay *rester*
to breed* *engendrer*
to survive *survivre*
to blow* *souffler*
to breathe *respirer*
to cough *tousser*
to smoke *fumer*
to sneeze *éternuer*
to sniff *renifler*
to spit* *cracher*
to digest *digérer*
to vomit *vomir*
to be sick *vomir, être malade*
to starve *être affamé*
to sweat, to perspire *suer*
to get* *obtenir*
to get* up *se lever*
to get* out *sortir*
to feel* *sentir*
to smell* *sentir (odeur)*
to stink* *puer*
to fight* *se battre*
to struggle *lutter*
to work *travailler*
to toil *peiner*
to practise *pratiquer, s'exercer*

Vocabulaire spécialisé

the skull *le crâne*
the forehead *le front*
a wrinkle *une ride*
an eyebrow *un sourcil*
a nostril *une narine*
a cheek *une joue*
a jaw *une mâchoire*
the lips *les lèvres*
the limbs *les membres*
a shoulder *une épaule*
an elbow *un coude*
a rib *une côte*
an ankle *une cheville*
a toe *un orteil*
a nail *un ongle*
the trunk *le tronc*

the spine *l'épine dorsale*
the backbone *la colonne vertébrale*
a vertebra (vertebrae) *une vertèbre*
the bust *la poitrine (femme)*
the breasts *les seins*
the womb *l'utérus*
the hips *les hanches*
the navel *le nombril*
the liver *le foie*
the intestines *l'intestin*
the kidneys *les reins*
fat *la graisse*
saliva *la salive*
urine *l'urine*
semen *le sperme*

Clothing — *L'habillement*

clothes	*les vêtements*
a garment	*un vêtement*
a hat	*un chapeau*
a cap	*une casquette*
a scarf (scarves)	*une écharpe*
gloves	*des gants*
a sleeve	*une manche*
a coat	*un manteau*
a raincoat, a mac	*un imperméable*
a jacket	*une veste*
a shirt	*une chemise*
a tie, a neck-tie (US)	*une cravate*
a suit	*un costume, un tailleur*
a blouse	*un chemisier*
a vest	*un tricot de corps*
a jumper, a sweater	*un pull*
a T-shirt	*un tee shirt*
a dress	*une robe*
a skirt	*une jupe*
(a pair of) trousers	*un pantalon*
(a pair of) jeans	*un jean*
(a pair of) shorts	*un short*
(a pair of) briefs	*un slip*
(a pair of) knickers	*une culotte*
(a pair of) tights	*un collant*
a sock	*une chaussette*
slippers	*des chaussons*
sports shoes	*des chaussures de sport*
tennis shoes	*des chaussures de tennis*
boots	*des bottes, des chaussures montantes*
to wear*	*porter*
to dress, to get* dressed	*s'habiller*
to undress, to get* undressed, to strip	*se déshabiller*
to put* on	*mettre*
to try on	*essayer*
to get* changed	*se changer*
to pull up	*remonter, tirer*
to roll up	*retrousser*
to fold	*plier*
to unfold	*déplier*

Motion — *Le mouvement*

to walk	*marcher*
to wander	*errer, flâner*
to stroll	*flâner*
to head for	*se diriger vers*
to bump into	*rencontrer par hasard*
to tread* on	*marcher sur*
to trip, to stumble	*trébucher*
to step	*faire un / des pas*
to crawl	*ramper, se traîner*
to creep*	*ramper*
to drag	*traîner, tirer*
to collapse	*s'effondrer*
to faint	*s'évanouir*
to bend*	*se courber*
to spring*	*bondir*
to hurl	*jeter (avec violence)*
to handle	*manipuler, manier*
to manipulate	*manœuvrer*
to twist	*tordre*
to grasp	*saisir*
to grip	*serrer*
to cling* (to)	*s'accrocher (à)*

The senses — *Les sens*

to make* out	*discerner*
to stare (at)	*dévisager, fixer*
to gaze (at)	*contempler*
to glance (at)	*jeter un coup d'œil*
to glare (at)	*lancer un regard furieux*
to peep (at)	*regarder furtivement*
to have a glance (at)	*jeter un coup d'œil*
to catch a glimpse of	*entrevoir*
to taste	*goûter*
to hear*	*entendre*
to listen (to)	*écouter*
to shiver	*frissonner*
to blush	*rougir*
to tremble	*trembler*

Expressions

to do one's best	*faire de son mieux*
to do an exercise	*faire un exercice*
to do a favour	*rendre un service*
to do a job	*faire un travail*
to do some work	*faire du travail*
to do the cooking	*faire la cuisine*
Can you do something for me?	*Pouvez-vous faire quelque chose pour moi ?*
What is to be done?	*Que faut-il faire ?*
How do you do!	*Enchanté !*
to make a cake	*faire un gâteau*
to make an attempt	*faire une tentative*
to make an effort	*faire un effort*
to make a mistake	*faire une erreur*
to make a noise	*faire du bruit*
to make love	*faire l'amour*
to make someone do something	*forcer quelqu'un à faire quelque chose*
to make a good job of it	*faire du bon travail*
to make do with	*faire avec, se contenter de*
to have a cold	*être enrhumé*
to have a suntan	*être bronzé*
to have a walk	*faire une promenade*
to have a look	*jeter un coup d'œil*
to have a try / a go	*essayer, tenter le coup*
to have a rest	*se reposer*
to have a nap / a siesta	*faire un somme / une sieste*
to have a good time	*bien s'amuser*
to have someone do something	*faire faire quelque chose par quelqu'un*
to have something done	*faire faire quelque chose*
to have a bite to eat	*manger un morceau*
to have a breath of fresh air	*prendre l'air*
to have one's hair cut	*se faire couper les cheveux*
to get drowned	*se noyer*
to get something done	*faire faire quelque chose*
to get someone to do something	*faire faire quelque chose à quelqu'un*
to get killed	*se faire tuer*
to go cycling	*faire du vélo*
to go swimming	*faire de la natation*
to give someone a hand	*donner un coup de main à quelqu'un*
to be cold / hot	*avoir froid / chaud*
to be thirsty / hungry	*avoir soif / faim*
to be parched	*mourir de soif*
to be starving	*mourir de faim*
to be blind drunk	*être ivre mort*
to be safe and sound	*être sain et sauf*
to be in the nude / stark naked	*être nu / nu comme un ver*
to be five feet tall	*mesurer 1m50*
to be five months pregnant	*être enceinte de cinq mois*
to weigh ten stone	*peser 63kg*

to feel well / fine	*se sentir bien*
to feel unwell	*ne pas se sentir bien*
to feel seasick	*avoir le mal de mer*
to feel carsick / homesick	*avoir le mal de voiture / du pays*
to look fit / well	*avoir l'air bien / en forme*
to look in good shape / form	*avoir l'air en bonne forme*
to look like one's parents	*ressembler à ses parents*
to sound like one's parents	*parler comme ses parents*
to keep an eye on	*avoir l'œil à / sur, surveiller*
to keep on doing something	*continuer à faire quelque chose*
I can't swim	*Je ne sais pas nager*
He *can* drive	*Il sait bien conduire*
She *can't* dress	*Elle s'habille mal*
I could not help him	*Je ne pouvais (pourrais) pas l'aider*
I was not able to help him	*Je n'ai pas pu l'aider*
I can smell her perfume	*Je sens son parfum*
I can see him coming	*Je le vois venir*
I can't hear what you are saying	*Je n'entends pas ce que vous dites*
to smell of perfume	*sentir le parfum*
to blow one's nose	*se moucher*
to turn / go red	*rougir*
to turn / go pale	*blêmir*
to lose weight	*perdre du poids*
to put on weight	*prendre du poids*
to be on a slimming diet	*être au régime*
to sleep rough	*coucher dehors / à la dure*
to rough it	*vivre à la dure*
to roll up one's sleeves	*retrousser les manches*
to cut one's finger	*se couper le doigt*
to have one's finger cut off	*se faire sectionner le doigt*
to shout at someone	*crier après quelqu'un*
to let someone in	*faire entrer quelqu'un*
to see someone out	*raccompagner quelqu'un*
to kick a door open	*ouvrir une porte à coups de pied*
to knock someone unconscious	*assommer quelqu'un*
to kick someone out	*mettre quelqu'un à la porte / vider quelqu'un*
to stop doing something	*arrêter de faire quelque chose*
to stop to do something	*s'arrêter pour faire quelque chose*
to drag one's feet	*traîner les pieds*

Phrases

Give me a hand, will you?
Donne-moi un coup de main, veux-tu ?

Do me a favour, will you? Could you help me carry this luggage?
Rends-moi un service, s'il te plaît. Pourrais-tu m'aider à porter ces bagages ?

She has always done her best to make their life easier.
Elle a toujours fait de son mieux pour leur rendre la vie plus facile.

I must get some work done before I go out.
Il faut que je m'avance dans mon travail avant de sortir.

Every five steps she would stop to glance at herself in a shop-window.
Tous les cinq pas elle s'arrêtait devant une vitrine pour s'y regarder un bref instant.

"I have nothing to offer but blood, toil, tears and sweat." (Winston Churchill, 13 May, 1940)
Je n'ai rien à vous proposer que sang, peine, larmes et sueur.

—What is the sergeant like? —He is short, thickset and slightly overweight.
— A quoi le sergent ressemble-t-il ? — Il est petit, trapu, légèrement corpulent.

It was so hot, I felt like having a nice cold beer.
Il faisait si chaud (que) j'avais envie d'une bonne bière glacée.

I could smell her heady perfume even before I saw her.
Je sentis son parfum entêtant avant même de la voir.

Amelia may look like her father, but on the phone she definitely sounds like her mother.
Il est possible qu'Amélie ressemble à son père, mais au téléphone on dirait sa mère.

Exercices

I. Apparier chaque mot de la colonne de gauche avec un mot de la colonne de droite. Rétablir l'article indéfini devant les groupes nominaux.

comfortable	body
healthy	handsome
sexually	forehead
smart	loud
blue-eyed	step
strikingly	dress
painfully	attractive
broken	jumper
brisk	blonde
wrinkled	arm

II. Compléter en utilisant les verbes do / make / get / have / can à la bonne forme :

1. Nowadays some young husbands … the cooking and cleaning while their wives go out to work.
2. The refugees had to … do with little food.
3. Nigel certainly proved that he … drive : he won 13 Grand Prix that year!
4. I wonder how Henry always manages to … a suntan right in the middle of winter.
5. He … killed in a car crash last year.
6. On a Sunday he always … a light meal and then a short rest.
7. I wish you would … an effort to look more tidy.
8. The journalist … mistakenly beaten up by the police last week.
9. He stepped off the jetty into the sea and as he … swim, he … drowned.
10. Watching some people eat and drink often … me feel sick.

III. Compléter en employant les formes verbales appropriées :

He (1)... up smoking when he read that it could induce cancer.
After several unsuccessful attempts he finally (2)... to cross the border and settle in America.
Joe has certainly put on weight in the past few years : he now (3)... over 18 stone.
He (4)... so much like his father that I can't tell the difference when he answers the phone.
It always takes Mary ages to (5)... ... as she can't choose between all her clothes.
Please give me something to eat, I'm (6)... .
I saw the two brutes (7)... the unfortunate passer-by within an inch of his life.
My mother used to say to me,
"You must not (8)... the apple tree,
For if you do your pants you'll tear,
And then you'll have nothing to (9)... ."
Yesterday Jack (10)... the whole house without being able to find his glasses.

2. Feelings — Les sentiments

a feeling	*un sentiment*
a mood	*une humeur*
temper	*le caractère*
happiness	*le bonheur*
delight, joy	*la joie*
pleasure	*le plaisir*
fun	*l'amusement*
satisfaction	*la satisfaction*
self-satisfaction	*l'autosatisfaction*
sadness	*la tristesse*
displeasure	*le mécontentement*
dissatisfaction	*l'insatisfaction*
sorrow	*la peine, le chagrin*
grief	*la douleur, la peine*
mourning	*le deuil*
worry	*le souci*
anxiety	*l'inquiétude*
hope	*l'espoir*
optimism	*l'optimisme*
enthusiasm	*l'enthousiasme*
determination	*la détermination*
eagerness	*l'empressement*
goodwill	*la bienveillance*
reluctance	*la réticence*
apathy	*l'apathie*
pessimism	*le pessimisme*
hopelessness, despair	*le désespoir*
resignation	*la résignation*
indifference	*l'indifférence*

selfishness	*l'égoïsme*
self-indulgence	*l'amour de son propre confort*
care	*l'attention*
prudence	*la prudence*
sensitivity	*la sensibilité*
intuition	*l'intuition*
love	*l'amour*
seduction	*la séduction*
appeal	*le charme, l'attrait*
charisma	*le charisme*
warmth	*la cordialité*
friendship	*l'amitié*
harmony	*l'harmonie*
tolerance	*la tolérance*
sympathy	*la compassion*
pity	*la pitié*
mercy	*la pitié, la grâce*
indulgence	*l'indulgence*
benevolence	*la bienveillance*
kindness	*la gentillesse*
hate, hatred	*la haine*
bitterness	*l'amertume*
resentment	*le ressentiment*
spite	*la malveillance*
deception	*la tromperie*
envy	*l'envie*
jealousy	*la jalousie*
intolerance	*l'intolérance*

severity, sternness	*la sévérité*
cruelty	*la cruauté*
scorn	*le mépris, le dédain*
contempt	*le mépris*
pride	*la fierté*
self-confidence	*la confiance en soi*
self-esteem	*l'amour-propre*
vanity	*la vanité, l'orgueil*
confidence, trust	*la confiance*
shame	*la honte*
guilt	*la culpabilité*
self-consciousness	*la gêne*
shyness	*la timidité*
imprudence	*l'imprudence*
carelessness	*la négligence*
calm	*le calme*
quiet	*le calme, la paix*
patience	*la patience*
self-control	*la maîtrise de soi*
stress	*le stress*
strain	*la tension*
agitation	*l'agitation*
anger	*la colère*
impatience	*l'impatience*
frustration	*la frustration*
exasperation	*l'exaspération*
shock	*le choc*
frenzy	*la frénésie*
approval	*l'approbation*
congratulations	*les félicitations*
a reward	*une récompense*
disapproval	*la désapprobation*
a difference	*un différend*
a reproach	*un reproche*
a row, an argument	*une dispute*
a quarrel	*une querelle*
recklessness	*la témérité*
fear	*la peur*
fright	*l'effroi*
dread, terror	*la terreur*
panic	*la panique*
dismay	*le désarroi*
a coward	*un lâche*
courage	*le courage*
a hero	*un héros*
surprise	*la surprise*
astonishment	*l'étonnement*
amazement	*la stupéfaction*
wonder	*l'émerveillement*
admiration	*l'admiration*
a sign	*un signe*
a hint	*une allusion*
a smile	*un sourire*
laughter	*le rire*
a tear	*une larme*
a breakdown	*une dépression*

a fit	*une crise, un accès*
a blunder	*une gaffe*
a bond	*un attachement*
a tie	*un lien*
moody	*lunatique*
happy	*heureux*
unhappy	*malheureux*
delighted	*ravi*
merry	*gai*
cheerful	*enjoué, gai*
pleased	*content*
displeased	*mécontent*
satisfied	*satisfait*
dissatisfied	*insatisfait*
self-satisfied	*suffisant*
sad	*triste*
sorry	*désolé*
worried	*soucieux*
depressed	*déprimé*
pleasant, enjoyable	*agréable*
welcome	*bienvenu*
delightful	*charmant*
amusing	*amusant*
funny	*drôle*
hilarious	*hilarant*
hopeful	*plein d'espoir*
hopeless	*sans espoir*
optimistic	*optimiste*
pessimistic	*pessimiste*
enthusiastic	*enthousiaste*
determined	*décidé*
eager	*avide, désireux*
anxious	*inquiet, impatient*
reluctant	*réticent*
resigned	*résigné*
indifferent	*indifférent*
melancholy	*mélancolique*
downhearted	*découragé*
desperate	*désespéré*
proud	*fier*
self-confident	*sûr de soi*
vain	*vaniteux*
boastful	*vantard*
ashamed	*honteux, confus*
unashamed	*éhonté*
shameless	*effronté*
guilty	*coupable, confus*
self-conscious	*gêné*
loving, affectionate	*affectueux*
lovely	*ravissant*
attractive	*séduisant*
fascinating	*fascinant*
charming	*charmant*
keen	*enthousiaste, ardent*
fond	*affectueux, tendre*

friendly *amitieux*
sincere *sincère*
earnest *sérieux*
kind, kindly *bon, gentil, brave*
gentle *doux*
nice *gentil, sympathique*
sympathetic *compréhensif*
sensitive *sensible*
intuitive *intuitif*
insensitive *insensible*
tolerant *tolérant*
intolerant *intolérant*
merciful *clément*
benevolent *bienveillant*
severe, stern *sévère*
merciless *sans merci*
pitiless *sans pitié*
ruthless *impitoyable*
pitiful *pitoyable*
pathetic *navrant*
cruel *cruel*
bitter *amer*
resentful *rancunier*
jealous *jaloux*
deceptive *trompeur*
hateful *haïssable*
scornful *méprisant*
contemptible *méprisable*
selfish *égoïste*
careful *prudent*
careless *insouciant*
imprudent *imprudent*
reckless *téméraire*
shy *timide*
timid *timoré, craintif*
reserved *réservé*
confident *confiant*
trustworthy *digne de confiance*
suspicious *méfiant*
frightened *effrayé*
scared *affolé*
panic-stricken *paniqué*
fearless *intrépide*
dreadful *affreux, atroce*
awful *terrible, affreux*
terrible *effroyable*
terrifying *terrifiant*
appalling *épouvantable*
terrific *fantastique*
formidable *redoutable*
horrible *horrible*
awesome *impressionnant ; terrifiant*

angry *en colère*
annoyed *agacé, contrarié*
furious *furieux*

bad-tempered *grincheux*
mad *furieux*
upset *contrarié, vexé*
offended *offensé*
shocked *choqué*
frantic *hors de soi*
shocking *choquant*
approving *approbateur*
disapproving *désapprobateur*
rewarding *gratifiant*
reproachful *réprobateur*
quarrelsome *querelleur*
challenging *provocateur*
calm, quiet *calme*
patient *patient*
impatient *impatient*
cool *calme, décontracté*
casual *désinvolte*
nervous *nerveux, tendu*
stressed *stressé*
rash *impétueux*
courageous *courageux*
heroic *héroïque*
daring *audacieux*
dedicated *dévoué*
painstaking *assidu, appliqué*
surprised *surpris*
astonished *étonné*
amazed *stupéfait*
admirative *admiratif*
wonderful *merveilleux*
amazing *stupéfiant*
smiling *souriant*
laughing *riant, rieur*
tearful *larmoyant*
exuberant *exubérant*
bold *hardi*

hard *dur, durement*
hardly *à peine*
happily *joyeusement*
pleasantly *agréablement*
cheerfully *gaiement*
delightfully *délicieusement*
tremendously *terriblement*
sincerely *sincèrement*
faithfully *fidèlement*
sadly *tristement*
anxiously *anxieusement ; avec impatience*
hopefully *avec (bon) espoir*
optimistically *avec optimisme*
enthusiastically *avec enthousiasme*
hopelessly *sans espoir*
desperately *désespérément*
willingly *volontiers*

eagerly *avec impatience, ardemment*
reluctantly *à regret*
indifferently *d'une façon médiocre*
lovingly *tendrement*
attractively *d'une manière attrayante*
charmingly *d'une façon charmante*
intuitively *intuitivement*
calmly *calmement*
quietly *tranquillement*
patiently *patiemment*
impatiently *impatiemment*
coolly *calmement*
casually *avec désinvolture*
nervously *nerveusement*
anxiously *avec inquiétude*
fearlessly *intrépidement*
fearfully *craintivement*
awfully, terribly *terriblement*
formidably *d'une manière effrayante*
horribly *horriblement*
boldly *audacieusement*
kindly *avec gentillesse*
gently *doucement*
nicely *gentiment*
sympathetically *avec compassion*
tolerantly *avec indulgence*
intolerantly *avec intolérance*
mercifully *avec clémence*
severely, sternly *sévèrement*
ruthlessly *impitoyablement*
pathetically *pitoyablement*
deeply *profondément*
cruelly *cruellement*
bitterly *amèrement*
jealously *jalousement ; avec vigilance*
deceptively *faussement*
scornfully *avec mépris*
proudly *fièrement*
confidently *avec confiance*
vainly *vaniteusement ; vainement*
boastfully *en se vantant*
self-consciously *d'une manière gênée*
shamelessly *sans vergogne*
shyly *avec réserve*
timidly *timidement*
selfishly *égoïstement*
carefully *soigneusement*
carelessly *négligemment*
prudently *prudemment*
recklessly *imprudemment*
courageously *courageusement*
heroically *héroïquement*

angrily *avec emportement*
madly *follement, éperdument*
wonderfully *merveilleusement*
amazingly *étonnamment*
reproachfully *avec reproche, d'un air de reproche*

to feel* *(res)sentir*
to sense *(pres)sentir*
to please *plaire*
to displease *déplaire*
to satisfy *satisfaire*
to cheer up *égayer*
to mourn *pleurer, se lamenter*
to sulk *bouder*
to worry *s'inquiéter*
to hope *espérer*
to despair *désespérer*
to love *aimer*
to lure *attirer (par la ruse)*
to fascinate *fasciner*
to attract *attirer, séduire*
to appeal to *plaire à*
to charm *charmer*
to like *aimer (bien)*
to dislike *ne pas aimer*
to detest, to loathe *détester*
to sympathize *compatir*
to welcome *accueillir*
to tolerate, to put up with *tolérer, supporter*
to bear*, to stand* *supporter*
to pity *plaindre*
to indulge in *s'adonner à*
to hate *haïr*
to resent *s'offusquer de*
to deceive *tromper*
to hurt* *blesser*
to envy *envier*
to reproach *reprocher*
to quarrel, to argue *se disputer*
to betray *trahir, tromper*
to challenge *défier ; contester*
to disapprove (of), to frown on *désapprouver*
to calm (down) *(se) calmer*
to stress *stresser*
to strain *fatiguer, éprouver*
to frighten *faire peur à*
to dread *redouter*
to panic *paniquer*
to dare *oser ; défier*
to boast *se vanter*
to show* off *crâner*
to anger *mettre en colère*
to frustrate *frustrer*
to shock *choquer*

to offend	*offenser*	to sneer at	*se moquer de (méprisant)*
to upset*	*bouleverser*	to mock, to jeer at	*se moquer de*
to surprise	*surprendre*	to cry, to weep*	*pleurer*
to astonish	*étonner*	to sigh	*soupirer*
to wonder at	*s'émerveiller de*	to sob	*sangloter*
to admire	*admirer*	to break* down	*s'effondrer, craquer*
to look up to	*respecter*	to congratulate	*féliciter*
to smile	*sourire*	to reward	*récompenser*
to laugh	*rire*	to blunder	*faire une bévue*
to giggle	*glousser*	to promise, to pledge	*promettre*

Phrases et expressions

pleasure	***le plaisir***
to be pleased /satisfied / delighted with something	*être content / satisfait / ravi de quelque chose*
He is pleased with his new car.	*Il est content de sa nouvelle voiture.*
to be pleased / delighted to do something	*être content / ravi de faire quelque chose*
We were delighted to see them.	*Nous étions ravis de les voir.*
It was a pleasure indeed.	*C'était un réel plaisir.*
to enjoy oneself	*(bien) s'amuser*
We enjoyed ourselves at the party.	*Nous nous sommes bien amusés à la soirée.*
to burst out laughing	*éclater de rire*
to have the giggles	*avoir le fou rire*
sadness	***la tristesse***
to mourn someone's death	*pleurer la mort de quelqu'un*
What a shame (a pity)!	*Quel dommage !*
to feel sorry for someone	*plaindre quelqu'un*
to have a long face	*faire triste mine*
hope	***l'espoir***
Let's hope for the best!	*Espérons que les choses iront pour le mieux !*
I hope to be able to find him.	*J'espère pouvoir le trouver.*
I hope (that) you have a nice journey.	*J'espère que vous ferez bon voyage.*
Hopefully, we shall manage...	*Avec un peu de chance, on y arrivera...*
liking, inclination	***les penchants***
He likes a joke.	*Il aime la plaisanterie.*
He likes playing tricks.	*Il aime jouer des tours.*
I would like to visit India.	*J'aimerais visiter l'Inde.*
John is keen on good food.	*John aime beaucoup la bonne chère.*
They are keen to meet you.	*Ils tiennent à vous rencontrer.*
I do not care much for modern art.	*Je ne suis pas trop porté sur l'art moderne.*
I feel like (having) a nice cup of tea.	*J'ai envie d'une bonne tasse de thé.*
Do you fancy going for a walk?	*Ca te dit de faire une promenade ?*

enthusiasm	***l'enthousiasme***
She is eager to please.	*Elle est désireuse de plaire.*
He tries hard.	*Il fait son possible.*
He does his best.	*Il fait de son mieux.*
We are looking forward to meeting you.	*Nous attendons avec impatience de vous voir.*
to be in earnest	*être sincère*
wishes	***les souhaits***
I wish to leave as soon as possible.	*Je souhaite partir le plus tôt possible.*
I wish you would come with me.	*Je voudrais que vous veniez avec moi.*
I wish I were on holiday.	*Si seulement j'étais en vacances...*
I wish you had been with us last night.	*Je regrette que vous n'ayez pas été avec nous hier soir.*
to yearn for / to long for	*aspirer à / languir après*
to be willing to + inf	*être prêt à / disposé à + inf*
to be reluctant to + inf	*rechigner à + inf*
fear	***la crainte, la peur***
to be afraid of something	*avoir peur de quelque chose*
I'm afraid we shall be late.	*J'ai peur que nous soyons en retard.*
She's frightened of spiders.	*Elle a très peur des araignées.*
She was frightened by a huge spider.	*Elle a été effrayée par une énorme araignée.*
to be scared of something	*avoir une peur terrible de quelque chose*
I was scared stiff.	*J'avais une peur bleue.*
He fears the consequences of his acts.	*Il redoute les conséquences de son acte.*
He fears having to face the consequences.	*Il redoute de devoir faire face aux conséquences.*
pride	***la fierté***
to be proud of one's success	*être fier de sa réussite*
to be pleased with oneself	*être content de soi*
to take pride in (doing) something	*tirer fierté de faire quelque chose*
to boast of being the best	*se vanter d'être le meilleur*
to show off one's accomplishments	*étaler ses talents*
Stop showing off, will you!	*Arrête de crâner, veux-tu!*
preference	***la préférence***
I'd rather have this one.	*J'aimerais mieux prendre celui-ci.*
I'd rather you did not insist.	*Je préférerais que vous n'insistiez pas.*
I think I'd prefer to go there in February.	*Je pense que je préférerais y aller en février.*
Generally speaking, I prefer working at home.	*De manière générale, je préfère travailler à la maison.*
I prefer fruit juice to Coca Cola.	*Je préfère le jus de fruits au Coca Cola.*
love	***l'amour***
to fall in love with somebody	*tomber amoureux de quelqu'un*
to feel attracted to someone	*être attiré par quelqu'un*
love at first sight	*le coup de foudre*
to be fond of + nom ou gérondif	*aimer, avoir de l'affection pour*

hate	***la haine***
I can't bear (stand) him.	*Je ne peux pas le supporter.*
I can't stand the sight of him.	*Je ne peux pas le voir en peinture.*
to hurt someone's feelings	*froisser / blesser quelqu'un*
He did it out of spite	*Il l'a fait par malveillance*
indifference	***l'indifférence***
to make a casual remark	*faire une remarque en passant*
to be even-tempered	*être d'humeur égale*
I don't care.	*Je m'en fiche.*
I couldn't care less.	*Je m'en fiche pas mal.*
I don't give a damn. (fam.)	*Je m'en fiche comme de l'an quarante.*
Don't bother answering!	*Ne vous donnez pas la peine de répondre !*
approval, disapproval	***l'approbation, la désapprobation***
Do you mind if I use the car?	*Cela ne vous gêne pas si j'utilise la voiture ?*
Do you mind my using the car?	*idem*
Would you mind opening the window?	*Cela vous ennuierait d'ouvrir la fenêtre ?*
The mind boggles!	*On croit rêver !*
He must be out of his mind!	*Il a dû perdre la raison !*
anger	***la colère***
to be fed up with	*en avoir assez de*
to get on someone's nerves	*taper sur les nerfs de quelqu'un*
to lose one's temper	*se mettre en colère*
to fly into a temper	*exploser, éclater*
to be angry with someone	*être en colère contre quelqu'un*
to be angry at something	*être en colère à cause de quelque chose*
to be at odds with someone (over)	*être brouillé avec quelqu'un (à propos de)*
to have a row	*se disputer*
to be bad-tempered	*avoir mauvais caractère*
to put one's foot in it	*commettre une bévue*
depression	***la dépression***
to have the blues	*avoir le cafard*
to lose face	*perdre la face*
to feel depressed	*se sentir déprimé*
to feel lonely	*se sentir seul*
to burst into tears	*éclater en sanglots*
to have a nervous breakdown	*faire une dépression nerveuse*
to be on the verge of a breakdown	*être au bord de la dépression nerveuse*
recovery	***le rétablissement***
to get over a catastrophe	*surmonter une catastrophe*
to pull oneself together	*se ressaisir*
to pull through	*s'en tirer, s'en sortir*
to cheer up	*prendre espoir*
to take courage	*prendre courage*
necessity	***la nécessité***
He needs to have other people's help.	*Il a besoin de l'aide des autres.*
He needs other people's help.	*idem*

Need he come?	*Est-ce la peine qu'il vienne ?*
He need not come if he doesn't feel like it.	*Ce n'est pas la peine qu'il vienne s'il n'en a pas envie.*
You need not have come.	*Ce n'était pas la peine de venir.*
What's the use of worrying?	*A quoi cela sert-il de s'inquiéter ?*
It's no use worrying.	*Cela ne sert à rien de s'inquiéter.*
Is the place worth visiting / a visit?	*Est-ce que l'endroit vaut la peine d'être visité ?*

Proverbes

An eye for an eye, a tooth for a tooth.
Œil pour œil, dent pour dent.

Familiarity breeds contempt.
La familiarité engendre le mépris.

A friend in need is a friend indeed.
C'est dans le besoin que l'on connaît ses amis.

There's no use crying over spilt milk.
Ce qui est fait est fait.

Exercices

I. Compléter les phrases suivantes en utilisant les prépositions appropriés :

1. He is not keen ... parties : I think he only came ... ... politeness.
2. You need not attend the concert if you do not care ... modern music.
3. He seems to be delighted ... his new car.
4. I wish she would stop boasting ... her academic achievements.
5. Auntie Rose does not approve ... Louis' new haircut.
6. Soon after his divorce he started to indulge ... alcoholic drinks.
7. She is constantly quarrelling ... her husband ... the most trivial things.
8. Let's hope ... a quick improvement ... the economic situation.
9. Hyacinth takes great pride ... her artistic abilities.
10. After all that hard work we longed ... a couple of days' rest.

II. Reformuler les phrases suivantes en utilisant les éléments entre parenthèses :

1. They can't help sympathizing with poor Emma. (sorry)
2. They often quarrelled when they had to work together. (odds)
3. He said he would not tolerate all that noise every night. (put)
4. I'd like him to give up smoking. (wish)
5. If only I could have a cup of tea now. (feel)
6. Would you object to my taking a few days' holiday? (mind)
7. When he heard the news, he got very angry. (flew)
8. Nobody ever dared to blame her as she would immediately start crying. (burst)
9. For God's sake, man, take courage! (pull)
10. As she could not stand him, she carefully avoided him. (nerves)

III. Apparier un élément de la colonne de droite avec un élément de la colonne de gauche pour former des ensembles cohérents :

Frances lacks self-confidence.	In fact I am afraid he could not care less.
I feel sorry for Clara.	I can't stand their tasteless cooking.
No matter how hard he tries to please,	I'm afraid of hurting his feelings.
She need not come to the wedding	She's always the one who gets the blame.
John and his wife were constantly quarrelling.	people do not seem to like him.
I expected him to be more enthusiastic.	he keeps tolerably fit and cheerful.
You needn't have bothered sending a present.	if she doesn't feel like it.
I hate those fast-food places.	She needs other people's approval.
In spite of his age	They are not even grateful.
I daren't tell him.	Their life was a never-ending row.

3. THE MIND — L'ESPRIT

thinking	*la pensée*	care	*la sollicitude, la précaution*
a thought	*une pensée*	boredom	*l'ennui*
a thinker	*un penseur*	an investigation	*une investigation*
a philosopher	*un philosophe*	an inquiry	*une enquête*
awareness, consciousness	*la conscience*	a study	*une étude*
an idea	*une idée*	examination	*l'examen*
an afterthought	*une pensée après coup*	a clue	*un indice*
relevance	*la pertinence, l'à-propos*	evidence	*preuves/témoignages*
a point	*un propos, un point*	wisdom	*la sagesse*
an opinion	*un avis*	reason	*la raison*
advice	*des conseils*	prudence, caution	*la prudence*
a piece of advice	*un conseil*	sanity	*la raison, la santé mentale*
a discovery	*une découverte*	common sense	*le bon sens*
curiosity	*la curiosité*	knowledge	*le savoir*
intelligence	*l'intelligence*	know-how	*le savoir-faire*
understanding	*la compréhension*	information	*les renseignements*
the brain	*le cerveau*	education	*l'éducation*
a genius	*un génie*	training	*la formation*
a gift	*un don*	a qualification	*une qualification*
accuracy	*la justesse*	a diploma	*un diplôme*
meaning	*la signification*	a degree	*un diplôme universitaire*
a hint	*une allusion*	certainty	*la certitude*
a misunderstanding	*un malentendu*	trust, confidence	*la confiance*
a mistake	*une erreur*	security	*la sécurité*
attention	*l'attention*		
concentration	*la concentration*		

doubt	*le doute*
a puzzle	*un mystère, une énigme*
a quiz	*un jeu, une devinette*
an enigma	*une énigme*
a mystery	*un mystère*
a suspect	*un suspect*
suspicion	*des soupçons, la suspicion*
a suspicion	*un soupçon*
hesitation	*l'hésitation*
wit	*l'esprit, l'intelligence*
a wit	*un homme/une femme d'esprit*
humour	*l'humour*
irony	*l'ironie*
a joke	*une plaisanterie*
a pun	*un jeu de mots*
stupidity	*la stupidité*
foolishness	*la bêtise*
a fool	*un imbécile, un sot*
a half-wit	*un nigaud*
an idiot, a nitwit	*un idiot*
nonsense	*des inepties, des sottises*
a prejudice	*un préjugé*
memory	*la mémoire*
a memory	*un souvenir*
remembrance	*le souvenir*
a souvenir	*un souvenir (objet)*
a blank	*un trou de mémoire*
imagination	*l'imagination*
an impression	*une impression*
intuition	*l'intuition*
a guess	*une conjecture*
a fancy	*un caprice*
a fantasy	*une idée fantasque*
a dream	*un rêve*
a nightmare	*un cauchemar*
insomnia	*l'insomnie*
a hallucination	*une hallucination*
insanity	*la folie, la démence*
an obsession	*une obsession*
a compulsion	*une compulsion*
an addiction	*une dépendance*
lunacy	*l'aliénation mentale*
a lunatic	*un fou*
madness	*la folie*
a madman	*un fou*
a mania	*une manie*
a maniac	*un maniaque*
paranoia	*la paranoïa*
schizophrenia	*la schizophrénie*
thinking	*réfléchi*
aware, conscious	*conscient*
relevant, pertinent	*pertinent*
mistaken	*erroné*
odd	*bizarre*

strange	*étrange*
weird	*bizarre, curieux*
surprising	*surprenant*
intelligent, bright	*intelligent*
smart	*intelligent, habile*
clever	*astucieux, intelligent*
brilliant	*brillant*
gifted	*doué*
keen	*fin, aigu*
accurate	*précis*
logical	*logique*
broad-minded	*tolérant*
attentive	*attentif*
concentrated	*concentré*
careful	*consciencieux, soigneux*
bored	*qui s'ennuie*
boring	*ennuyeux*
inquisitive	*curieux*
curious	*curieux, bizarre*
absent-minded	*distrait*
wise	*sage*
reasonable	*raisonnable*
prudent, cautious	*prudent*
sane	*sain d'esprit*
commonsense	*de bon sens*
sensible	*sensé*
indiscriminate	*manquant de discernement*
knowledgeable	*bien documenté*
informed	*informé, renseigné*
educated	*instruit*
qualified	*qualifié*
well-read	*cultivé*
certain	*certain*
sure	*sûr*
convinced	*convaincu*
confident	*confiant*
determined	*déterminé, décidé*
stubborn	*têtu*
doubtful	*indécis*
puzzled	*perplexe*
puzzling	*inexplicable*
enigmatic	*énigmatique*
predictable	*prévisible*
unpredictable	*imprévisible*
mysterious	*mystérieux*
intricate	*complexe*
complicated	*compliqué*
suspicious	*méfiant, suspect*
wary	*prudent, méfiant*
cautious	*prudent*
witty	*spirituel*
humorous	*humoristique, amusant*
ironical	*ironique*
stupid	*stupide, bête*
irrelevant	*hors de propos*

foolish *idiot*
dull *peu intelligent*
thick *bouché, borné*
absurd *absurde*
unintelligent *inintelligent*
confused *confus*
illogical *illogique*
inept, inane *inepte*
narrow-minded *borné*
slow-witted *lourdaud*
blank *sans expression*
oblivious (to) *inconscient (de)*
imaginative *imaginatif*
intuitive *intuitif*
fanciful *fantasque*
insane *fou*
obsessive *obsédant ; obsessionnel*
compulsive *compulsif*
addictive *qui crée une dépendance*
lunatic, mad *fou*
neurotic *névrosé*
delirious *délirant*
paranoid *paranoïaque*
psychological *psychologique*
psychiatric *psychiatrique*

consciously *consciemment*
knowingly *sciemment*
mistakenly *à tort*
curiously *curieusement*
surprisingly *étonnamment*
oddly *bizarrement*
intelligently *intelligemment*
cleverly *astucieusement*
brilliantly *brillamment*
accurately *exactement*
logically *logiquement*
deliberately *délibérément*
unwittingly *involontairement*
carefully *soigneusement*
absent-mindedly *distraitement*
wisely, sensibly *sagement*
reasonably *raisonnablement*
prudently, cautiously *prudemment*
sensibly *sagement*
indiscriminately *sans discrimination*
certainly *certainement, sans aucun doute*
probably *probablement, sûrement*
confidently *avec confiance*
stubbornly *obstinément*
doubtfully *d'un air de doute*
mysteriously *mystérieusement*
suspiciously *avec méfiance*
warily *avec circonspection*

humorously *avec humour*
ironically *ironiquement*
stupidly, foolishly *bêtement*
absurdly *de manière absurde*
blankly *d'un air absent*
intuitively *intuitivement*
madly *follement*
psychologically *psychologiquement*

to think* *penser*
to advise *conseiller*
to discover *découvrir*
to estimate *estimer*
to assess *évaluer*
to appreciate *apprécier*
to expect *s'attendre à*
to foresee*, to forecast* *prévoir*
to foretell* *prédire*
to understand* *comprendre*
to grasp *saisir*
to mean* *vouloir dire*
to intend (to) *avoir l'intention (de)*
to hint *insinuer, laisser entendre*
to misunderstand* *comprendre de travers*
to mistake* *confondre*
to judge, to deem *juger*
to analyse *analyser*
to concentrate *se concentrer*
to focus (on) *se concentrer (sur)*
to ignore *ne pas prêter attention à*
to notice *remarquer*
to bore *ennuyer*
to investigate *examiner*
to inquire *s'informer*
to study *étudier*
to examine *examiner*
to reason *raisonner*
to caution, to warn *avertir*
to challenge *défier*
to persuade *persuader*
to inform *informer*
to ascertain *établir*
to trust *faire confiance à*
to rely on *compter sur*
to doubt *douter de*
to puzzle *laisser perplexe*
to suspect *soupçonner*
to hesitate *hésiter*
to joke *plaisanter*
to outwit someone *se montrer plus malin que quelqu'un*
to fool *duper*
to confuse *troubler, confondre*
to mix up *embrouiller*
to imagine *imaginer*

to guess	*deviner*	to dream*	rêver
to fancy	*avoir envie de*		

Verbes : constructions délicates

to think

Think of the others!	*Pensez aux autres !*
What are you thinking about?	*A quoi pensez-vous ?*
Think it over!	*Pensez-y !*
He is thought to be rich.	*Il passe pour être riche.*
I think he is a genius.	*Je pense que c'est un génie.*
I thought you were abroad.	*Je vous croyais à l'étranger.*

to know

I've known him for years. (pas de forme progressive)	*Je le connais depuis des années.*
There's no knowing what people think.	*On ne peut pas savoir ce que pensent les gens.*

to remember, to forget

I can't remember the accident.	*Je ne me souviens pas de l'accident.*
Remember (Don't forget) to go to the butcher's on your way home.	*Rappelle-toi (N'oublie pas) d'aller chez le boucher en rentrant.*
I remember meeting him years ago.	*Je me souviens l'avoir rencontré il y a des années.*
It's immaterial, forget about it.	*C'est sans importance, oublie cela.*

to remind

This song reminds me of my youth.	*Cette chanson me rappelle ma jeunesse.*
Remind him to come and see me.	*Faites-lui penser à venir me voir.*
Remind her that we have an appointment.	*Rappelez-lui que nous avons rendez-vous.*

to recall

to recall painful memories	*se rappeler de mauvais souvenirs*

to occur

It occurred to me that...	*Il m'est venu à l'esprit que...*

to reckon

(US) = to think. I reckon you're right.	*Je pense que tu as raison.*
(GB) = to reckon with. It is a reality to be reckoned with.	*C'est une réalité avec laquelle il faudra compter.*
The time of reckoning has come.	*L'heure de vérité est arrivée.*

to mean

It means disaster.	*C'est la catastrophe à coup sûr.*
What do you mean?	*Que voulez-vous dire ?*
What do you mean to do?	*Qu'avez-vous l'intention de faire ?*

to intend

When do you intend to leave?	*Quand as-tu l'intention de partir ?*

to aim

He aims at (achieving) fame.	*Il aspire à la célébrité.*
He aims to get diplomas.	*Il vise à obtenir des diplômes.*

to look

The future looks bleak.	*L'avenir paraît sombre.*
She looks as if (as though) she's going to faint.	*Elle a l'air d'être sur le point de s'évanouir.*
We shall have to look for a solution.	*Il faudra que nous (re)cherchions une solution.*
to look into an intricate affair	*enquêter sur une affaire difficile*

to seem

The situation seems desperate.	*La situation semble désespérée.*
They seem to have reached an agreement.	*Ils semblent être arrivés à un accord.*

to prove

This proves nothing.	*Ceci ne prouve rien.*
His predictions proved (to be) right.	*Ses prédictions se sont révélées justes.*

to decide

He finally decided to come.	*Il s'est enfin décidé à venir.*
I've not yet decided on my partner.	*Je n'ai pas encore choisi mon partenaire.*
You'll have to decide what you're going to do.	*Il va falloir que tu décides (de) ce que tu vas faire.*

to search

The police searched the whole area for clues.	*La police a fouillé toute la région à la recherche d'indices.*

to seek

to seek information	*chercher des renseignements*
This sort of data is widely sought after.	*Ce genre de données est très recherché.*

to consider

They consider him (to be) a fool.	*Ils le considèrent comme un imbécile.*
He is considering (contemplating) emigrating.	*Il envisage d'émigrer.*

to regard

I regard him as my son.	*Je le considère comme mon fils.*

to doubt

I doubt his sincerity.	*Je doute de sa sincérité.*
I very much doubt that he can succeed.	*Je doute fort qu'il puisse réussir.*

to trust

Trust him!	*Faites-lui confiance !*
I trust her judgment.	*Je me fie à son jugement.*
In God we trust.	*En Dieu nous mettons notre foi.*
Don't trust him with money.	*Ne lui confiez pas d'argent.*

Expressions

to think twice	*réfléchir sérieusement*
to have second thoughts	*revenir sur sa première décision*
to change one's mind	*changer d'avis*
to make up one's mind	*se décider*
to have a clear mind	*avoir les idées claires*
it's a weight off my mind	*c'est un gros souci de moins*
a sound mind in a healthy body	*un esprit sain dans un corps sain*
to be wise after the event	*se montrer informé après coup*
"Penny wise, pound foolish"	*faire des économies de bout de chandelle*
to make oneself understood	*se faire (bien) comprendre*
this is to the point	*ceci est pertinent*
that is beside the point	*cela n'a rien à voir*
to be prejudiced against	*avoir des préjugés contre*
to be at a loss	*être perplexe*
to have a stroke of genius	*avoir un trait de génie*
to have a brilliant idea	*avoir une idée de génie*
to have brains	*être intelligent*
to be good at languages	*être bon en langues*
food for thought	*matière à réfléchir*
the brain drain	*l'émigration des chercheurs*
a brain trust	*un brain-trust (équipe d'experts)*
to have a brainwave	*avoir une idée géniale/une inspiration*
to pay attention to	*faire attention à*
to investigate a matter	*examiner une question/une affaire*
to inquire into a matter	*faire des recherches sur*
I haven't got a clue	*je n'en ai pas la moindre idée*
there is no evidence that...	*il n'y a rien qui prouve que...*
there is some evidence that...	*certains éléments prouvent que...*
it is (a) proof of his love	*c'est une preuve de son amour*
it is worth trying out/a try	*cela vaut la peine d'essayer*
it turned out to be true	*cela s'est révélé exact*
to speak/tell the truth	*dire la vérité*
to talk nonsense	*dire des absurdités*
to be positive about something	*être formel à propos de quelque chose*
to be ignorant of	*ignorer*
to be conscious/aware of	*être conscient de*
to become conscious of	*prendre conscience de*
it went unnoticed	*c'est passé inaperçu*
to be determined (to do something)	*être décidé (à faire quelque chose)*
to take a fact into account	*tenir compte d'un fait*
to be interested in a subject	*s'intéresser à un sujet*
to take no notice of	*ne pas prêter attention à*
to make/crack a joke	*faire une plaisanterie*
I seem to remember	*il me semble me rappeler*
within living memory	*de mémoire d'homme*
out of sight, out of mind	*loin des yeux, loin du cœur*
an absent-minded professor	*un professeur distrait*
a mad scientist	*un savant fou*
to drive like a maniac	*conduire comme un fou*

to be stark raving mad	*être fou à lier*
it's sheer madness!	*c'est du délire !*

Exercices

I. Remettre en ordre les mots de manière à reconstituer des phrases correctes :

1. today / on / you / Sunday / appointment / if / him / of / remind / meet / our / Paul
2. Mister / that / he / money / said / when / immaterial / Smith / sincere / was / was / ?
3. sure / grandmother / from / postcard / to / Miami / make / do / to / you / send / forget / a / not / your
4. ever / thinking / to / occur / that / does / am / I / it / you / sometimes / ?
5. some / Professor / was / discovery / Powell / we / about / major / a / had / for / that / make / known / time / to
6. stroke / while / Archimedes / he / of / a / a / genius / like / had / bath / taking
7. think / mind / need / make / up / over / it / just / now / your / not / you
8. body / essential / thought / sound / was / that / he / mind / in / it / healthy / have / a / a / to
9. clue / as / haven't / murder / the / got / to / we / who / committed / a
10. wise / after / know / always / event / it / the / that / be / we / is / to / easy

II. Reformuler les phrases suivantes en utilisant les mots donnés entre parenthèses :

1. It is impossible to tell what Paul really intends to do. (knowing)
2. Korea is a country that will have to be taken into account in the future. (reckoned)
3. He was considered the greatest thinker of his time. (regarded)
4. Nobody can prove that he was the brain behind the crime. (evidence)
5. He suddenly realized that something was missing. (aware)
6. Until that event nobody had paid attention to his research. (unnoticed)
7. We shall have to examine this business carefully. (look)
8. Perhaps he has decided to give up after all. (may)
9. Everybody thought he was going to lose his temper. (looked)
10. He became paranoid and accused everybody of being unfair to him. (prejudiced)

III. Apparier un élément de la colonne de droite avec un élément de la colonne de gauche pour former des ensembles cohérents :

He bought himself a £100,000 sports car :	we could search the whole district for clues.
Some were convinced Dali was a genius,	but he seems determined.
I tried to explain my position to them	others thought he was stark raving mad.
He seems confident that he will succeed	I still find him totally unpredictable.
They are not yet convinced of the relevance of our policy,	we'll have to look into that matter closely.
He has not yet decided when he will make his next attempt	some people have more money than sense.

Should it prove necessary,	as soon as I have made up my mind.
I'm not sure he is telling the truth :	but, clever though he may be, I very much doubt it.
Although I have known Paul for years,	we shall have to try and persuade them.
I'll think it over and let you know my decision	but I did not manage to make myself understood.

4. Human life — La vie humaine

conception	*la conception*
heredity	*l'hérédité*
an embryo	*un embryon*
a foetus	*un fœtus*
the womb	*l'utérus*
pregnancy	*la grossesse*
birth	*la naissance*
an abortion	*un avortement*
early youth	*la prime jeunesse*
a child (children)	*un enfant*
childhood	*l'enfance*
infancy	*la petite enfance*
a toddler	*un bambin*
a cradle	*un berceau*
a nappy (GB), a diaper (US)	*une couche*
a lullaby	*une berceuse*
a toy	*un jouet*
a game	*un jeu*
a pram	*un landau*
a pushchair	*une poussette*
growth	*la croissance*
adolescence	*l'adolescence*
an adolescent, a teenager	*un adolescent*
youth	*la jeunesse*
a youth	*un jeune*
a youngster	*un jeune (garçon)*
the young	*les jeunes*
maturity	*la maturité*
an adult	*un adulte*
adulthood	*l'âge adulte*
a grown-up	*une grande personne*
experience	*l'expérience*
an experience	*une expérience*
wisdom	*la sagesse*
old age	*la vieillesse*
an old person	*un vieillard*
the old	*les vieux*
the elderly	*le troisième âge*
an elderly person, a senior citizen	*une personne âgée*
the very old	*le quatrième âge*
a veteran	*un ancien combattant*
a pensioner	*un retraité*
senility	*la sénilité*
loneliness	*la solitude*
death	*la mort*
the dead	*les morts*
the deceased	*le(s) défunt(s)*
burial	*l'enterrement*
mourning	*le deuil*
a funeral	*des obsèques*
cremation	*la crémation*
a crematorium	*un crématorium*
a coffin	*un cercueil*
ashes	*les cendres*
a tomb	*une tombe*
a cemetery	*un cimetière*
a graveyard	*un cimetière (d'église)*
a will	*un testament*
an heir	*un héritier*
an inheritance	*un héritage*
marriage	*le mariage*
a husband	*un mari, un époux*
a wife	*une femme, une épouse*
wedlock	*le mariage (état)*
a wedding	*un mariage (cérémonie)*
the bride	*la mariée*
the bridegroom	*le marié*
engagement	*les fiançailles*
a fiancé(e)	*un(e) fiancé(e)*
a bachelor	*un célibataire*
a spinster	*une célibataire*
a widow	*une veuve*
a widower	*un veuf*

divorce	*le divorce*
a divorcee	*un(e) divorcé(e)*
separation	*la séparation*
custody	*la garde des enfants*
family	*la famille*
parents	*les parents (père et mère)*
relatives	*les parents*
a stepfather	*un beau-père (remariage)*
a stepmother	*une belle-mère (remariage)*
a father-in-law	*un beau-père*
a mother-in-law	*une belle-mère*
a son-in-law	*un gendre*
a daughter-in-law	*une belle-fille*
the in-laws	*la belle-famille*
grandparents	*les grands-parents*
a grandmother	*une grand-mère*
a grandfather	*un grand-père*
grandma, granny	*mamie*
grandpa, granddad	*papi*
a grandson	*un petit-fils*
a granddaughter	*une petite-fille*
great-grandparents	*les arrière-grands-parents*
an uncle	*un oncle*
an aunt	*une tante*
a great uncle	*un grand-oncle*
forefathers	*les aïeux*
ancestors	*les ancêtres*
the offspring	*la progéniture*
an orphan	*un(e) orphelin(e)*
unborn	*pas encore né*
living (épithète)	*vivant*
alive (attribut)	*vivant*
young	*jeune*
childish	*puéril*
youthful	*jeune, juvénile*
childlike	*enfantin*
juvenile	*juvénile*
adolescent, teenage	*adolescent*
ill-bred	*mal élevé*
well-bred	*bien élevé, de bonne famille*
dutiful	*obéissant*
adoptive	*adoptif*
adult	*adulte*
mature	*mûr*
middle-aged	*d'un certain âge*
fit	*en forme*
lively	*vif, vivant*
wise	*sage*
experienced	*expérimenté*
grey	*gris*

greying	*grisonnant*
bald	*chauve*
white-haired	*aux cheveux blancs*
toothless	*édenté*
elderly	*assez âgé*
old	*vieux*
ageing	*vieillissant*
senile	*sénile*
alone (attribut)	*seul*
lonely	*seul, isolé*
single	*célibataire*
dying	*mourant*
dead	*mort*
beloved	*(bien)aimé*
late	*défunt, feu*
childishly	*comme un enfant*
wisely	*sagement*
mournfully	*tristement*
dutifully	*respectueusement*
to conceive	*concevoir*
to expect	*attendre*
to abort	*avorter*
to breed*	*procréer, engendrer*
to bear*	*porter*
to be born	*naître*
to christen	*baptiser*
to scream	*hurler*
to cry	*pleurer*
to rock	*bercer*
to foster	*élever (sans adopter)*
to crawl	*marcher à quatre pattes*
to bring* up	*élever*
to grow* up	*grandir*
to educate	*éduquer*
to rebel	*se rebeller*
to reject	*rejeter*
to mature	*mûrir*
to experience	*connaître*
to remain	*rester*
to become*	*devenir*
to retire	*prendre sa retraite*
to rest	*se reposer*
to age	*vieillir*
to die	*mourir*
to inherit	*hériter*
to bequeath	*léguer*
to bury	*enterrer*
to cremate	*incinérer*
to take* after	*tenir de*
to marry (tr.)	*épouser*
to divorce (tr.)	*divorcer de*
to adopt	*adopter*

Expressions

a living creature	*une créature vivante*
life expectancy	*l'espérance de vie*
life span	*la durée de vie*
the chance of a lifetime	*la chance de sa vie*
a baby boom	*une période de croissance démographique*
a test-tube baby	*un bébé éprouvette*
to be expecting a child	*attendre un enfant*
to have an abortion	*se faire avorter*
from the cradle (to the grave)	*du berceau (à la tombe)*
early in life	*tôt dans la vie*
to give birth (to)	*accoucher (de)*
a surrogate mother	*une mère porteuse*
he was born in 1948	*il est né en 1948*
an adopted child	*un enfant adoptif*
foster parents	*des parents nourriciers*
on all fours	*à quatre pattes*
a 10-month-old baby	*un bébé de 10 mois*
juvenile delinquency	*la délinquance juvénile*
"Rebel without a cause"	*« La Fureur de Vivre »*
teenage rebellion	*la révolte de l'adolescence*
to come of age	*atteindre sa majorité*
to grow a beard	*se laisser pousser la barbe*
to settle down in life	*s'installer dans la vie*
to be in one's prime	*être dans la fleur de l'âge*
to have one foot in the grave	*avoir un pied dans la tombe*
to go bald	*devenir chauve*
to retire on a good pension	*prendre sa retraite et toucher une bonne pension*
to be alive and kicking	*être plein de vie*
he is getting old	*il devient vieux*
old folks	*les vieux, les vieilles gens*
an old people's home	*une maison de retraite, un hospice*
an old age pensioner	*un retraité*
an old fogey	*une vieille baderne*
late in life	*sur le tard, à un âge avancé*
to be 75 years old	*avoir 75 ans*
to be 75 years of age	*être âgé de 75 ans*
to attend a funeral	*assister à des obsèques*
her late husband	*son défunt mari*
"In loving memory of my husband"	*« En souvenir de mon cher époux »*
to inherit a fortune	*hériter d'une fortune*
to come into money	*faire un héritage*
an unmarried couple	*un couple non marié*
to get engaged	*se fiancer*
to get married	*se marier*
to marry into money	*épouser quelqu'un qui a de l'argent*
married life	*la vie conjugale*
to attend a wedding ceremony	*assister à un mariage*

a failed marriage	*un mariage qui finit en divorce*
to get divorced	*divorcer*
to get a divorce (from)	*divorcer (de)*
joint custody	*la garde conjointe*

Phrases

She was born on 4 November 1910.
Elle est née le 4 novembre 1910.

So she was 4 years old when the war broke out.
Elle avait donc quatre ans quand la guerre éclata.

Shakespeare died in 1616.
Shakespeare est mort (mourut) en 1616.

Shakespeare has been dead for nearly 400 years.
Il y a bientôt 400 ans que Shakespeare est mort.

She has worn deep mourning ever since her husband died.
Elle est en grand deuil depuis que son mari est mort.

Married life seems to agree with Philip, he looks younger every day.
Le mariage semble réussir à Philippe, il rajeunit de jour en jour.

John and Monica had been married (for) 30 years when they decided to get a divorce.
Jean et Monique étaient mariés depuis 30 ans quand ils ont décidé de divorcer.

Those craftsmen learn the trade of their forefathers from the cradle on.
Ces artisans apprennent le métier de leurs ancêtres dès le plus jeune âge.

I was not able to attend their wedding ceremony as they got married in Reno.
Comme ils se sont mariés à Reno, je n'ai pas pu assister à leur mariage.

On an average, single-parent families have lower incomes than two-parent ones.
Les familles monoparentales ont, en moyenne, des revenus moins élevés que les familles duoparentales.

Exercices

I. Apparier chaque mot de la colonne de gauche avec un mot de la colonne de droite :

senior	mother
deep	rebellion
a test-tube	ceremony
foster	mourning
a surrogate	soldiers
a wedding	citizens
youthful	parents
a spinster	span
veteran	aunt
life	baby

II. Traduire les expressions obtenues ci-dessus.

III. Compléter le texte en utilisant les verbes suivants à la forme appropriée :

to return / to bear / to be dead / to divorce / to marry / to retire / to be born / to settle / to live / to grow up

He … in London in 1889. His parents being artists, his brother and himself … in a music-hall environment.
He signed his first contract as a Hollywood film actor in 1913 and … in the United States. He … in the US for some 25 years when campaigns against him started, especially after he … his second wife.
In 1943 he … Oona O'Neill, his fourth wife who, over the years, … him eight children.
In 1947 the family fled McCarthy's America and … to Europe. After … in Switzerland, he virtually stopped making films.
He … for over 20 years now but his films still have tremendous success all over the world.
Who was he?

5. Health and medicine — La santé et la médecine

Vocabulaire général

fitness	*la forme*	alcohol	*l'alcool*
health	*la santé*	an alcoholic	*un alcoolique*
a disease, an illness	*une maladie*	a drunk, a drunkard	*un ivrogne*
a fever	*une fièvre*	drugs	*la drogue*
the pulse	*le pouls*	addiction	*la dépendance, l'accoutumance*
an epidemic	*une épidémie*		
a killer	*une maladie qui tue*	an addict	*un intoxiqué*
a cold	*un rhume*	a trauma	*un traumatisme*
the flu, influenza	*la grippe*	a wound	*une plaie*
a sore throat	*une angine*	an injury	*une blessure*
a headache	*un mal de tête*	a scar	*une cicatrice*
pain, a pain	*la douleur, une douleur*	the injured, the wounded	*les blessés*
agony	*une douleur aiguë*	the dying	*les mourants*
a check-up	*un bilan*	starvation, famine	*la famine*
treatment	*un traitement, des soins*	a famine	*une famine*
comfort	*le confort*	malnutrition	*la malnutrition*
first aid	*les premiers soins*	a doctor, a physician	*un médecin*
contraception	*la contraception*	a patient	*un malade, un patient*
a condom	*un préservatif*	a nurse	*un infirmier, une infirmière*
abortion	*l'avortement*		
smoking	*le tabagisme*	medical care	*les soins médicaux*
a smoker	*un fumeur*	a prescription	*une ordonnance*
tobacco	*le tabac*	a medicine	*un médicament*
nicotine	*la nicotine*	a drug	*une drogue, un médicament*
tar	*le goudron*		

a pill — *une pilule*
a tablet — *un comprimé*
an injection, a shot — *une injection*
a diet — *un régime*
an operation — *une intervention*
a vaccine — *un vaccin*
a transfusion — *une transfusion*
a therapy — *une thérapie*
euthanasia — *l'euthanasie*
a life support machine — *un appareil de réanimation*
madness — *la folie*
a fit — *une crise*
a diagnosis — *un diagnostic*

fit — *en forme*
ill (attr.), sick — *malade*
pregnant — *enceinte*
unborn — *à naître*
broken — *cassé*
short-sighted — *myope*
terminal — *terminal*
deadly, lethal — *mortel*
plague-stricken — *frappé par la peste*
epidemic-stricken — *frappé par l'épidémie*
bed-ridden — *alité, grabataire*
addictive — *créant une dépendance*
viral — *viral*
comfortable — *qui ne souffre pas*
paralyzed — *paralysé*
crippled — *estropié*
tobacco-related — *lié au tabac*
pollution-related — *lié à la pollution*
septic — *septique, infecté*
antiseptic — *antiseptique*
consumptive — *tuberculeux*
contaminated — *contaminé*
infected — *infecté*
HIV positive — *séro-positif*
artificial — *artificiel*
pathological — *pathologique*
intestinal — *intestinal*
painful — *douloureux*
traumatic — *traumatisant*
chronic — *chronique*
acute — *aigu*
unbearable — *insupportable*
drastic — *drastique, radical*
sane — *sain d'esprit*
insane — *fou*
compulsive — *compulsif*
insomniac — *insomniaque*

schizophrenic — *schizophrène*
paranoid — *paranoïaque*

seriously — *gravement*
severely — *sévèrement*
painfully — *douloureusement, péniblement*
terminally — *en phase terminale*
mentally — *mentalement*
comfortably — *sans souffrance*
fatally, mortally — *mortellement*
drastically — *radicalement*

to examine — *examiner*
to test — *tester, faire une analyse*
to look after, to care for — *soigner*
to operate on — *opérer*
to undergo* — *subir*
to cure — *guérir*
to heal — *se cicatriser*
to relieve — *soulager*
to recover — *se rétablir*
to abort — *avorter*
to detect — *dépister*
to X-ray — *radiographier*
to screen — *faire un test de dépistage*
to spread* — *s'étendre*
to sterilize — *stériliser*
to dress — *panser*
to stimulate — *stimuler*
to amputate — *amputer*
to transplant — *transplanter*
to pull out — *arracher, extraire*
to inject — *injecter*
to administer — *administrer*
to dispense — *préparer (pharmacie)*
to diagnose — *diagnostiquer*
to break* down — *s'effondrer, craquer*
to faint — *s'évanouir*
to suffer — *souffrir*
to hurt* — *faire mal*
to burn* — *brûler*
to swell* — *enfler*
to wound, to injure — *blesser*
to maim — *mutiler*
to drown — *(se) noyer*
to asphyxiate — *asphyxier*
to choke — *s'étrangler, s'étouffer*
to contaminate — *contaminer*
to infect — *infecter*
to unplug — *débrancher*

Vocabulaire spécialisé

Disorders	***Les troubles***
sickness	*le malaise, la nausée*
car sickness	*le mal de la route*
sea sickness	*le mal de mer*
appendicitis	*une appendicite*
a stomach upset	*un mal de ventre*
a stiff neck	*un torticolis*
a toothache	*un mal de dents*
tooth decay	*une carie*
a back ache	*un mal de dos*
blood pressure	*la tension artérielle*
measles	*la rougeole*
chicken pox	*la varicelle*
whooping cough	*la coqueluche*
scarlet fever	*la scarlatine*
mumps	*les oreillons*
a bruise	*une contusion*
a respiratory disease	*une maladie respiratoire*
asthma	*l'asthme*
concussion	*un traumatisme crânien*
a blister	*une ampoule*
sclerosis	*une sclérose*
thrombosis	*une embolie*
paralysis	*une paralysie*
angina	*l'angine de poitrine*
a heart attack	*un infarctus*
heart failure	*un arrêt cardiaque*
a haemorrhage	*une hémorragie*
haemophilia	*l'hémophilie*
a skin disease	*une maladie de la peau*
herpes	*l'herpès*
hepatitis	*l'hépatite*
lung cancer	*le cancer du poumon*
breast cancer	*le cancer du sein*
leukaemia	*la leucémie*
cholera	*le choléra*
malaria	*la malaria*
a bacteria	*une bactérie*
a microbe, a bug	*un microbe*
the plague	*la peste*
a venereal disease	*une maladie vénérienne*
VD	*une MST*
hypochondria	*l'hypochondrie*
insomnia	*l'insomnie*
schizophrenia	*la schizophrénie*
paranoia	*la paranoïa*
a mania, an obsession	*une obsession*
an allergy	*une allergie*
recovery	*la guérison*

Medical care	***Les soins médicaux***
a G.P. (General Practitioner)	*un généraliste*
surgery	*la chirurgie*
a surgery	*un cabinet médical*
a surgeon	*un chirurgien*
micro-surgery	*la microchirurgie*
a specialist	*un spécialiste*
a therapist	*un thérapeute*
a heart specialist	*un cardiologue*
an eye specialist	*un oculiste*
a gynaecologist	*un gynécologue*
a paediatrician	*un pédiatre*
a psychiatrist	*un psychiatre*
a psychologist	*un psychologue*
a psychoanalyst	*un psychanalyste*
a shrink	*un psy*
a quack	*un charlatan*
a witch doctor	*un sorcier*
a dental surgeon	*un chirurgien-dentiste*
a dental surgery	*un cabinet dentaire*
hygiene	*l'hygiène*
sanitation	*l'hygiène publique*
a syrup	*un sirop*
a cough mixture	*un sirop pour la toux*
a pain killer	*un analgésique*
a sleeping tablet	*un somnifère*
a sedative	*un sédatif*
a tranquillizer	*un tranquillisant*
a potion	*une potion*
a placebo	*un placebo*
a syringe	*une seringue*
a needle	*une aiguille*
a blood test	*une analyse de sang*
a blood group	*un groupe sanguin*
a blood sample	*une prise de sang*
a drip	*une perfusion*
a breathalizer test	*un Alcotest*
an antidote	*un antidote*
a filling	*un plombage*
a denture	*un appareil dentaire*
a hearing aid	*un appareil auditif*
a ward	*une salle (hôpital)*
a stretcher	*une civière*
an operating theatre	*une salle d'opération*
a stitch	*un point de suture*
a scanner	*un scanner*
an X-ray	*une radiographie*
chemotherapy	*la chimiothérapie*

a transplant	*une greffe*	a lunatic asylum	*un asile d'aliénés*
a pacemaker	*un stimulateur cardiaque*	a straitjacket	*une camisole de force*
an anaesthetic	*une anesthésie*	group therapy	*une psychothérapie de groupe*
a transfusion	*une transfusion*		

Expressions

to be sick	*être malade, indisposé*
to be ill	*être malade*
to be in hospital	*être à l'hôpital*
to be taken to hospital	*être hospitalisé*
He has been in hospital for a week.	*Il est hospitalisé depuis une semaine.*
to go to hospital	*aller à l'hôpital*
a sick person	*un malade*
the sick	*les malades*
a hospital for sick children	*un hôpital des enfants malades*
a dead person	*un mort*
the dead	*les morts*
an injured motorist	*un automobiliste blessé*
a serious injury	*une blessure grave*
severe burns	*de graves brûlures*
the casualty department	*le service des urgences*
a shot in the arm	*un stimulant, un coup de fouet*
a drug addict	*un toxicomane*
drug addiction	*la toxicomanie*
tobacco addiction	*la dépendance au tabac*
an alcohol-related disease	*une maladie liée à l'alcool*
a course of treatment	*un traitement, une cure*
a terminal illness	*une maladie terminale*
an intensive care unit	*un service de soins intensifs*
to have a (high) temperature	*avoir de la fièvre*
to have a sore throat	*avoir une angine, un mal de gorge*
to have a broken arm	*avoir le bras cassé*
to have a sprained ankle	*avoir une entorse à la cheville*
to have one's eyes tested	*se faire contrôler la vue*
to have an injection	*se faire faire une piqûre*
to give an injection	*faire une piqûre*
to have an operation	*se faire opérer*
to have an abortion	*se faire avorter*
to have a facelift	*se faire faire un lifting*
to go on a diet	*se mettre au régime*
a low-fat diet	*un régime pauvre en graisses*
to be on the pill	*prendre la pilule*
to be mentally-ill	*être un malade mental*
to become / go mad	*devenir fou*
to be safe and sound	*être sain et sauf*
to be operated on	*être opéré*
to be in a coma	*être dans le coma*
to be in agony	*souffrir le martyre*

to suffer from a heart disease	*souffrir d'une maladie cardiaque*
to die of pneumonia	*mourir d'une pneumonie*
to drop dead	*mourir subitement*
to undergo treatment for alcoholism	*suivre une cure de désintoxication*
to cure a disease	*guérir une maladie*
There is no cure for this disease	*Cette maladie est incurable*
Wounds usually heal naturally	*En général, les plaies se guérissent naturellement.*
to resort to plastic surgery	*avoir recours à la chirurgie esthétique*
to catch a cold	*s'enrhumer*
to go septic	*s'infecter*
to determine the blood group	*déterminer le groupe sanguin*
infected blood	*le sang contaminé*
to unplug a life-support machine	*débrancher un appareil de réanimation*
kidney dialysis	*la dialyse rénale*
a blood donor	*un donneur de sang*
a bone marrow donor	*un donneur de mœlle osseuse*
drastic treatment	*un traitement de choc*

Phrases

The remedy is sometimes worse than the disease.
Le remède est parfois pire que le mal.

Some physicians question the usefulness of slimming diets.
Certains médecins mettent en doute l'utilité des régimes d'amaigrissement.

American yuppies have become obsessed with fitness.
En Amérique les jeunes cadres dynamiques ont été gagnés par l'obsession de la forme physique.

During the famines of the 1840s the Irish died by the thousand.
Pendant les famines des années 1840 les Irlandais moururent par milliers.

The standards of sanitation were so low that epidemics were bound to develop.
Les conditions sanitaires étaient si mauvaises qu'il était inévitable que des épidémies se propagent.

The sick and wounded were left to die on the battlefield.
On laissa les malades et les blessés mourir sur le champ de bataille.

Many more people died of heart disease than of cancer.
Beaucoup plus de gens mouraient de maladies cardiaques que du cancer.

You have quite a temperature, you must have caught the 'flu.
Tu as pas mal de température, tu dois avoir attrapé la grippe.

Have the terminally ill the right to be given the means to end their lives?
Les malades en phase terminale ont-ils le droit qu'on leur fournisse les moyens de mettre fin à leurs jours ?

Hopefully the general use of condoms will put an end to the spread of AIDS.
Il est à espérer que l'utilisation généralisée des préservatifs mettra fin à l'extension du Sida.

Exercices

I. Trouver les mots du chapitre correspondant aux définitions suivantes :

1. sick
2. an obsession
3. extremely or radically
4. pathologically suspicious
5. a continuous pain in the head
6. carrying the AIDS virus
7. struck by a contagious disease
8. induced by smoking
9. hypertension
10. without hope of recovery

II. Reformuler les phrases suivantes en utilisant le mots entre parenthèses :

1. He had to be operated on immediately. (operation)
2. He died quite suddenly after too good a meal. (to drop)
3. He badly needed to be stimulated. (a shot)
4. She insisted on aborting on the grounds that she could not support a child. (abortion)
5. He suffered from a compulsive need of alcohol. (addicted)
6. Considering the violence of the crash it seems incredible that he escaped without a scar. (safe and sound)
7. People used to be terrified of tuberculosis because it was fatal. (cure)
8. She felt miserable for years until she decided to have an operation by a plastic surgeon. (surgery)
9. Some doctors accept to disconnect the machines that help a patient survive. (life-support)
10. But many refuse to administer to their dying patients doses of poison that would kill them. (lethal)

III. Compléter les phrases suivantes en employant des mots tirés du chapitre :

1. In spite of several … the wrinkles still show on her carefully sun-tanned face.
2. In the 80s a new … of malaria spread all over Africa, claiming millions of victims.
3. The government launched a campaign to advertise … as a way to prevent AIDS from spreading.
4. He was … wounded and died a few minutes later.
5. A growing number of Americans who suffer from … diseases have their bodies frozen until new treatment is found.
6. Never before had so many scientists been working at finding an … to this disease.
7. He was not seriously hurt in the accident but the … was such that he forgot all that had happened.
8. AIDS and lung …, although less widespread that heart disease, scare people more.
9. He was very brave, but the sight of the nurse holding the … to give him an injection made him feel sick.
10. The footballer had to be carried off the pitch on a … .

Q.C.M. RÉCAPITULATIF 1ÈRE PARTIE : THE HUMAN BEING

1. Scientists are still … by some deep-sea creatures ;
   a-interlocked b-puzzling
   c-disconcerting d-puzzled
2. It is so hot! I … a large glass of water.
   a-feel as b-envy
   c-desire d-feel like
3. What about opening the bottle? I am …!
   a-dry b-thirst
   c-parched d-dried out
4. When Philip … he inherited the fortune his late uncle had left him.
   a-came of age b-came to the age
   c-was at the right age d-reached the age
5. Can a baby … actually hear or feel what is going on outside?
   a-in the belly b-in the womb
   c-before birth d-not yet born
6. Some American executives are said to have a heart … because it is fashionable.
   a-failure b-by-pass
   c-transfusion d-stitch
7. We had rather you … the incident in the paper as it might cause concern.
   a-mentioned b-would mention
   c-did not mention d-would not mention
8. The author … two years when his last novel was published.
   a-was dead for b-had died since
   c-had been dead d-died for
9. It is … to cheer him up, he is utterly desperate.
   a-no use trying b-not used to trying
   c-no use to try d-not used to try
10. We think the Prime Minister's statement is totally … to our problem.
    a-irrelevant b-beside the point
    c-impertinent d-out of focus
11. He … her a year to the day after they got married.
    a-has divorced with b-got divorced
    c-divorced from d-divorced
12. Children born … used to be held in disgrace.
    a-out of wedlock b-before wedding
    c-outside married life d-before the marriage
13. He quickly … up and moved away from the phone when he heard someone enter the room.
    a-hanged b-turned
    c-hung d-gave
14. Was it not your job, as an expert, to … what was coming?
    a-foresee b-ascertain
    c-estimate d-focus on
15. Who said the princess …? I think she has an elegance of her own.
    a-can't dress b-can't get dressed
    c-isn't able to dress d-isn't able to get dressed

16. What was to have been … ended in tragedy.
 a-holidays of a lifetime b-their life's holiday
 c-the holiday of a lifetime d-the holidays of a life

17. As my parents seemed to be reluctant … travel alone, I went with Joan.
 a-to letting me b-for me to let
 c-for letting me d-to let me

18. I can sleep on the floor, I don't mind … .
 a-to rough it b-struggling
 c-to suffer from it d-roughing it

19. The witnesses say they do not … the accused at the time of the murder.
 a-remind to see b-remember to see
 c-remember seeing d-remind of seeing

20. We had such a wonderful time, we … with us.
 a-wished you would be b-wish you would be
 c-wish you had been d-wish you were

21. Some prominent … question the growing habit of financing medical research through public appeals.
 a-physicists b-medicines
 c-physicians d-quacks

22. By his table manners you could tell that Hubert … in the country.
 a-is being brought up b-had been educated
 c-has been raised d-had been brought up

23. You … him so much money, you knew he would spend it all.
 a-didn't need give b-needn't have given
 c-needn't give d-don't need to give

24. Colonel Bullock's children discovered with horror that he had made a will in which he … his fortune to an old-time girlfriend.
 a-gave b-bequeathed
 c-would leave d-would have bequeathed

25. As the saying goes, desperate diseases must have desperate … .
 a-heals b-cures
 c-drugs d-chemistry

26. Basically I think he reproached her … too clever.
 a-to be b-with being
 c-for being d-to have been

27. Tom was the only inhabitant of Coventry who dared to … Lady Godiva when she rode naked through the streets.
 a-peep at b-stare
 c-glare at d-make out

28. Do you think it is worth devoting so much time and money … them?
 a-to helping b-helping
 c-to help d-help

29. Far from feeling … Joe seemed to be rather pleased with himself.
 a-culprit b-mournful
 c-guilty d-regretting

30. As usual he brilliantly … his opponents and easily beat them.
 a-assessed b-outwitted
 c-fooled d-guessed

II. HUMAN ACTIVITIES

6. WORK — LE TRAVAIL

Vocabulaire général

a work (of art) *une œuvre (d'art)*
a job *un travail, un emploi*
an occupation, a trade *un métier*
employment *l'emploi*
a worker *un travailleur*
a workman *un ouvrier*
a workshop *un atelier*
an apprentice *un apprenti*
a temp *un intérimaire*
labour *la main d'œuvre/le travail*
manpower, the labour force *la main d'œuvre/les effectifs*
a handyman *un homme à tout faire*
a labourer *un manœuvre*
moonlighting *le travail au noir*
a moonlighter *un travailleur au noir*
a slave *un esclave*
slavery *l'esclavage*
the grindstone *le travail dur et monotone*
the workload *la charge de travail*
a task *une tâche*
a duty *un devoir*
a chore *une corvée*
a routine *une routine*
a time-table, a schedule *un emploi du temps*
a commuter *un banlieusard travaillant en ville*
skill *l'habileté, les compétences*
ability *l'aptitude*
talent *le talent*
efficiency *l'efficacité*
know-how *le savoir-faire*
expertise *la compétence*

an expert *un expert, un spécialiste*
drive *le dynamisme*
dedication *le dévouement*
seal *le zèle*
a go-getter *un ambitieux*
a workaholic *un bourreau de travail*
housework *le ménage*
homework *les devoirs*
an application *une candidature*
an applicant *un postulant*
a job seeker *un chercheur d'emploi*
an interview *une entrevue*
training *la formation*
retraining *le recyclage*
further training *la formation continue*
promotion *l'avancement*

hard *dur*
hectic *trépidant*
tiring *fatigant*
boring *ennuyeux*
repetitive *répétitif*
tired *fatigué*
exhausting *épuisant*
exhausted *épuisé*
overworked *surmené*
dirty *sale*
greasy *gras*
menial *subalterne*
manual *manuel*
clerical *de bureau*
secretarial *de secrétariat*
(un)skilled *(non) qualifié*
skilful *habile*
official *officiel*
junior *subalterne, jeune*

senior *supérieur*
gifted *doué*
fit *apte*
sophisticated *hautement perfectionné*
elaborate *complexe*
outstanding *exceptionnel*
shoddy *de mauvaise qualité*
safe *sûr*
unsafe *peu sûr*
occasional *intermittent*
vacant *vacant, libre*
temporary *temporaire*
handy *commode*
clever *astucieux*
efficient *efficace*
hard-working *travailleur*
painstaking *assidu, appliqué*
dedicated *dévoué*
casual *intermittent/désinvolte*
offhand *désinvolte*
slack *négligent, peu sérieux*
smooth *lisse*
rough *rugueux*
polished *poli*
glossy *brillant*
dull *terne/ennuyeux*
mat *mat*

flowery *fleuri*
manually *à la main*
skilfully *habilement*
elaborately *minutieusement*
safely *sûrement, sans danger*
occasionally *occasionnellement*
efficiently *efficacement, avec compétence*
hard *dur*
painstakingly *assidûment*
casually *irrégulièrement/avec désinvolture*

to work *travailler*
to toil *peiner*

to labour *travailler dur*
to botch *bâcler, saboter*
to dodge *se dérober à, esquiver*
to sweat *transpirer/exploiter*
to exploit *exploiter*
to master *maîtriser*
to lack *manquer de*
to clock in/out *pointer à l'arrivée/à la sortie*
to commute *faire le trajet journalier*
to assign *affecter*
to tackle *s'attaquer à*
to apply (for) *postuler*
to resign *démissionner*
to take* on, to hire *embaucher*
to appoint *nommer*
to hammer *frapper au marteau*
to fit *équiper, (s')ajuster*
to plane *raboter*
to saw* *scier*
to nail *clouer*
to screw *visser*
to varnish *vernir*
to polish *polir*
to repair, to mend *réparer*
to fix *arranger, réparer*
to service *réviser*
to overhaul *réviser complètement*
to wire *faire l'installation électrique de*
to (dis)connect *(dé)connecter*
to plug in *brancher*
to unplug *débrancher*
to blow* *faire sauter*
to plan *concevoir*
to draft *esquisser*
to design *dessiner, concevoir*
to devise *imaginer, concevoir*
to counsel, to advise *conseiller*
to inform *informer*
to assess *estimer, évaluer*
to reckon *compter, calculer*
to calculate *calculer*

Les métiers

a craft *un art, un métier*
a craftsman *un artisan, un homme de métier*
craftsmanship *la connaissance d'un métier*

woodwork ***la menuiserie***
a joiner *un menuisier*
a carpenter *un charpentier*

a cabinet maker	*un ébéniste*
a lathe	*un tour*
a plane	*un rabot*
a saw	*une scie*
a hammer	*un marteau*
a nail	*un clou*
a screw	*une vis*
a screwdriver	*un tournevis*
a plank	*une planche*
insulation	*l'isolation*
double glazing	*le double vitrage*
mechanical engineering	***la mécanique***
car repairs	*la réparation automobile*
a mechanic	*un mécanicien*
a garage	*un garage*
an engine, a motor	*un moteur*
a cylinder	*un cylindre*
a valve	*une soupape*
the gearbox	*la boîte de vitesses*
the clutch	*l'embrayage*
the brakes	*les freins*
the transmission	*la transmission*
the cooling system	*le système de refroidissement*
the radiator	*le radiateur*
a jack	*un cric*
a spanner	*une clé*
oil	*l'huile*
grease	*la graisse*
overalls	*un bleu de travail*
servicing	*la révision*
a check-up	*une vérification*
an overhaul	*une révision complète*
the building industry	***l'industrie du bâtiment***
a building contractor	*un entrepreneur en bâtiment*
a stone mason	*un tailleur de pierres*
a bricklayer	*un maçon*
a plasterer	*un plâtrier*
a tiler	*un couvreur/un carreleur*
masonry	*la maçonnerie*
a brick	*une brique*
mortar	*le mortier*
cement	*le ciment*
sand	*le sable*
a breeze block	*un parpaing*
a tile	*une tuile, un carreau (carrelage)*
a trowel	*une truelle*
painting and decorating	***peinture et décoration***
a painter	*un peintre*
paint	*la peinture*

wallpaper	*le papier peint*
a brush	*un pinceau*
electrical engineering	***l'électrotechnique***
an electrician	*un électricien*
a circuit	*un circuit*
the wiring	*l'installation électrique*
a connection	*un raccordement*
pottery	***la poterie***
a potter	*un potier*
earthenware	*la faïence, la terre cuite*
clay	*l'argile*
(bone) china	*la porcelaine*
a kiln	*un four*
office work	***le travail de bureau***
a civil servant	*un fonctionnaire*
an official	*un responsable*
the management	*la direction*
the staff, the personnel	*le personnel*
the professions	*les professions libérales*
a lawyer	*un avocat*
a consultant	*un expert-conseil*
a draughtsman	*un dessinateur industriel*
an architect	*un architecte*
a surveyor	*un géomètre*
accountancy	*la comptabilité*
a (chartered) accountant	*un (expert-) comptable*
the accounts	*les comptes*
a ledger	*un livre de comptes*
an executive	*un cadre*
a secretary	*une secrétaire*
a clerk	*un employé de bureau*
paperwork, red tape	*la paperasserie*
bureaucracy	*la bureaucratie*
an office	*un bureau*
the headquarters	*le siège (principal)*
a study	*un cabinet de travail*

Expressions

hard work	*un travail dur*
a hard worker	*un grand travailleur*
to work hard	*travailler dur*
a hectic working life	*une vie professionnelle trépidante*
to work overtime	*faire des heures supplémentaires*
to work long hours	*faire beaucoup d'heures*
long working hours	*de longues heures de travail*

slave labour	*la main d'œuvre asservie/un travail de forçat*
a sweated worker	*un travailleur exploité*
the workplace	*le lieu de travail*
to commute to work	*faire le trajet du domicile au travail*
to assign a task	*affecter une tâche*
to work from home	*travailler à domicile*
a work station	*un poste de travail*
to be on duty	*être de service*
to be off duty	*ne pas être de service, être en repos*
to seek employment	*chercher un emploi*
to look for a job	*chercher un travail*
situations vacant	*les offres d'emploi*
to apply for a job	*postuler pour un emploi*
a menial job	*un travail subalterne*
to know one's job	*connaître son affaire*
a white-/blue-collar worker	*un col blanc/bleu*
to work part-time	*travailler à temps partiel*
part-time work	*le travail à temps partiel*
full-time work	*le travail à plein temps*
a temporary job	*un travail temporaire*
an occasional worker	*un travailleur intermittent*
a skilled worker	*un ouvrier qualifié*
the rat race	*la foire d'empoigne*
the tools of the trade	*les outils de la profession*
to drive a nail (in)	*enfoncer un clou*
greasy overalls	*des bleus pleins de cambouis*
outstanding craftsmanship	*un/du travail remarquable*
to paint a room green	*peindre une pièce en vert*
a bull in a china shop	*un éléphant dans un magasin de porcelaine*
a clerical job	*un emploi de bureau*
a secretarial job	*un emploi de secrétariat*
a top civil servant	*un haut fonctionnaire*
a government official	*un fonctionnaire de l'Administration*
to blow a fuse	*faire sauter les plombs*
to keep one's nose to the grindstone	*travailler sans répit*
to put a spanner in the works	*mettre des bâtons dans les roues*

Phrases

He was a joiner by trade.
Il était menuisier de son état.

It looks perfect — he's done a good job.
Cela semble parfait — il a fait du bon travail.

My holiday is over, I shall have to get back to the grindstone.
Mes vacances sont terminées, je vais devoir retourner au turbin.

He could no longer stand the rat race and resigned.
Il ne pouvait plus supporter la foire d'empoigne et a démissionné.

I wish he did not take his job so casually.
J'aimerais qu'il ne prenne pas son travail avec tant de désinvolture.

Some people would rather work from home.
Certaines personnes préféreraient travailler à domicile.

Others prefer to commute to the office daily.
D'autres préfèrent faire chaque jour le trajet jusqu'au bureau.

All applicants should master at least two foreign languages.
Tous les candidats devraient posséder au moins deux langues étrangères.

We had to hire a secretary to tackle all the red tape.
Nous avons dû embaucher une secrétaire pour faire face à toute la paperasserie.

Some youngsters prefer odd jobs to full-time employment.
Certains jeunes préfèrent des petits boulots à un emploi à plein temps.

Exercices

I. Compléter les séquences suivantes en utilisant les équivalents anglais des noms français proposés dans le désordre :

1. a bank .., 2. office … 3. the staff … 4. a business … 5. slave … 6. a top … 7. a six-cylinder … 8. further … 9. a sweated … 10. a cabinet maker's …
formation / fonctionnaire / atelier / travail / employé / ouvrier / direction / main d'œuvre / cadre / moteur

II. Compléter si nécessaire les phrases suivantes (in / on / into / to / for / as / from) :

I wish to apply (1)… the job advertised (2)… yesterday's Times.
He worked several years (3)… a consultant (4)… an international company.
They have just painted the whole house (5)… green.
She found commuting (6)… work every day extremely tiring.
The firm announced that it was about to take (7)… new clerical staff.
He never quite fitted (8)… his job and gradually came to hate it.
He finally resigned (9)… his post with Hargreaves and became a bricklayer.
He certainly has talent but he lacks (10)… enthusiasm.

III. Apparier un élément de la colonne de droite avec un élément de la colonne de gauche pour former des ensembles cohérents :

This modern piece of furniture looks shoddy	only a few weeks after being given promotion.
He may not have the competence of his predecessor	that left her time to look after the children.
We shall have to hire a new secretary	compared to what skilled craftsmen used to produce.
As a rule Lewis skilfully dodged schoolwork	so as to make it more comfortable.
We were astonished at John leaving the company	as he could no longer stand the same old routine.
He changed jobs	in order to tackle all this paperwork.
We had double glazing fitted in the living room	and is currently seeking employment.

He spends two hours a day at the wheel	but he certainly has more drive.
She was glad to find this part-time job	however, he managed to pass his exams in the end.
He left school a few months ago	commuting to and from work.

7. LEISURE — LES LOISIRS

Vocabulaire général

rest	*le repos*
peace	*la paix*
quiet	*le calme*
a break	*un court repos*
a change	*un changement (de décor)*
an outing	*une sortie*
entertainment	*les distractions*
laziness	*la paresse*
idleness	*l'oisiveté*
enjoyment	*le plaisir*
a party	*une fête, une soirée*
a festival	*un festival, une fête*
a celebration	*des festivités, des fêtes*
a pastime	*un passe-temps*
a hobby	*un passe-temps favori*
a game	*un jeu*
an opponent	*un adversaire*
a contest	*une rencontre, un concours*
a club	*un club*
an enthusiast	*un passionné*
a fiend	*un mordu*
a spoilsport	*un rabat-joie*
free, spare (epith.)	*libre, disponible*
restful	*reposant*
peaceful(ly)	*paisible(ment)*
quiet(ly), calm(ly)	*calme(ment)*
entertaining	*distrayant*
lazy (lazily)	*paresseux (-sement)*
idle (idly)	*oisif (-vement)*
enjoyable	*agréable*
(well-) deserved	*mérité*
keen	*ardent, enthousiaste*

clever	*intelligent, astucieux*
cleverly	*astucieusement*
awkward(ly)	*maladroit(ement)*
accurate	*précis*
accurately	*avec précision*
precise	*précis*
inaccurate	*manquant de précision*
inaccurately	*avec inexactitude*
skilful(ly)	*habile(ment)*
crafty	*malin, astucieux*
craftily	*astucieusement*
risky	*hasardeux*
lucky	*chanceux*
luckily	*heureusement*
unlucky	*malchanceux*
fortunate	*heureux, chanceux*
fortunately	*heureusement*
unfortunate(ly)	*malheureux (-sement)*
adventurous	*aventureux*
determined	*décidé, résolu*
experienced	*expérimenté*
concentrated	*concentré*
intent (on)	*attentif, absorbé*
patient(ly)	*patient (-iemment)*
rare(ly)	*rare(ment)*
colourful	*coloré, éclatant*
attractive	*attrayant*
attractively	*d'une manière attrayante*
excited	*agité, excité*
excitedly	*avec agitation*
exciting	*passionnant*
boring	*ennuyeux*
picturesque	*pittoresque*

pleasant(ly) *agréable(ment)*
gorgeous *somptueux, magnifique*
lavish(ly) *copieux (à profusion)*

to rest *se reposer*
to relax, to unwind* *se détendre*
to deserve *mériter*
to entertain *distraire ; recevoir*
to go* out *sortir*
to celebrate *fêter*
to loaf *traîner, traînasser*
to play *jouer*
to deal* out *donner, distribuer*
to win* *gagner*
to lose* *perdre*
to cheat *tricher*
to check *faire échec à*
to checkmate *faire échec et mat à*
to cast* *jeter (des dés)*
to toss *jeter (en l'air)*
to gamble *jouer (de l'argent)*
to bet* *parier*
to hitchhike *faire de l'auto-stop*
to camp *camper*
to swim* *nager*
to dive *plonger*
to bathe *se baigner*
to paddle *barboter*

to sunbathe *prendre un bain de soleil*
to tan *bronzer*
to bask *se prélasser*
to drown *(se) noyer*
to row *ramer*
to sail *faire de la voile*
to ride* *monter, faire du cheval*
to mount *enfourcher*
to dismount *mettre pied à terre*
to gallop *aller au galop*
to canter *aller au petit galop*
to trot *aller au trot*
to spur *éperonner*
to rear *se cabrer*
to throw* *lancer ; désarçonner*
to load *charger*
to aim *viser*
to fire *tirer*
to tinker *bricoler*
to improve *améliorer*
to collect *collectionner*
to devote *consacrer*
to film *filmer*
to photograph *photographier*
to record *enregistrer*
to zoom (in on) *faire un zoom (sur)*
to focus (on) *mettre au point (sur)*
to process *développer*

Vocabulaire spécialisé

1. Merrymaking — *Les réjouissances*

a (fun-) fair *une fête foraine*
an amusement park *un parc d'attractions*
an attraction *une attraction*
a roundabout *un manège*
the dodgems *les auto-tamponneuses*
a puppet show *un spectacle de marionnettes*
a puppet *une marionnette*
a circus *un cirque*

a stall *un stand*
a shooting range *un stand de tir*
a dance *une soirée dansante*
a dance-hall *un dancing*
a ball *un bal*
a night club *une boîte de nuit*
a pinball machine *un flipper*
hide-and-seek *le cache-cache*

2. Games — *Les jeux*

cards *les cartes*
a suit *une suite*
a pack *un jeu de cartes*
hearts *cœur*
diamonds *carreau*
spades *pique*
clubs *trèfle*
jack *valet*
queen *dame*
king *roi*

ace *as*
a trump *un atout*
a trick *une levée, un pli*
a slam *un chelem*
chess *les échecs*
a chess board *un échiquier*
a pawn *un pion*
a rook *une tour*
a bishop *un fou*
a knight *un cavalier*

checkmate — *échec et mat*
stalemate — *pat*
a move — *un coup*
draughts — *les dames*
a piece — *un pion*
a die (dice) — *un dé*
darts — *les fléchettes*
a dartboard — *une cible*
the bull's-eye — *le mille*
billiards — *le billard*
snooker/pool — *le billard américain*
a cue — *une queue de billard*
bowling — *le jeu de boules*
a pin — *une quille*
a bowl — *une boule*
a bowling alley — *un bowling*
gambling — *les jeux d'argent*
a gambler — *un joueur*
a bet — *un pari*
a tip — *un "tuyau"*
a horse race — *une course de chevaux*

a racecourse — *un champ de course*
a greyhound race — *une course de lévriers*
a bookmaker — *un bookmaker*
the odds — *la cote*
an outsider — *un outsider*
a favourite — *un favori*
the (football) pools — *le loto sportif*
a lottery — *une loterie*
the jackpot — *le gros lot*
the stakes — *l'enjeu*
the wheel — *la roue*
a one-armed bandit, a fruit machine — *une machine à sous*
a coin — *une pièce de monnaie*
heads — *face*
tails — *pile*
chance — *le hasard*
a chance — *une chance, une possibilité*
luck — *la chance, la veine*

3. Open-air activities — *Les activités de plein air*

camping — *le camping*
a tent — *une tente*
a sleeping bag — *un sac de couchage*
an air mattress — *un matelas pneumatique*
a campsite — *un terrain de camping*
a caravan — *une caravane*
a rucksack — *un sac à dos*
the open — *le plein air*
bathing — *la baignade*
sunbathing — *le bain de soleil*
a swimming-pool — *une piscine*
a swimsuit — *un maillot de bain*
a beach — *une plage*
skin diving — *la plongée sous-marine*
a snorkel, a tuba — *un tuba*
yachting — *la navigation de plaisance*
boating — *le canotage*
sailing — *la voile*
a rowing boat — *une barque*
a punt — *un bateau à fond plat*
a canoe — *une canoë*
a sailing boat — *un bateau à voile*
a motor boat — *un bateau à moteur*
a mast — *un mât*
a sail — *une voile*
a rope — *un cordage*
an anchor — *une ancre*

a compass — *une boussole*
horse riding — *l'équitation*
a rider — *un cavalier*
a saddle — *une selle*
a bridle — *une bride*
a spur — *un éperon*
a crop — *une cravache*
a stirrup — *un étrier*
hunting and shooting — *la chasse*
fox hunting — *la chasse au renard*
deer hunting — *la chasse au cerf*
a gun — *un fusil*
a rifle — *une carabine*
a cartridge — *une cartouche*
a clay pigeon — *un pigeon d'argile*
game — *le gibier*
angling — *la pêche à la ligne*
an angler — *un pêcheur*
a rod — *une canne*
a (fishing-)line — *une ligne*
a hook — *un hameçon*
hang-gliding — *le delta plane*
wind surfing — *la planche à voile*
cycling — *le cyclisme*
hiking — *la randonnée*
bird-watching — *l'observation des oiseaux*
train-spotting — *l'observation des trains (types, etc.)*

4. Indoor hobbies — *Les activités d'intérieur*

DIY (do-it-yourself) — *le bricolage*
a DIY shop/store — *un magasin de bricolage*

an instruction leaflet — *un mode d'emploi*
stamp collecting — *la philatélie*

a stamp collection	*une collection de timbres*	a movie camera	*une caméra*
photography	*la photographie*	a camcorder	*un caméscope*
a photographer	*un photographe*	a film	*un film, une pellicule*
a photograph, a picture	*une photographie*	a processing laboratory	*un laboratoire de développement*
a snapshot	*un instantané*	a video system	*un équipement vidéo*
an exposure	*un cliché*	a video game	*un jeu vidéo*
a camera	*un appareil photo*		

Expressions

spare time	*le temps libre*
to have time to spare/time on one's hands	*avoir du temps libre*
hard-won rest	*du repos bien mérité*
to take it easy	*se la couler douce*
to rest in the shade	*se reposer à l'ombre*
to have a coffee break	*faire une pause café*
to devote one's spare time to a hobby	*consacrer son temps libre à un passe-temps*
to have a party	*donner une soirée*
to have a good time/a whale of a time	*bien s'amuser*
to entertain friends	*recevoir des amis*
to spoil a party	*gâcher une soirée*
to join a club	*adhérer à un club*
to join in a celebration	*se joindre à une fête*
a game of skill	*un jeu d'adresse*
a game of chance	*un jeu de hasard*
to have a game of darts	*faire une partie de fléchettes*
to play hide and seek	*jouer à cache-cache*
the King of spades	*le roi de pique*
the Queen of diamonds	*la dame de carreau*
to take/win a trick	*prendre un pli*
grand slam	*grand chelem*
checkmate!	*échec et mat !*
to throw the dice	*jeter les dés*
to bet on a horse	*parier sur un cheval*
3 to 1 favourite	*favori à 3 contre 1*
the hot favourite	*le grand favori*
to have one chance in ten	*avoir une chance sur dix*
to toss a coin	*jouer à pile ou face*
the wheel of Fortune	*la roue de la Fortune*
to hit the jackpot	*gagner le gros lot*
to pitch a tent	*monter une tente*
to lose one's footing	*perdre pied*
to get a tan	*bronzer*
to get drowned	*se noyer*
to set sail	*hisser la voile*
on horseback	*à cheval*
to ride side-saddle	*monter en amazone*
to pull the trigger	*appuyer sur la détente*
to hit the bull's-eye	*mettre dans le mille*

a colour photograph	*une photo en couleur*
to take a picture	*prendre une photo*
to have a film processed	*faire développer une photo*
to be clever with one's hands	*être adroit de ses mains*
third time lucky	*jamais deux sans trois*

Phrases

It's just beginner's luck.
Aux innocents les mains pleines.

The die is cast.
Les dés sont jetés.

Whose deal is it?
A qui est-ce de donner ?

It is your move.
C'est à vous de jouer.

What about (having) a game of billiards?
Et si nous faisions une partie de billard ?

He managed to win against the odds.
Il a réussi à gagner contre toute attente.

Kasparov's unpredictable moves perturbed his opponents.
Les coups imprévisibles de Kasparov déstabilisaient ses adversaires.

He is an inveterate gambler, there is no keeping him away from the races.
C'est un joueur invétéré, il n'y a pas moyen de le tenir à l'écart des courses.

They showed us awfully boring films shot with their new camcorder.
Ils nous ont montré des films affreusement ennuyeux tournés avec leur nouveau caméscope.

She was not keen on swimming, she only went to the beach to get a tan.
Elle n'était pas passionnée de natation, elle allait sur la plage juste pour bronzer.

You should have come, we had a jolly good time!
Tu aurais dû venir, nous nous sommes bien amusés.

Exercices

I. Trouver dans le chapitre les synonymes aux définitions suivantes :

1. a leisure activity : …
2. a fan : …
3. to ask motorists for lifts : …
4. turn to play (nom) : …
5. a kill-joy : …
6. attractive and colourful : …
7. to become a member (of a club) : …
8. a competition : …
9. a small movie-camera : …
10. to lie in the sun : …

II. Reformuler les phrases suivantes en utilisant les mots donnés entre parenthèses :

1. You should relax for a short while (a break).
2. The odds are against his winning are 20 to 1 (a chance).
3. Take it easy my boy and try to have a good time (enjoy).
4. You often win the first time you try (luck).
5. Would you like to play cards? (game)
6. This horse has an excellent chance of winning (hot).
7. We had a marvellous time (whale).
8. She likes golf a lot (keen).
9. The irrevocable move has been made (cast).
10. His first shot was right in the centre of the target (bull).

III. Compléter les phrases suivantes au moyen des mots figurant dans le chapitre :

1. As we could not reach a decision, we … a coin.
2. Only an Englishman could … his leisure time to such a hobby as train-spotting.
3. I have no time to … for that sort of entertainment.
4. He spends all his weekends reading papers to decide what horses he will … money on.
5. He took a well … rest in his seaside cottage.
6. U…ly, Aunt Mary lost her fortune at the races.
7. He was a s… snooker player, yet he never won a major contest.
8. He enjoys basking l… in the sun.
9. She enjoyed entertaining celebrities at her l… parties in Beverley Hills.
10. Since you are such a k… bridge player you should join our club

8• Sport — Le sport

Vocabulaire général

a game	*un jeu*	an effort	*un effort*
a match	*un match*	strength	*la force*
a win, a victory	*une victoire*	stamina	*l'endurance*
a title	*un titre*	a challenge	*un défi ; un challenge*
a draw	*un match nul*	a challenger	*un prétendant*
a defeat	*une défaite*	a competition	*une compétition*
a winner	*un vainqueur*	a tournament	*un tournoi*
a loser	*un perdant*	a league	*une ligue*
a lead	*une avance*	heats	*des éliminatoires*
practice, training	*l'entraînement*	a quarter-final	*un quart de finale*
a coach	*un entraîneur*	a semi-final	*une demi-finale*
a warm-up	*un échauffement*	a final	*une finale*
fitness	*la forme*	a cup	*une coupe*

a championship — *un championnat*
a trial — *une épreuve de sélection*
an achievement — *une réussite, un exploit*
a record — *un record*
a medal — *une médaille*
a player — *un joueur*
a substitute — *un remplaçant*
an opponent — *un adversaire*
a contestant — *un concurrent*
a rival — *un rival*
rivalry — *la rivalité*
an amateur — *un amateur*
a professional — *un professionnel*
a team, a side — *une équipe*
a referee, a ref — *un arbitre*
a whistle — *un sifflet*
a sportsman — *un sportif*
sportsmanship — *la sportivité*
a tracksuit — *un survêtement*
sports gear — *la tenue, l'équipement sportif*
trainers — *des chaussures de sport*
a jersey — *un maillot*
a cap — *une casquette ; une sélection*
a stadium — *un stade*
a field, a pitch — *un terrain*
a track — *une piste*
a lap — *un tour (de piste)*
a grandstand — *une tribune*
the terraces — *les gradins*
the crowd — *la foule*
excitement — *l'excitation*
a climax — *un paroxysme*

athletic — *athlétique*
fit — *en forme*
muscular — *musclé*
fast, quick — *rapide*
supple — *souple*
agile — *agile*
resilient — *résistant*
breathless — *essoufflé*
victorious — *victorieux*
unbeaten — *invaincu*
unbeatable — *imbattable*
exciting — *passionnant*
boring — *ennuyeux*
breathtaking — *époustouflant*
dramatic — *spectaculaire*
professional — *professionnel*
amateur — *amateur*
fair — *juste*
unfair — *injuste*
foul — *irrégulier, interdit*
tough — *dur, rude*

violent — *violent*
rough — *brutal*
vicious — *méchant, brutal*
chauvinistic — *chauvin*
unsportsmanlike — *déloyal*
panic-stricken — *pris de panique*

to win* — *gagner*
to lose* — *perdre*
to draw* — *faire match nul*
to challenge — *défier*
to beat* — *battre*
to qualify — *se qualifier*
to lead* — *mener*
to rank — *se classer*
to practise — *s'entraîner*
to train — *(s') entraîner*
to warm up — *s'échauffer*
to jog — *faire du jogging*
to aim — *viser*
to hit* — *frapper, atteindre*
to miss — *manquer*
to kick — *donner un coup de pied (dans)*
to catch* — *attraper*
to throw* — *lancer*
to score — *marquer*
to tackle — *plaquer*
to trip — *(faire) trébucher*
to strike* — *frapper*
to knock out — *mettre KO*
to cycle — *faire du vélo*
to ski — *skier*
to skate — *patiner*
to slide* — *glisser*
to climb — *grimper*
to rope up — *s'encorder*
to fall* off — *tomber*
to run* — *courir*
to sprint — *sprinter*
to leap*, to jump — *sauter*
to dive — *plonger*
to swim* — *nager*
to pass, to overtake* — *doubler*
to accelerate — *accélérer*
to catch* up with — *rattraper*
to retire — *abandonner*
to rip up — *déchirer*
to smash — *briser*
to hurl — *lancer (violemment)*
to yell — *hurler*
to wreck — *démolir*
to stampede — *se ruer (en désordre)*
to trample — *piétiner*
to caution — *avertir, mettre en garde*
to send* off — *expulser*

to control	*maîtriser*	to rig	*truquer*
to check	*contrôler*	to sponsor	*patronner*
to ban	*interdire*	to endorse	*apposer sa griffe à*
to administer	*administrer*	to recruit	*recruter*
to inject	*injecter*	to sign	*engager*
to disqualify	*disqualifier*		

Vocabulaire spécialisé

football, soccer	***le football***		
a forward	*un avant*	a foul	*une faute*
a fullback	*un arrière*	a goal	*un but*
a winger	*un ailier*	a goalkeeper	*un gardien*
a linesman	*un arbitre de touche*	midfield	*le milieu de terrain*
the kick-off	*le coup d'envoi*	a corner kick	*un corner*
half-time	*la mi-temps*	a penalty kick	*un penalty*
a shot	*un tir*	a header	*une tête*
a pass	*une passe*		

rugby football	***le rugby***		
Rugby Union	*le jeu à 15*	a scrum	*une mêlée*
Rugby League	*le jeu à 13*	a line-out	*une touche*
a prop	*un pilier*	a tackle	*un plaquage*
a hooker	*un talonneur*	a try	*un essai*
the front row	*la ligne d'avants*	a conversion	*une transformation*
a fly half	*un demi d'ouverture*	a drop-goal	*un drop*
a scrum half	*un demi de mêlée*		

tennis	***le tennis***		
a racket	*une raquette*	a backhand	*un revers*
a net	*un filet*	the spin	*l'effet*
a volley	*une volée*	singles	*le simple*
a serve / service	*un service*	doubles	*le double*
a forehand	*un coup droit*		

athletics	***l'athlétisme***		
an event	*une épreuve*	the opening (closing) ceremony	*la cérémonie d'ouverture (de clôture)*
the 100 metre dash	*le 100 mètres plat*	an awards ceremony	*une remise de médailles*
the 400 metre hurdles	*le 400 mètres haies*	a national anthem	*un hymne national*
the high jump	*le saut en hauteur*	swimming	*la natation*
the long jump	*le saut en longueur*	free style	*la nage libre*
the pole vault	*le saut à la perche*	breast stroke	*la brasse*
the javelin	*le javelot*	crawl	*le crawl*
the discus	*le disque*	backstroke	*le dos crawlé*
the shot	*le poids*	butterfly stroke	*la brasse papillon*
the pace	*le rythme*		
a stride	*une foulée*		
a relay	*une course de relais*		
gymnastics	*la gymnastique*		
the Olympics (the Olympic Games)	*les Jeux Olympiques*		
the host country	*le pays organisateur*		
a gold medallist	*un médaillé d'or*		

golf	***le golf***		
a golfer	*un golfeur*	the green	*le green*
a golf course	*un terrain de golf*	a hole	*un trou*
racing	***la course, les courses***		
cycling	*le cyclisme*	formula 1	*la formule 1*
a cyclist	*un cycliste*	a starting grid	*une grille de départ*
a stage	*une étape*	the pole position	*la pole position*
a timed trial	*un contre la montre*	the pits	*les stands*
motor racing	*la course automobile*	a bend	*un virage*
a racing car	*une voiture de course*	horse racing	*la course hippique*
a sports car	*une voiture de sport*	a race horse	*un cheval de course*
a Grand Prix	*un Grand Prix*	a thoroughbred	*un pur-sang*
winter sports	***les sports d'hiver***		
skiing	*le ski*	a ski run	*une piste*
a skier	*un skieur*	a sledge	*une luge*
downhill	*la descente*	ice-skating	*le patinage sur glace*
a slalom	*un slalom*	a skater	*un patineur*
Alpine skiing	*le ski alpin*	a skating rink, an ice rink	*une patinoire*
cross-country skiing	*le ski de fond*	speed skating	*le patinage de vitesse*
a ski	*un ski*	figure skating	*le patinage artistique*
a stick, a pole	*un bâton*	ice hockey	*le hockey sur glace*
boxing	***la boxe***		
a boxer	*un boxeur*	a hook	*un crochet*
a sparring partner	*un sparring-partner*	a straight	*un direct*
a punch	*un coup*	an uppercut	*un uppercut*
a lightweight	*un poids léger*	wrestling	*le catch*
a middleweight	*un poids moyen*	a wrestler	*un catcheur*
a heavyweight	*un poids lourd*	a hold	*une prise*
mountaineering	***l'alpinisme***		
an alpinist, a climber	*un alpiniste, un grimpeur*	an ice axe	*un piolet*
		a rope	*une corde*
weightlifting	***l'haltérophilie***	**windsurfing**	***la planche à voile***
fencing	***l'escrime***	a surfboard	*une planche de surf*
water-skiing	***le ski nautique***	**hang-gliding**	***le deltaplane***
surfing	***le surf***	gliding	*le vol à voile*

Sport in question
Le sport en question

violence	*la violence*	disgrace	*la disgrâce*
a hooligan	*un voyou, un vandale*	a fence	*une barrière, une clôture*
hooliganism	*le vandalisme*		
chauvinism	*le chauvinisme*	a warning	*un avertissement*
crowd control	*le contrôle des foules*	an injury	*une blessure*
surveillance	*la surveillance*	a stampede	*une débandade*
a fine	*une amende*	a tragedy	*un drame*
a ban	*une interdiction*	doping	*le dopage*

amphetamines	*les amphétamines*	the earnings	*les gains*
anabolic steroids	*les anabolisants*	a fee	*un cachet*
pain killers	*les analgésiques*	a lure	*un appât*
a cheat	*un tricheur*	a prize	*un prix*
abuse	*l'abus*	a bribe	*un pot de vin*
exclusion	*l'exclusion*	bribery	*la corruption*
sport and money	*le sport et l'argent*	a transfer	*un transfert*

Expressions

to be a keen sportsman	*être un passionné de sport*
to be keen on sport	*avoir la passion du sport*
to practise a sport	*pratiquer un sport*
to do a lot of sport	*faire beaucoup de sport*
to take exercise	*faire de l'exercice*
to go jogging	*faire du jogging*
to be athletic	*être sportif*
to be in good shape	*être en (bonne) forme*
a fast runner	*un coureur rapide*
a quick pace	*un rythme rapide*
to put to the test	*mettre à l'épreuve*
to be short of practice	*manquer d'entraînement*
to be out of breath	*être essoufflé*
to burn oneself out	*s'user*
a major sporting event	*une épreuve sportive importante*
a home (away) match	*un match à domicile (à l'extérieur)*
to meet one's match	*trouver un adversaire à sa taille*
to challenge an opponent	*mettre un adversaire au défi*
to take up the challenge	*relever le défi*
a narrow victory	*une victoire remportée de justesse*
a crushing victory	*une victoire écrasante*
the winning side / team	*l'équipe victorieuse*
to be on top	*dominer*
to be outclassed	*être surclassé*
an unbeaten series	*une série de victoires*
to rank among the top ten	*se classer parmi les dix meilleurs*
a cup final	*une finale de coupe*
to lead from start to finish	*mener du début à la fin*
to draw the crowds	*attirer les foules*
the fighting spirit	*la détermination, le cran*
kick-off time	*l'heure du coup d'envoi*
to score a goal (a try)	*marquer un but (un essai)*
a converted try	*un essai transformé*
to play a waiting game	*attendre son heure*
to play for time	*essayer de gagner du temps*
injury time	*les arrêts de jeu*
a three-nil victory	*une victoire par 3 à 0*
love-15	*zéro-quinze*
30 all	*30 partout*
deuce	*égalité*

game, set and match Miss Evert	*jeu, set et match Mlle Evert*
to break serve	*prendre le service*
a 7-foot-tall American-born basketball player	*un joueur de basket américain de 2m10*
to deal blows	*asséner des coups*
to inflict injuries on one's opponent	*blesser son adversaire*
to throw in the towel	*jeter l'éponge*
to break a world record	*battre un record du monde*
a middle-distance runner	*un coureur de demi-fond*
a long-distance runner	*un coureur de fond*
to lead the field	*être en tête*
to clear a hurdle (a bar)	*franchir une haie (une barre)*
to be in the running	*avoir une chance de réussir, de gagner*
to be out of the running	*n'avoir aucune chance*
to harvest medals	*engranger des médailles*
to go on a skiing holiday	*aller aux sports d'hiver*
an 18-hole golf course	*un golf de 18 trous*
to make a lightning start	*faire un départ fulgurant*
to set a new track record	*établir un nouveau record de la piste*
fair play	*le fair-play*
foul play	*le jeu irrégulier*
to be cautioned	*recevoir un avertissement*
to be sent off	*être expulsé*
unsportsmanlike (disgraceful) conduct	*un comportement déloyal (scandaleux)*
to hurl beer bottles	*lancer des canettes*
to wreck a stadium	*démolir un stade*
to be crushed to death	*mourir écrasé*
stadium surveillance	*la surveillance des stades*
to check hooliganism	*contrôler le vandalisme*
the Heysel tragedy	*le drame du Heysel*
to go on the rampage	*se déchaîner*
a banned substance	*une substance interdite*
to increase muscle capacity	*accroître la capacité musculaire*
drug abuse	*l'abus des substances dopantes*
a sham amateur	*un faux amateur*
the lure of money	*l'attrait de l'argent*
richly-endowed tournaments	*des tournois richement dotés*
prize money	*des gains*
rigged matches	*des matches truqués*
huge transfer fees	*des primes de transfert énormes*
to endorse sports equipment	*mettre sa griffe sur des équipements sportifs*
an endorsement contract	*un contrat commercial*
to cash in on one's success	*tirer un parti financier de son succès*

Phrases

Slow and steady wins the race.
Doucement va loin.

Get your skates on!
Dépêche-toi !

That was a great shot by Bobby Charlton!
Un tir magnifique de Bobby Charlton !

Three laps to go and Hill is still in the lead.
Il reste trois tours et Hill est toujours en tête.

He led the field from start to finish.
Il a mené de bout en bout.

Manchester United beat Arsenal 3-nil.
Manchester United bat Arsenal trois à zéro.

Cricket : second Test Match in Delhi. A crushing defeat for England.
Deuxième Test Match à Delhi. Ecrasante défaite de l'Angleterre.

His victory at Wimbledon netted him £100,000.
Sa victoire à Wimbledon lui a rapporté 100000 livres.

They are on a skiing holiday in the Alps.
Ils sont aux sports d'hiver dans les Alpes.

In Liverpool, hooliganism reached a climax in the 1980s.
A Liverpool, la violence dans les stades a atteint son paroxysme dans les années 80.

Exercices

I. Traduire en français les titres suivants :

Athletics : Gunnel sets the pace.
Britons harvest Olympic medals!
Soccer : Liverpool badly need home win.
Stadium security services decline responsibility.
French champions sent off for rigged match.
Rugby football : England's unbeaten series comes to an end.
Tennis : Borg's spin defeats Connors.
Squash : Britons score singles double.
Motor racing : Lightning start disqualifies Prost.
Cycling : Timed trial settles the Tour.

II. Traduire en français les phrases suivantes :

Ce fut un match viril mais correct.
L'Angleterre menait 1 à 0 à la mi-temps.
Il avait gagné plusieurs étapes avant d'abandonner.
Il vient de battre le record du monde pour la dixième fois !
Les vrais amateurs ne peuvent pas vraiment concurrencer des professionnels bien entraînés.
L'essai gagnant a été marqué par la ligne d'avants galloise.
Chilcott vient d'écoper d'un carton rouge.
Les athlètes sont souvent accusés d'être des amateurs marrons.
Une fois encore les supporters se sont déchaînés après le match.

III. Réécrire les phrases suivantes en intercalant un complément pertinent introduit par la préposition appropriée :

Jess Owens won four events in 1936.
He was disqualified and never allowed to compete again in an official event.
The US relay team beat the other contenders.
They now screen every supporter before he is allowed to enter the stadium.
Most of the people who were trampled were Italian supporters.
Professional tennis players tend to prefer richly endowed tournaments.
At last Chelsea scored the equalizer.
A brilliant try and Wales beat Scotland.
The whistle went and a boring match ended.
Each time he beat the pole vault record he received £ 50,000.

Compléments : *nearly a second / drug abuse / weapons / death / Berlin Olympics / goalless draw / hard competition / injury time / Barry John / prize money*
Prépositions : *for / to / during / by / in / on / at*

9. Food and drink — La nourriture et la boisson

cooking	***la cuisine***		
a cook	*un cuisinier*	a cooker	*une cuisinière (à gaz, etc.)*
a chef	*un chef de cuisine*		
a kitchen	*une cuisine*	an oven	*un four*

cooking utensils	***la batterie de cuisine***		
a saucepan	*une casserole*	a pressure cooker	*un autocuiseur*
a frying pan	*une poêle*	a kettle	*une bouilloire*
a pot	*une marmite*	a skewer	*une brochette*
a casserole dish	*une cocotte*	a rolling pin	*un rouleau à pâtisserie*

ingredients	***les ingrédients***		
meat	*la viande*	onion	*l'oignon*
mutton	*le mouton*	curry powder	*la poudre de cari*
pork	*le porc*	seasoning	*l'assaisonnement*
beef	*le bœuf*	milk	*le lait*
veal	*le veau*	butter	*le beurre*
lamb	*l'agneau*	an egg	*un oeuf*
vegetables	*les légumes*	flour	*la farine*
salt	*le sel*	pastry	*la pâte (brisée, etc.)*
pepper	*le poivre*	dough	*la pâte (à pain, etc.)*
oil	*l'huile*	a crumb	*une miette*
vinegar	*le vinaigre*	yeast	*la levure (de boulanger)*
salad dressing	*la vinaigrette*		
mustard	*la moutarde*	baking powder	*la levure (chimique)*
pickles	*des petits légumes au vinaigre*	cream	*la crème (fraîche)*
		coffee	*le café*
parsley	*le persil*	chocolate	*le chocolat*
garlic	*l'ail*		

raisins	*les raisins secs*	granulated sugar	*le sucre cristallisé*
a lump of sugar	*un morceau de sucre*	caster sugar	*le sucre en poudre*

meals	***les repas***		
breakfast	*le petit déjeuner*	an appetizer	*un amuse-gueule*
lunch	*le déjeuner*	a starter	*un hors d'œuvre*
dinner	*le dîner*	a dessert/pudding	*un dessert*
supper	*le souper*	the main course	*le plat principal*
teatime	*l'heure du thé*	a treat	*une gâterie, un régal*
a helping	*une part, une portion*	a snack	*un en-cas*
a spoonful	*une cuillerée*	a cold spread	*un buffet froid*
a slice	*une tranche*	a barbecue	*un barbecue*
a course	*un plat*	a fast	*un jeûne*

dishes	***les plats***		
flavour	*la saveur*	steak and kidney pie	*de la tourte au bœuf et aux rognons*
taste	*le goût*		
a recipe	*une recette*	shepherd's pie	*du hachis Parmentier*
soup	*la soupe*	a shoulder of lamb	*une épaule d'agneau*
broth	*le bouillon*	a leg of lamb	*un gigot*
a salad	*une salade composée*	roast turkey	*de la dinde rôtie*
boiled eggs	*des œufs à la coque*	a stew	*un ragoût*
scrambled eggs	*des œufs brouillés*	a casserole	*un ragoût en cocotte*
bacon and eggs	*des œufs au bacon*	ice cream	*la crème glacée*
boiled potatoes	*des pommes de terre à l'eau*	a cake	*un gâteau, un cake*
		a pastry	*une pâtisserie*
mashed potatoes	*de la purée*	a fruit pie	*une tourte aux fruits*
fish and chips	*du poisson avec des frites*	a tart	*une tarte*
		cheese and biscuits	*du fromage servi avec des biscuits salés*
fish fingers	*des bâtonnets de poisson*		
		cottage cheese	*du fromage blanc*
smoked haddock	*du haddock*		

accompaniments	***les accompagnements***		
sliced bread	*du pain en tranches*	crisps	*des chips*
a loaf	*un pain*	chips	*des frites*
a roll	*un petit pain*	sauce	*de la sauce*
toast	*du pain grillé*	gravy	*de la sauce (de viande)*
a biscuit	*un biscuit*		

table service	***le service à table***		
a tray	*un plateau*	a knife (knives)	*un couteau*
a plate	*une assiette*	a fork	*une fourchette*
a side plate	*une petite assiette*	a spoon	*une cuillère*
crockery	*la vaisselle*	a table-cloth	*une nappe*
china	*la porcelaine*	a table mat	*un dessous-de-plat*
a tea-set	*un service à thé*	a napkin/serviette	*une serviette*
a cup	*une tasse*	a restaurant	*un restaurant*
a saucer	*une soucoupe*	an inn	*une auberge*
a wine glass	*un verre à vin*	a waiter, a waitress	*un serveur, une serveuse*
a decanter	*une carafe (vin)*		
a jug	*un pichet, une carafe (eau)*	a tip	*un pourboire*
		the bill	*l'addition*
a salt-cellar	*une salière*	a caterer	*un traiteur*
a pepper pot	*un poivrier*		
a sugar basin	*un sucrier*		
cutlery	*les couverts*		

catering *la restauration*
a guest *un invité, un hôte*

drinks ***les boissons***

a beverage *une boisson*
a pub *un pub*
a pint *une pinte (0,565 ,l.)*
a (beer) mug *une chope*
draught beer *la bière pression*
ale *la bière*
lager *la bière blonde*
bitter (GB) *la bière anglaise*
cider *le cidre*
soft drinks *les boissons non alcoolisées*
fruit juice *le jus de fruits*
gin-and-tonic *le gin-tonic*
whisky and soda *le whisky-soda*
claret *le bordeaux*
burgundy *le bourgogne*
a vintage *un millésime*
sherry *le jerez*
port *le porto*
brandy *le cognac, la fine*
plum brandy *l'eau de vie de prune*
a liqueur *une liqueur*
a cork *un bouchon*
a corkscrew *un tire-bouchon*
a round *une tournée*

tasty *savoureux*
delicious(ly) *délicieux (-sement)*
delicate(ly) *délicat(ement)*
refined *raffiné*
spiced *épicé*
hot *chaud, épicé*
salty *salé*
light(ly) *léger(ement)*
crisp *croustillant*
heavy(-vily) *lourd(ement)*
stodgy *bourratif*
substantial(ly) *copieux (-sement)*
frugal *frugal, simple*
plentiful(ly) *copieux (-sement)*
lavish *copieux, plantureux*
lavishly *généreusement*
lean *maigre*
fat *gras, gros*
greedy *gourmand*
greedily *voracement*
ravenous *affamé, vorace*
overfed *trop bien nourri*
underdone, rare *saignant*
medium *à point*
well done *bien cuit*
overdone *trop cuit*

a host *un hôte (celui qui reçoit)*

fresh(ly) *frais (fraîchement)*
stale *rassis*
tender *tendre*
tough *dur*

to feed* *nourrir*
to cook *cuisiner, faire cuire*
to peel *peler, éplucher*
to chop *hacher (au couteau)*
to mince *hacher (au hachoir)*
to grind* *moudre*
to roast *rôtir*
to bake *cuire au four*
to toast *griller (pain, etc.)*
to butter *beurrer*
to spread* *tartiner, répartir*
to barbecue *griller au charbon de bois*
to stew *cuire en ragoût*
to boil *(faire) bouillir*
to simmer *mijoter*
to fry *faire frire/revenir*
to mix *mélanger*
to whip *fouetter*
to knead *pétrir*
to dress *accommoder*
to season *assaisonner*
to carve *découper*
to serve *servir*
to share (out) *partager, répartir*
to picnic *faire un pique-nique*
to brew *faire infuser (thé) ; brasser (bière)*
to fill *remplir*
to pour *verser*
to hand round *(faire) passer*
to wait (on) *servir*
to cater (for) *préparer un repas (pour)*
to order *commander*
to tip *donner un pourboire*
to treat *régaler*
to entertain *recevoir*
to eat* *manger*
to eat* up *tout manger, finir*
to drink* *boire*
to swallow *avaler*
to chew *mâcher*
to guzzle *s'empiffrer/boire goulûment*
to gulp down *engloutir*
to taste *goûter*

to lick	*lécher*	to sip	*boire à petites gorgées*
to savour	*savourer*	to fast	*jeûner*

Expressions

to lay the table	*mettre la table*
to have a second helping	*reprendre*
to help oneself to meat	*se servir de viande*
to have breakfast	*prendre le petit déjeuner*
to have haddock for breakfast	*prendre du haddock au petit déjeuner*
to invite someone to lunch	*inviter quelqu'un à déjeuner*
a light meal	*un repas léger*
to be teetotal	*ne jamais boire d'alcool*
to be hungry/thirsty	*avoir faim/soif*
to have an appetite	*avoir de l'appétit*
to be parched	*mourir de soif*
to be starving	*avoir une faim de loup*
to stand someone a drink	*payer à boire à quelqu'un*
a ravenous eater	*un mangeur vorace*
tips (not) included	*service (non) compris*
a posh restaurant	*un restaurant huppé*
a fast food place	*un "fast food"*
a pizza parlour	*une pizzeria*
a cookery book	*un livre de cuisine*
Cheers!	*A la vôtre !*
Just a drop!	*Juste une goutte, une larme*
Half a pint of lager, please.	*Un demi de bière blonde, SVP.*
This round is on me.	*C'est ma tournée.*
To jump out of the frying pan into the fire.	*Tomber de Charybde en Scylla.*
What's cooking?	*Qu'est-ce qui se mijote ?*
How many pieces of toast?	*Combien de tartines ?*
What's your poison?	*Qu'est-ce que vous buvez ?*

Phrases

He's got other fish to fry.
Il a d'autres chats à fouetter.

That's not my cup of tea.
Ce n'est vraiment pas mon genre.

As a rule Christine doesn't mince her words.
En règle générale, Christine ne mâche pas ses mots.

She knows on which side her bread is buttered.
Elle sait où est son intérêt.

It's the pot calling the kettle black.
C'est la Pitié qui se moque de la Charité.

That's a fine kettle of fish.
Nous voilà dans de beaux draps.

Would you like some more meat?
Voulez-vous encore un peu de viande ?

Help yourself to some cheese.
Prenez du fromage.

What would you like to drink?
Qu'est-ce que je vous sers ?

He's had one too many!
Il a bu un coup de trop !

Leave it to simmer for two hours.
Laissez mijoter deux heures.

Exercices

I. Traduire en français les mots en gras (8pts) :

A recipe for Strawberry Scones.
Ingredients :
– 225g (8 ounces) flour
– 4 **teaspoonfuls baking powder**
– a **pinch ground ginger**
– 40g (11 1/2 oz) butter
– 1 **egg yolk**
– about 120ml (4 fluid ounces) milk, plus extra for brushing
Filling :
– 200ml (7 fl.oz) **double cream**
– 250g (9 oz) strawberries, **hulled**

II. Remettre en ordre les phases successives de la recette (12pts) :

1. Roll it out on a lightly floured board to a thickness of 2.5 cm (1 inch).
2. Bake the scones in the oven preheated to 230°C (450°F) for 10 minutes, until they are well risen and golden brown.
3. Rub in the butter with the fingertips until the mixture is like fine crumbs, then stir in the sugar.
4. First mix together the flour, baking powder, salt and ginger.
5. Place the rounds of dough on a baking sheet and brush the tops with milk which will make them look shiny when baked.
6. Serve the scones filled with strawberry cream.
7. Beat the egg yolk and milk, then add just enough to the flour mixture to make a light dough.
8. Whip the cream to make the filling.
9. Cut the dough into rounds with a 5 cm (2 inch) cutter.
10. Leave them to cool.
11. Slice the strawberries and fold them into the cream.
12. Knead the dough gently.

1-	2-	3-	4-	5-	6-
7-	8-	9-	10-	11-	12-

III. A recipe for Rhubarb Crumble

Ingredients :
- 450g (1lb) rhubarb
- 170g (6oz) flour
- 1 teaspoonful baking powder
- 85g (3oz) butter
- 110g (4oz) vanilla sugar or soft brown sugar
- a tiny pinch ground ginger

Compléter la recette en choisissant les verbes appropriés dans la liste suivante : "to peel", "to spread", to serve", to bake", "to add", to mix", to press", to rub", "to cut" (10pts).

… the rhubarb into one-inch pieces (Do not … it.). Put it into a fireproof dish with two tablespoonfuls water.
… the flour, ginger and baking powder together in a bowl.
Cut the butter into small pieces, then cut these into the flour with a knife until as well … as possible.
… the sugar and … this lightly into the flour and butter with the fingertips till the mixture forms crumbs.
… the crumbs lightly over the rhubarb but do not … them down.
… in a fairly hot oven (205°C, 400°F) for 30 to 40 minutes, until the crumble is crisp on top.
… hot, warm or cold with cream.

10. THE ARTS — LES ARTS

Vocabulaire général

an artist	*un artiste*	a critic	*un critique*
classicism	*le classicisme*	a parody	*une parodie*
realism	*le réalisme*	a character	*un personnage*
romanticism	*le romantisme*	a caricature	*une caricature*
lyricism	*le lyrisme*	the hero	*le héros*
a melodrama	*un mélodrame*	the villain	*le méchant*
a comedy	*une comédie*	the atmosphere	*l'atmosphère*
pathos	*le pathétique*	the structure	*la structure*
wit	*l'esprit*	the outline	*les grandes lignes*
a satire	*une satire*	the story	*l'histoire*
a satirist	*un écrivain satirique*	the plot	*l'intrigue*
irony	*l'ironie*	a climax	*un point culminant, une apogée*
humour	*l'humour*		
the moral	*la morale*	an anticlimax	*une chute*
a moralist	*un moraliste*	a theme	*un thème*

a development — *un rebondissement*
the meaning — *le sens*
the ending — *la fin*
a show — *un spectacle*
a performance — *une représentation, une interprétation*
the foreground — *l'avant-scène*
the background — *l'arrière-plan*

artistic(ally) — *artistique(ment)*
aesthetic(ally) — *esthétique(ment)*
classic(al) — *classique*
realistic(ally) — *réaliste (d'une manière réaliste)*
romantic — *romantique*
lyrical — *lyrique*
sentimental(ly) — *sentimentale(ment)*
melodramatic — *mélodramatique*
pathetic(ally) — *pathétique(ment)*
satirical — *satirique*
ironical(ly) — *ironique(ment)*
sarcastic(ally) — *sarcastique(ment)*
humorous — *humoristique*
comic(al) — *comique*
tragic(ally) — *tragique(ment)*
poetic, poetical(ly) — *poétique(ment)*
epic — *épique*
critical — *critique*
funny — *drôle*
witty — *spirituel*
hilarious — *hilarant*
sensitive — *sensible*
(non-) figurative — *(non) figuratif*
abstract — *abstrait*
concrete — *concret*
delightful(ly) — *délicieux (-sement)*
brilliant(ly) — *brillant (-amment)*
breathtaking — *époustouflant*
majestic — *majestueux*
impressive — *impressionnant*
graceful(ly) — *gracieux (-sement)*
light — *léger, clair*
ugly — *laid*
clumsy — *gauche*
pejorative — *péjoratif*
imposing — *imposant*
glamorous — *brillant, prestigieux*
heavy (-vily) — *lourd(ement)*
solemn(ly) — *solennel(lement)*
deep(ly), profound(ly) — *profond(ément)*
shallow, superficial — *peu profond, superficiel*
vulgar — *vulgaire*
coarse — *grossier*
subtle (-btly) — *subtil(ement)*
refined — *raffiné*
affected — *maniéré*

didactic — *didactique*
dull — *terne*
tedious — *ennuyeux*
lively — *vivant*
vivid — *vif, frappant*
expressive — *expressif*
picturesque — *pittoresque*
gaudy — *tapageur, criard*
exciting — *passionnant*
striking — *saisissant*
moving — *émouvant*
touching — *touchant*
lengthy — *(très) long, intermi nable*
intricate, elaborate — *compliqué, complexe*
ornate — *très orné*
bare — *dépouillé*
hackneyed — *rebattu, galvaudé*
melodious — *mélodieux*
harmonious(ly) — *harmonieux (-sement)*
high-pitched — *aigu*
jarring — *discordant*
live — *en direct, en public*
ancient — *ancien, antique*
Roman — *romain*
medieval — *médiéval*
Romanesque — *roman*
Gothic — *gothique*
Tudor — *Tudor.*
Elizabethan — *élisabéthain*
mock Gothic — *faux gothique*

to describe — *décrire*
to depict — *dépeindre*
to portray — *représenter*
to sketch — *esquisser, faire un croquis*
to evoke — *évoquer*
to convey — *communiquer, faire sentir*
to relate — *relater*
to criticize — *critiquer*
to stress — *insister sur*
to enhance — *mettre en valeur*
to set* off — *rehausser*
to stand* out — *ressortir*
to drag on — *traîner en longueur*
to perform — *jouer, exécuter*
to act — *jouer (acteur)*
to rehearse — *répéter*
to prompt — *souffler*
to applaud — *applaudir*
to boo — *huer*
to hiss — *siffler*
to encore — *bisser*
to cheer — *acclamer*
to listen to — *écouter*

to conduct	*diriger*	to plan	*concevoir*
to record	*enregistrer*	to cast*	*distribuer les rôles (cinéma) ; mouler (statue)*
to release	*sortir, faire paraître*		
to publish	*publier*		
to attend	*assister à*	to dub	*doubler*
to practise	*pratiquer, s'exercer à*	to direct	*diriger, mettre en scène*
to tune	*accorder*	to feature (in)	*jouer (dans)*
to carve	*ciseler, sculpter*	to star (in)	*être la vedette (dans)*
to draw*	*dessiner*	to sit*	*poser*
to paint	*peindre*	to clash	*jurer, détonner*
to sculpt	*sculpter*	to match	*s'assortir à*
to mould	*mouler*	to tone down	*adoucir, atténuer*
to draft	*esquisser, préparer*	to exhibit	*exposer*
to design	*dessiner, créer*		

Vocabulaire spécialisé

1. Literature — *La littérature*

poetry — ***la poésie***

a poet	*un poète*	a stanza	*une strophe*
a rhyme	*une rime*	an epic	*une épopée*
a line	*un vers*	the stress	*l'accentuation*

prose — ***la prose***

a novel(ist)	*un roman(cier)*	a romance	*un roman à l'eau de rose*
the narrator	*le narrateur*		
fiction	*la fiction*	an essay	*un essai*
a short story	*une nouvelle*	a biography	*une biographie*
a (fairy) tale	*un conte (de fée)*	a diary	*un journal*
a detective story	*un roman policier*	the style	*le style*

drama/theatre — ***le théâtre***

the stage	*la scène*	a cue	*une réplique*
a playwright	*un dramaturge*	a soliloquy	*un soliloque*
a play	*une pièce*	a tragedy	*une tragédie*
an act	*un acte*	a comedy	*une comédie*
a scene	*une scène*	the backdrop	*la toile de fond*
an actor/actress	*un(e) comédien(ne)*	the dress rehearsal	*la répétition générale*
a comedian	*un comique*	the audience	*le public*
a role, a part	*un rôle*	the curtain	*le rideau*
the leading role	*le rôle principal*	the wings	*les coulisses*
the cast	*la distribution*	the box office	*le bureau de location*
a dialogue	*un dialogue*		

2. Cinema — *Le cinéma*

a picture, a movie	*un film*	an animated cartoon	*un dessin animé*
the screen	*l'écran*	a western	*un western*
a film star	*une vedette de cinéma*	a musical (comedy)	*une comédie musicale*
an extra	*un figurant*	a thriller	*un film à suspense*
a director	*un metteur en scène*	a full-length film	*un long métrage*
a producer	*un producteur*	a short film	*un court métrage*
a script writer	*un scénariste*	a screenplay	*un scénario*
a silent film	*un film muet*	the shooting	*le tournage*

a shot — *une prise*
the soundtrack — *la bande son*
a subtitle — *un sous-titre*
a close-up — *un plan rapproché, un gros plan*

a clip — *un extrait*
a stunt — *une cascade*
a stunt man — *un cascadeur*

3. Music — *La musique*

classical music — *la musique classique*
a symphony — *une symphonie*
a concerto — *un concerto*
chamber music — *la musique de chambre*
a quartet — *un quatuor*
an opera — *un opéra*
jazz — *le jazz*
Negro spirituals — *des negro spirituals*
folk music — *la musique folk (lorique)*
pop music — *la musique pop*
singing — *le chant*
a (Christmas) carol — *un chant de Noël*
a concert — *un concert*
a concert hall — *une salle de concert*
an opera house — *un opéra (lieu)*
a musician — *un musicien*
a composer — *un compositeur*
a conductor — *un chef d'orchestre*
a singer — *un chanteur*
a prima donna — *une prima donna*
a pop star — *une vedette (de variété)*
a soloist — *un soliste*
a virtuoso — *un virtuose*
an orchestra — *un orchestre*
a choir — *une chorale*
a band — *un orchestre (jazz)*
a pianist — *un pianiste*
a violinist — *un violoniste*
a music lover — *un mélomane*
a musical instrument — *un instrument de musique*
a violin — *un violon*
a viola — *un alto*
a cello — *un violoncelle*
a (double) bass — *une contrebasse*

a (bass) guitar — *une guitare (basse)*
a harpsichord — *un clavecin*
an organ — *un orgue*
a synthesizer — *un synthétiseur*
a horn — *un cor*
a clarinet — *une clarinette*
a flute — *une flûte*
an oboe — *un hautbois*
a trumpet — *une trompette*
a bugle — *un clairon*
an accordion — *un accordéon*
a string — *une corde*
a keyboard — *un clavier*
a drum — *un tambour*
the drums — *la batterie*
acoustics — *l'acoustique*
rhythm — *le rythme*
harmony — *l'harmonie*
a tune — *un air*
the lyrics — *les paroles*
a chorus — *un refrain*
a note — *une note*
a chord — *un accord*
a scale — *une gamme*
a record — *un disque*
an album — *un album*
a compact disc — *un disque compact*
a tape — *une bande magnétique*
black vinyl — *le vinyle*
a studio — *un studio*
dance — *la danse*
a ballet dancer — *un danseur*
tap dancing — *les claquettes*
a dance floor — *une piste de danse*
a folk dance — *une danse folklorique*

4. Painting — *La peinture*

a painter — *un peintre*
a painting — *une peinture*
a picture — *un tableau*
a drawing — *un dessin*
a sketch — *un croquis*
a masterpiece — *un chef d'œuvre*
a daub — *une croûte*
a water-colour — *une aquarelle*
a pastel — *un pastel*
a print — *une estampe, une gravure*
a fresco — *une fresque*

an exhibit — *un objet exposé*
an exhibition — *une exposition*
a museum — *un musée*
an art gallery — *une galerie d'art*
a portrait — *un portrait*
a nude — *un nu*
a landscape — *un paysage*
a seascape — *une marine*
a still life — *une nature morte*

a model	*un modèle*	blue	*bleu*
a canvas	*une toile*	indigo	*indigo*
a frame	*un cadre*	violet, purple	*violet*
a brush	*un pinceau*	brown	*marron, brun*
an easel	*un chevalet*	orange	*orange*
a colour	*une couleur*	grey	*gris*
a shade	*un ton, une nuance*	white	*blanc*
the spectrum	*le spectre, la gamme*	black	*noir*
red	*rouge*	golden	*doré*
yellow	*jaune*	pink	*rose*
green	*vert*		

5. Architecture ***L'architecture***

an architect	*un architecte*	a cloister	*un cloître*
a town planner	*un urbaniste*	a cathedral	*une cathédrale*
a monument	*un monument*	a façade	*une façade*
a mansion	*un hôtel particulier*	a porch	*un porche, un narthex*
a manor	*un manoir*	a nave	*une nef*
a palace	*un palais*	a vault	*une voûte*
a castle	*un château*	an altar	*un autel*
a tower	*une tour*	a choir	*un chœur*
a keep	*un donjon*	a stained-glass window	*un vitrail*
battlements	*des créneaux*	a steeple	*un clocher*
a drawbridge	*un pont-levis*	a spire	*une flèche*
a temple	*un temple*	a gargoyle	*une gargouille*
a column	*une colonne*	a sculptor	*un sculpteur*
a pillar	*un pilier*	a statue	*une statue*
a capital	*un chapiteau*	a sculpture, a carving	*une sculpture*
an arch	*un arc, une arche*	bronze	*le bronze*
an arcade	*une arcade*	marble	*le marbre*
a church	*une église*	plaster	*le plâtre*
an abbey	*une abbaye*	a mould	*un moule*
a chapel	*une chapelle*	a cast	*un moulage*

Expressions

Art for Art's sake	*l'art pour l'art*
a work of art	*une œuvre d'art*
an outstanding achievement	*une réussite exceptionnelle*
an unexpected development	*un rebondissement inattendu*
the underlying theme	*le thème sous-jacent*
to get an insight into a subject	*être éclairé sur un sujet*
a brilliant performance	*une interprétation brillante*
a novel by Dickens	*un roman de Dickens*
to put on an act	*jouer la comédie*
to top the bill	*être en tête d'affiche*
to level criticism at	*adresser des critiques à*
behind the scene/in the wings	*en coulisses*
to play to the gallery	*jouer pour la galerie*
to be in the limelight	*être sous les feux de la rampe*
to book one's seat	*réserver sa place*
a box-office hit	*un film (une pièce) qui fait recette*

to go to the pictures/movies	*aller au cinéma*
to shoot a film	*tourner un film*
on location	*en extérieur*
just released	*qui vient de sortir*
a blue film	*un film porno*
matching colours	*des couleurs assorties*
navy blue	*bleu marine*
dark brown	*marron foncé*
to play a musical instrument	*jouer d'un instrument de musique*
to play the piano / the guitar / etc.	*jouer du piano / de la guitare / etc.*
canned/recorded music	*de la musique enregistrée*
a stringed/wind instrument	*un instrument à cordes/à vent*
a recording studio	*un studio d'enregistrement*
a gospel song	*un chant religieux noir*
to sing in tune/out of tune	*chanter juste/faux*
a symphony by Beethoven	*une symphonie de Beethoven*
Beethoven's 9th symphony	*la 9ème symphonie de Beethoven*

Phrases

He who pays the piper calls the tune.
Qui paie les violons choisit la musique. ("the piper" : le joueur de cornemuse)

"A thing of Beauty is a joy for ever." (W.Keats)
Une belle chose est une joie à jamais.

Laurence Olivier starred in most of Shakespeare's plays.
Laurence Olivier a joué les premiers rôles dans la plupart des pièces de Shakespeare.

His next film is to be released early next year.
Il est prévu que son prochain film sorte au début de l'année prochaine.

Dirk Bogarde is better known as an actor than as a novelist.
Dirk Bogarde est davantage connu comme acteur que comme romancier.

West Side Story remained a box office hit for many years.
West Side Story demeura de longues années un grand succès populaire.

His latest recording of Schubert's ballads is a brilliant performance.
Son dernier (en date) enregistrement des ballades de Schubert est une interprétation brillante.

As a guitarist Gabriel accompanied many famous singers.
Gabriel a accompagné comme guitariste beaucoup de chanteurs célèbres.

This brooch sets your dress off well.
Cette broche met bien ta robe en valeur.

Somerset Maugham's short stories marvellously depict the middle classes.
Les nouvelles de Somerset Maugham sont une merveilleuse peinture des classes moyennes.

Exercices

I. Compléter les titres en utilisant les termes appropriés dans la liste suivante : a film, a novel, an opera, a play, a poem (by, starring). Donner ensuite la traduction.

1. The Picture of Dorian Gray : ... Oscar Wilde.
2. Limelight : ... Charlie Chaplin.
3. The Magic Flute : ... Mozart.
4. A Night at the Opera : ... the Marx Brothers.
5. The River of no Return : ... Marylin Monroe.
6. All's Well that Ends Well : ... William Shakespeare.
7. Gone with the Wind : ... M. Mitchell.
8. The Dirty Dozen : ... Lee Marvin.
9. Shadow of a Doubt : ... Hitchcock.
10. The Canterbury Tales : ... Chaucer.

II. La phrase suivante est un moyen de retenir une séquence de mots du chapitre "The Arts" ; trouver les 6 mots et le terme qui les résume.

Richard of York gave battle in vain.

III. Traduire en anglais :

1. *un vitrail gothique.*
2. *une église en faux roman.*
3. *un écrivain de romans policiers.*
4. *John Wayne était la vedette de Rio Bravo.*
5. *Elle chante faux.*
6. *Clara est très musicienne.*
7. *C'était un remarquable danseur de claquettes.*
8. *Un concert en plein air.*

IV. Compléter les phrases suivantes à l'aide de mots tirés du chapitre.

1. Many of the fans said that John wrote the best ... while Paul composed the best tunes.
2. He could no longer bear to be in the ... and retired to his mock Tudor manor in Beverly Hills.
3. His colours never seem to ... and yet the effect is strikingly harmonious.
4. To make a joke and laugh at it is near the lowest form of ... .
5. Films shot ... often look more realistic than those made in studios.
6. Before ... the British Chamber Orchestra, he used to play the cello.
7. His last play ... a feeling of bitterness and despair.
8. This piano needs ... ; it is dreadfully out of tune.
9. She starred in some 25 films and ... in countless others.
10. I would rather read subtitles than watch badly ... films.

Q.C.M. RÉCAPITULATIF 2ÈME PARTIE : HUMAN ACTIVITIES

1. Unlike French poetry, English poetry relies more on stress and … than on … .
   a-rhythm / rhyme b-puns / assonance
   c-rhyme / rhythm d-assonance / puns.
2. She is a real bridge …, she never misses an opportunity to have a game.
   a-friend b-disciple
   c-maniac d-fiend
3. All the mahogany furniture produced in his workshop revealed … .
   a-hard work b-a great craft
   c-grinding labour d-outstanding craftsmanship
4. The holidays are over, we shall have to get back to … .
   a-the grindstone b-working
   c-works d-job
5. When we arrived, the table was already … for six.
   a-lain b-laying
   c-laid d-lying
6. That defeat of the French football team was all the more astonishing as it was … .
   a-a home match b-an away match
   c-a hectic match d-a drawn match
7. It was surprising to hear the … voice of that enormously fat Greek singer.
   a-acute b-pointed
   c-shallow d-high-pitched
8. I'm afraid I can't afford to follow suit, the … are too high.
   a-breaks b-stakes
   c-tricks d-gains
9. I would not describe this sort of job as rewarding, for it involves too much … .
   a-red ribbon b-red tape
   c-blue print d-a clerk's job
10. Constable and Gainsborough are probably the best-known British … painters.
   a-seascape b-still life
   c-landscape d-abstract
11. Aunt Elizabeth was accustomed to … an awful mixture which she said tasted as good as wine.
   a-doing b-make
   c-brewing d-produce
12. He was a … sportsman and played tennis well into his seventies.
   a-spectacular b-unbeatable
   c-rough d-keen
13. Bruno Walter's interpretation … the solemn atmosphere of Wagner's masterpiece.
   a-enhanced b-drew
   c-drafted d-stresses
14. He loves … with old cars during his spare time.
   a-mending b-improving
   c-tinkering d-repairing

15. I am not keen on the ornate carvings of … architecture.
a-early Romanesque b-ancient Tudor
c-bare medieval d-late Gothic

16. She was capable … 20 people without apparent effort. And what's more, the food was excellent.
a-of catering for b-to cater to
c-of inviting d-to cook for

17. This incapacitating injury must have been dreadful for so … a person.
a-sportsman b-sportsmanlike
c-athlete d-athletic

18. Schubert's … quartets rank among the most moving pieces of music ever written.
a-wind b-piano
c-string d-violin

19. In spite of all his … he never wins a game.
a-cheats b-cheating
c-trick d-trumps

20. At the end of a hectic working week I find it necessary to … in the open air.
a-wind up b-wound
c-unwind d-get worked up

21. Hubert dislikes the … reds and oranges of Botero's paintings.
a-catching b-clashing
c-exciting d-jarring

22. Philip … to more curry without asking the others if they wanted any.
a-served himself b-helped himself
c-poured himself d-handed round

23. She did not have the leading role but as usual she … .
a-topped the bill b-was in the spotlight
c-stole the show d-burnt the stage

24. Was it worth taking so many … of the same scene?
a-clichés b-images
c-exposures d-photographies

25. The phrase may sound …, but Mona Lisa's enigmatic smile appeals to me.
a-hackneyed b-a cliché
c-uninteresting d-daring

26. Two laps to go and only three athletes are still …, the others are all well behind.
a-running b-in the running
c-for winning d-unlikely to win

27. Although the acoustics in the new … are supposed to be of superlative quality, I could not hear the prima donna.
a-opera b-opera home
c-opera house d-opera auditorium

28. The strength of the team will surely be put … against the All Blacks.
a-into practice b-to the test
c-to the trial d-to the try

29. I think her portrait … beautifully against this blue background.
a-sets off b-stands out
c-drags on d-tones down

30. He won the 100 meter event and … a new world record.
a-set b-beat
c-get d-beats

III. IDEAS

11. Commenting on a text — Le commentaire de texte

a writer — *un auteur, un écrivain*
an author — *un auteur*
a playwright — *un dramaturge*
a journalist — *un journaliste*
a text — *un texte*
a passage — *un passage*
an extract, an excerpt — *un extrait*
an account — *un compte-rendu, un exposé*
a summary — *un résumé*
a topic — *un sujet*
an issue — *un sujet, un problème*
the scope — *la portée, l'étendue*
a controversy — *une controverse, une polémique*
a contrast — *un contraste*
a discrepancy — *une contradiction, une divergence*
a thesis (theses) — *une thèse*
an antithesis — *une antithèse*
a synthesis — *une synthèse*
the stress, the emphasis — *l'insistance, l'accent*
an analysis — *une analyse*
an examination — *un examen*
an allusion, a hint — *une allusion*
a criticism — *une critique*
a point — *un point essentiel, un argument*
a viewpoint — *un point de vue*
a paradox — *un paradoxe*
an understatement — *une litote*
an objection — *une objection*
a prejudice — *un préjugé*
a bias — *un parti pris, un préjugé*
an assumption — *une supposition, une hypothèse*
an aim — *un but, un objectif*
a target — *un objectif, une cible*
an argument — *un argument, une dispute*

a statement — *une déclaration*
a quotation — *une citation*
a line — *une ligne, un vers*
a transition — *une transition*
a cliché — *un cliché*
a stereotype — *un stéréotype*
an outlook (on) — *une vue, une perspective (sur)*
a philosophy — *une philosophie*

(un)interesting — *(in)intéressant*
exciting — *passionnant*
commonplace — *banal, ordinaire*
far-fetched — *forcé, tiré par les cheveux*
convincing — *convaincant*
convincingly — *de manière convaincante*
misleading — *trompeur*
obvious — *évident*
obviously — *de manière évidente*
spurious — *faux, apocryphe*
fallacious — *fallacieux*
clear(ly) — *clair(ement)*
straightforward — *honnête, franc / simple*
logical(ly) — *logique(ment)*
consistent (with) — *logique, compatible (avec)*
relevant — *pertinent*
hackneyed — *rebattu, galvaudé*
concise — *concis*
concisely — *avec concision*
exhaustive — *exhaustif, complet*
exhaustively — *complètement*
close — *proche, voisin*
outspoken — *franc, carré*
disparaging(ly) — *désobligeant, méprisant*
uncompromising — *intransigeant*
uncompromisingly — *en se refusant à toute concession*

non-committal	*réservé, sans se compromettre*
(un)biased	*(im)partial*
paradoxical(ly)	*paradoxal(ement)*
humorous(ly)	*humoristique (avec humour)*
ironical(ly)	*ironique(ment)*
sharp	*cinglant, acerbe*
acute	*perspicace, aigu*
literal(ly)	*littéral(ement)*
mere(ly)	*pur(ement) et simple(ment)*
to state	*déclarer*
to claim	*prétendre*
to express	*exprimer*
to convey	*communiquer, faire passer*
to reveal	*révéler*
to expose	*dévoiler*
to demonstrate	*démontrer*
to explain	*expliquer*
to account for	*justifier, expliquer*
to expound	*exposer, expliquer*
to develop	*développer*
to comment on	*commenter*
to convince	*convaincre*
to illustrate	*illustrer*
to quote	*citer*
to refer to	*faire référence à*
to allude to, to hint at	*faire allusion à*
to imply	*laisser entendre, impliquer*

to note (a fact)	*noter, remarquer (un fait)*
to notice (a detail)	*remarquer (un détail)*
to focus on	*(se) concentrer sur*
to dwell* on	*s'arrêter, s'étendre sur*
to stress, to emphasize	*mettre l'accent sur*
to enlarge on	*développer*
to digress	*faire une digression*
to define	*définir*
to sum up	*résumer, récapituler*
to infer	*déduire, conclure*
to stem from	*découler de*
to result in	*aboutir à*
to result from	*résulter de*
to entail	*entraîner, comporter*
to aim (at + nom ou gérondif)	*viser, aspirer à*
to aim (to + inf.)	*même sens*
to examine	*examiner*
to consider	*considérer, envisager*
to overlook	*oublier, négliger*
to omit	*omettre*
to elude, to evade	*éluder, éviter*
to advocate	*préconiser*
to extol, to praise	*faire l'éloge de*
to criticize	*critiquer*
to object (to)	*élever une objection (contre)*
to reconcile	*concilier, réconcilier*
to (dis)approve (of)	*(dés)approuver*
to suggest	*suggérer*
to suppose	*supposer*

Expressions

The text deals with the question of...	*Le texte traite de la question de...*
The text bears upon / on the issue of...	*Le texte porte sur la question de...*
The document we have to comment on...	*Le document que nous devons commenter...*
The author is mainly concerned with...	*L'auteur s'intéresse surtout à...*
This text is an extract / excerpt from...	*Ce texte est un extrait de...*
To sum up the text we can say...	*Pour résumer le texte nous pouvons dire que...*
As the author says...	*Comme le dit l'auteur...*
As the recording stresses...	*Comme l'enregistrement le souligne...*
to lay the emphasis on	*mettre l'accent sur, souligner*
to level criticism at	*adresser des critiques à*
to be critical of	*se montrer critique à l'égard de*
the case for / against	*les arguments pour / contre*
to put forward an opinion	*exprimer une opinion, un avis*
à bare statement of facts	*un simple énoncé des faits*
to commit oneself to something	*s'engager à quelque chose*

to support an opinion	*soutenir / appuyer une opinion*
to be prejudiced / biased against	*avoir des préjugés contre*
the crux / heart of the matter	*le nœud de l'affaire*
that is not the point	*là n'est pas le problème*
that is a moot point	*c'est un point discutable*
on the face of it	*à première vue*
to raise objections	*soulever des objections*
a burning issue	*un sujet brûlant*
a topical question	*une question d'actualité*
to take into consideration	*prendre en considération*
all things considered	*tout bien considéré*
to draw the reader's attention to	*attirer l'attention du lecteur sur*
to be related to	*être lié à*
paradoxically enough	*aussi paradoxal que cela puisse paraître*
strangely enough	*aussi étrange que cela puisse paraître*
the moral of the story	*la morale de l'histoire*

Phrases

This excerpt deals with (bears on) the consequences of devaluation.
Cet extrait traite des conséquences de la dévaluation.

In this text, the author tackles a burning issue.
Dans ce texte, l'auteur aborde une question brûlante.

This text is a sharp criticism of modern trends.
Ce texte est une critique sévère des tendances actuelles.

The author advocates a totally different approach to the problem.
L'auteur préconise une façon totalement différente d'aborder le problème.

What the writer predicted turned out (proved) to be right.
Ce que l'auteur a prédit s'est avéré juste.

The whole argument boils down to two main questions.
Tout le débat se résume en deux questions principales.

Several points stand out in this passage.
Plusieurs points se détachent dans ce passage.

There is more to this statement than meets the eye.
Cette déclaration a une autre signification moins évidente.

This remark is not to be taken literally.
Cette remarque n'est pas à prendre au pied de la lettre.

The text falls into three main parts.
Le texte se divise en trois parties principales.

Exercices

I. Donner les mots du chapitre correspondant aux définitions suivantes :

1. pertinent 2. too often repeated 3. far from obvious 4. a contradiction 5. an allusion 6. to concentrate on 7. to stress 8. a debatable topic 9. fallacious, deceiving 10. to recommend

II. Compléter les phrases suivantes au moyen de mots tirés du chapitre et en tenant compte des indices donnés :

1. This short text is an -----p- from the US President's inauguration speech.
2. The subtitle is a q-------- from Shakespeare.
3. The essay is a sharp c-------- of contemporary customs.
4. Far from taking sides, the journalist remains n---c-------.
5. To i-------- the point let us take the example of Korea.
6. As a rule Anglo-Saxon journalists are more apt to --p--- scandals than their French counterparts.
7. He tries to give an --b---- account of the two opposite theses.
8. The author's v-------- significantly differs from the opinion generally accepted.
9. Ironically -----h, the writer was to take a few years later the very decision he had criticized.
10. But let us not d---- on this painful subject.
11. However sincere the journalist may be, there is one detail he ---ts and which I want to stress.
12. We could describe the third part as a s-------- in which the author tries to reconcile the two antithetic points of view.
13. The Prime Minister's bitter remark is not c--------- with the government's European policy.
14. Saying that sinking the Belgrano was a slight mistake sounds like an u------------ to me.
15. It must be n---- that more and more people now disagree with the government on this point.
16. According to him the problem mainly ---ms from the fact that we have lost confidence in our abilities.
17. Without explicitly saying it the minister seems to i---- that he would not object to a complete withdrawal.
18. He e----- the virtues of hard work and patience.
19. I am afraid it will be hard to -------l- the two antagonistic outlooks.
20. At first sight the argument is pretty convincing ; on closer -x--------- however, there are a few flaws in the reasoning.

12. Time — Le temps

a second	*une seconde*	daylight	*la lumière du jour*
a minute	*une minute*	the morning	*le matin*
an hour	*une heure*	midday, noon	*midi*
a moment	*un instant*	the afternoon	*l'après-midi*
a while	*un moment*	the evening	*le soir*
a spell	*une (courte) période*	dusk	*le crépuscule*
a day	*un jour*	sunset	*le coucher du soleil*
the date	*la date*	midnight	*minuit*
a night	*une nuit*	a week	*une semaine*
sunrise	*le lever du soleil*	a weekday	*un jour de semaine*
dawn, daybreak	*le lever du jour*	Monday	*lundi*

Tuesday *mardi*
Wednesday *mercredi*
Thursday *jeudi*
Friday *vendredi*
the weekend *le week-end*
Saturday *samedi*
Sunday *dimanche*
a fortnight *une quinzaine, deux semaines*
a month *un mois*
January *janvier*
February *février*
March *mars*
April *avril*
May *mai*
June *Juin*
July *juillet*
August *août*
September *septembre*
October *octobre*
November *novembre*
December *décembre*
a season *une saison*
spring *le printemps*
summer *l'été*
autumn, the fall (US) *l'automne*
winter *l'hiver*
a quarter, a term *un trimestre*
a semester *un semestre*
a year *une année*
a decade *une décennie*
a period *une période*
a stage *une étape*
circumstances *les circonstances*
an era *une ère*
an age *un âge, une époque*
a cycle *un cycle*
a century *un siècle*
eternity *l'éternité*
the time *l'heure*
a clock *une horloge*
a watch *une montre*
a wrist-watch *une montre bracelet*
an alarm-clock *un réveil*
a dial *un cadran*
a sundial *un cadran solaire*
the hands *les aiguilles*
a time-bomb *une bombe à retardement*
the past *le passé*
memory *la mémoire*
a memory, a recollection *un souvenir*
experience *l'expérience*
a reminder *un pense-bête, un rappel*
a diary *un agenda, un journal*
a delay *un retard*

the future *l'avenir*
an evolution *une évolution*
a change *un changement*
a prospect, an outlook *une perspective*
a forecast *une prévision*
a projection *une projection*
a premonition *une prémonition*
an expectation *une attente, une espérance*
fate, destiny *le destin, le sort*
doom *le destin (funeste)*
a fortune-teller *une diseuse de bonne aventure*
a prophet *un prophète*
a soothsayer *un devin*

antediluvian *antédiluvien*
prehistoric, primeval *préhistorique*
ancient *ancien, de vieille date*
extinct *éteint, disparu*
antique *antique*
antiquated, obsolete *désuet, suranné*
old-fashioned, outmoded *démodé*
outdated *périmé*
old *vieux*
former, previous, prior *précédent*
recent *récent*
contemporary *contemporain*
modern *moderne*
current, present-day *actuel*
young *jeune*
existing *existant*
immediate *immédiat*
instant *instantané*
momentary *passager*
fleeting *fugace, éphémère*
new *nouveau*
updated *mis à jour, modernisé*
well-timed *opportun*
punctual *ponctuel*
seasonable *de saison / opportun*
next *prochain*
novel *nouveau, original*
expected *attendu, espéré*
impending *imminent*
prospective *en perspective, futur*
(forth)coming *à venir*
approaching *approchant*
subsequent *ultérieur*
fatal *fatal, inévitable*
fated *destiné, condamné*
ultimate *ultime*
short, brief *court, bref*
short-lived *sans lendemain*
quick *rapide*
sudden *soudain*

prompt — *prompt, diligent*
slow — *lent*
delayed — *retardé*
overdue — *en retard / en souffrance*
belated — *attardé / tardif*
remote — *lointain*
persistent — *persistant*
lasting — *durable*
eternal, everlasting — *éternel*
timeless — *éternel / intemporel*

Frequency — *La fréquence*

hourly — *toutes les heures*
daily — *quotidiennement, par jour*
twice a day — *deux fois par jour*
every other day — *tous les deux jours*
monthly — *mensuel, par mois*
weekly — *hebdomadaire, par semaine*
once a year — *une fois par an*
yearly — *annuel, par année*
never — *jamais*
hardly ever — *presque jamais*
seldom, rarely — *rarement*
at times — *par moments*
occasionally — *occasionnellement*
once in a while — *une fois en passant*
on and off, intermittently — *par intermittence*
sporadically — *sporadiquement*
infrequently — *peu fréquemment*
from time to time — *de temps en temps*
now and then, now and again — *de temps en temps, par moments*
sometimes — *quelquefois, parfois*
more often than not — *assez souvent*
often — *souvent*
usually, customarily — *habituellement*
as a rule, generally — *en général*
regularly — *régulièrement*
normally — *normalement*
most often — *le plus souvent*
almost always — *presque toujours*
invariably — *invariablement*
inevitably — *fatalement*
every time, on every occasion — *chaque fois*
without exception, unfailingly — *sans exception*
perpetually — *perpétuellement*
continually, unceasingly — *sans arrêt*
always — *toujours*

The passing of time — *L'écoulement du temps*

from time immemorial — *depuis le début des temps*
BC. (before Christ) — *avant Jésus-Christ*
AD. (Anno Domini) — *après Jésus-Christ*
ages ago — *il y a une éternité*
long ago — *il y a longtemps*
in past times, in times past — *autrefois*
in the past — *dans le temps*
in those days — *à cette époque(-là)*
in the old days — *au temps jadis*
in the good old days — *au bon vieux temps*
in the days of... — *à l'époque de...*
at one time — *à une certaine époque*
formerly — *dans le temps, précédemment*
previously — *antérieurement*
this day last year — *il y a aujourd'hui un an*
not long ago — *il n'y a pas longtemps*
a fortnight ago — *il y a quinze jours*
last week — *la semaine dernière*
this day last week — *il y a aujourd'hui huit jours*
for some time past — *depuis quelque temps*
recently — *récemment*
lately — *dernièrement*
a while ago — *il y a quelque temps*
the day before — *la veille*
the day after — *le lendemain*
the day before yesterday — *avant-hier*
yesterday — *hier*
yesterday afternoon — *hier après-midi*
last night — *hier soir*
now — *maintenant*
up to now, so far — *jusqu'à maintenant*
from now on, henceforth — *à partir de maintenant*
in future — *dorénavant*
currently — *actuellement*
nowadays, these days — *de nos jours*
today — *aujourd'hui*
at the present time — *à l'heure actuelle*
as times go — *par les temps qui courent*
at the moment — *en ce moment*
for the time being — *pour l'instant*
in the meanwhile — *en attendant*
temporarily — *temporairement*
provisionally — *provisoirement*
already — *déjà*
immediately, at once, straightaway — *immédiatement, sur l'instant*
presently — *tout de suite*
in a minute — *dans une seconde*

in a short while — *dans un petit moment*
tomorrow — *demain*
the day after tomorrow — *après-demain*
in three days' time — *dans trois jours*
within a week — *dans la semaine qui vient*
by the weekend — *d'ici au week-end*
soon — *bientôt*
as soon as possible — *dès que possible*
in the shortest possible time — *dans les plus brefs délais*
in the short run / term — *à court terme*
later on — *plus tard*
afterwards — *après, ensuite*
in the near future — *dans un avenir proche*
this day next year — *dans un an jour pour jour*
in years to come — *dans les années à venir*
in the long run / term — *à long terme*
one day — *un jour*
sooner or later — *tôt ou tard*
in the course of time — *avec le temps*
in the end — *à la fin*
eventually, ultimately — *en fin de compte*
in the remote future — *dans un avenir lointain*
forever — *pour toujours*
eternally — *éternellement*

to forget* — *oublier*
to remember — *se rappeler*
to bear* in mind — *ne pas oublier*

to recollect, to recall — *se souvenir de*
to remind — *rappeler*
to look back — *se tourner vers le passé*
to anticipate — *anticiper*
to precede — *précéder*
to predict — *prédire*
to forecast* — *prévoir*
to expect — *s'attendre à, espérer*
to wait for — *attendre*
to long for — *souhaiter vivement*
to look forward to — *attendre avec impatience*
to look ahead — *penser à l'avenir*
to draw* near — *approcher (date)*
to spend* — *passer (du temps)*
to waste — *perdre (son temps)*
to pass, to elapse — *passer, s'écouler*
to span — *couvrir une période*
to drag on — *traîner en longueur*
to wear* away — *s'éterniser*
to gain, to save — *gagner (du temps)*
to outlast — *durer plus longtemps que*
to delay — *retarder*
to postpone, to put* off — *remettre à plus tard*
to hurry, to hasten — *se hâter*
to tick — *faire tic-tac*
to wind* up — *remonter*
to ring* — *sonner*
to strike* — *sonner (horloge)*
to chime — *carillonner*

Expressions

a quarter of an hour — *un quart d'heure*
half an hour — *une demi-heure*
an hour and a half — *une heure et demie*
two and a half hours — *deux heures et demie*
8 o'clock — *8 heures*
8 a.m. — *huit heures du matin*
8 p.m. — *vingt heures*
8 o'clock sharp — *8 heures précises*
about 8 — *environ 8 heures*
twenty past seven — *sept heures vingt*
half past seven — *sept heures et demie*
seven thirty — *sept heures trente*
twenty to eight — *huit heures moins vingt*
Greenwich Mean Time (GMT) — *l'heure de Greenwich*
daylight-saving time — *l'heure d'été*
on the last Tuesday of January — *le dernier mardi de janvier*
Christmas Eve — *la veille de Noël*
Christmas Day — *le jour de Noël*

Boxing Day	*le lendemain de Noël*
New Year's Eve	*la veille du nouvel an*
New Year's Day	*le jour du nouvel an*
Twelfth Night	*l'Epiphanie*
Easter Day	*le jour de Pâques*
in Victorian times	*à l'époque victorienne*
in the early seventies	*au début des années 70*
in the mid-eighteenth century	*au milieu du 18ème siècle*
in late February	*à la fin du mois de février*
to take one's time	*prendre son temps*
a race against time	*une course contre la montre*
to be on time	*être à l'heure*
to be dead on time	*être pile à l'heure*
to come in time (for)	*arriver à temps*
in no time	*en un instant*
to be late, behind time	*être en retard*
early in the morning	*tôt le matin*
late at night	*tard le soir*
to work from dawn to dusk	*travailler du matin au soir*
to run short of time	*manquer de temps*
to be ahead of one's time	*avoir des idées avancées*
at a given time	*à un moment donné*
in due time	*en temps voulu*
just in time	*juste à temps*
once upon a time...	*il était une fois*
spare time	*le temps libre*
at any time	*à toute heure*
lunch time	*l'heure du déjeuner*
holiday time	*l'époque des vacances*
to have time off	*se reposer, prendre des congés*
to have a day off	*prendre un jour de congé*
a fortnight's holiday	*quinze jours de vacances*
to have a good time	*bien s'amuser*
for the first time	*pour la première fois*
ten times running	*dix fois de suite*
at a time	*d'un seul coup, à la fois*
day in, day out	*jour après jour*
to work by the day	*travailler à la journée*
ten days' notice	*un préavis de dix jours*
in a day or so	*dans un jour ou deux*
in my young days	*du temps de ma jeunesse*
a three-month-old baby	*un bébé de trois mois*
a five-year-old child	*un enfant de cinq ans*
century-old traditions	*des traditions séculaires*

Phrases

The day when pigs will fly.
Le jour où les poules auront des dents.

It is ages since we last saw him.
Cela fait une éternité que nous l'avons vu pour la dernière fois.

It is high time you started working!
Il est grand temps que vous vous mettiez au travail.

He spends most of his time watching TV.
Il passe le plus clair de son temps à regarder la télé.

I wish you would not waste your time playing cards.
Je souhaiterais que tu ne perdes pas ton temps à jouer aux cartes.

What time is it by your watch?
Quelle heure est-il à ta montre ?

He should arrive any minute now.
Il devrait arriver d'une minute à l'autre.

Things are no longer what they used to be.
Les choses ne sont plus ce qu'elles étaient.

There is no telling what the future holds in store.
On ne peut pas dire ce que l'avenir nous réserve.

Time lost cannot be won again (Time past cannot be recalled).
Le temps perdu ne se rattrape jamais.

Exercices

I. Remplacer le mot ou le groupe de mots en italiques par un mot ou une expression équivalent :

1. They are due to come in *two weeks' time*.
2. This should be done *in the shortest possible time*.
3. This review is published every *three months*.
4. He works from *morning till night*.
5. I'll see you in a *moment*.
6. The meeting had to be *put off*.
7. They met on *December 24th*.
8. You should have come *immediately*.
9. They arrived at *7.40*.
10. I *rarely* go and visit them these days.

II. Compléter par la préposition qui convient :

1. He was dead … time, as usual.
2. … a rule, I never drink coffee so late at night.
3. Once … the time, there was a beautiful princess...
4. You can't work and watch TV … the same time.
5. I am looking forward … meeting them.
6. These workers are paid … the hour.
7. They arrived just in time … the match.
8. You can sleep here … the time being.
9. I want this work to be finished … the next three days.
10. He has a glass of whisky once … a while.

III. Traduire :

1. *Je l'ai rencontrée il y a quinze jours.*
2. *C'était la veille de Pâques.*
3. *Le printemps est ma saison préférée.*
4. *Il se lève toujours à l'aube.*
5. *As-tu terminé ton devoir en temps voulu ?*
6. *Nous n'allons presque jamais qu cinéma.*
7. *Leur amour fut sans lendemain.*
8. *Le facteur ne passe que tous les deux jours.*
9. *Il me faut souvent travailler tard le soir.*
10. *Est-ce que vous vous êtes bien amusés pendant vos quinze jours de vacances ?*

13. Religion and Ethics — La religion et la morale

faith — *la foi*
a creed, a belief — *un credo, une croyance*
a cult — *un culte*
a sect — *une secte*
Christianity — *le christianisme*
(Roman) Catholicism — *le catholicisme (romain)*
a Catholic — *un catholique*
Protestantism — *le protestantisme*
a Protestant — *un protestant*
Buddhism — *le bouddhisme*
a Buddhist — *un bouddhiste*
Hinduism — *l'hindouisme*
a Hindu — *un hindou*
Islam — *l'Islam*
a Moslem, a Muslim — *un musulman*
Judaism — *le judaïsme*
a Jew, a Jewess — *un juif, une juive*
a god, a goddess — *un dieu, une déesse*
God — *Dieu*
Christ — *le Christ*
the Lord — *le Seigneur*
an idol — *une idole*
a prophet — *un prophète*
a prophecy — *une prophétie*
an angel — *un ange*
the Devil — *le Diable*
glory — *la gloire*
a miracle — *un miracle*
salvation — *le salut*
heaven — *le ciel*
paradise — *le paradis*
hell — *l'enfer*

Doomsday — *le jour du Jugement Dernier*
the gospel — *l'évangile*
a prayer — *une prière*
a hymn — *un cantique*
a sermon — *un sermon*
a blessing — *une bénédiction*
mass — *la messe*
christening — *le baptême*
a festival — *une fête*
Christmas — *Noël*
Easter — *Pâques*
Whitsun — *la Pentecôte*
Halloween — *la veille de la Toussaint*
All Saints' Day — *la Toussaint*
a church — *une église*
a cathedral — *une cathédrale*
an abbey — *une abbaye*
a monastery — *un monastère*
a convent — *un couvent*
a temple — *un temple*
a mosque — *une mosquée*
a synagogue — *une synagogue*
a parish — *une paroisse*
a see — *un évêché, un archevêché*
the clergy — *le clergé*
a priest — *un prêtre*
a parson — *un pasteur*
a vicar — *un pasteur anglican*
a nun — *une religieuse*
a monk — *un moine*
a bishop — *un évêque*
an archbishop — *un archevêque*

a cardinal *un cardinal*
the Pope *le Pape*
a preacher *un prédicateur*
a saint *un saint*
a martyr *un martyr*
martyrdom *le martyre*
a crusade *une croisade*
a pilgrimage *un pèlerinage*
a pilgrim *un pèlerin*
zeal *le zèle, la ferveur*
a zealot, a fanatic *un fanatique*
a believer *un croyant*
a missionary *un missionnaire*
a congregation *une assemblée de fidèles*
the flock *les ouailles*
fanaticism *le fanatisme*
a (non) conformist *un (non) conformiste*
an atheist *un athée*
a heathen *un païen*
a freethinker *un libre-penseur*
a Freemason *un franc-maçon*
sorcery, witchcraft *la sorcellerie*
a witch *une sorcière*
a witch-hunt *une chasse aux sorcières*
a ghost *un esprit*
a soul *une âme*
morals, morality *la moralité*
charity *la charité*
conscience *la conscience*
a sin *un péché*
a sinner *un pécheur*
temptation *la tentation*
forgiveness *le pardon*
Good *le Bien*
Evil *le Mal*
a vice *un vice*
a virtue *une vertu*
a principle *un principe*
an oath *un serment*
a criterion (criteria) *un critère*
a scruple *un scrupule*
harm *un mal, un tort*
remorse *le remords*
malice *la méchanceté, la malveillance*
a lie *un mensonge*
a liar *un menteur*
treachery *la traîtrise*
a hypocrite *un hypocrite*
hypocrisy *l'hypocrisie*
frankness *la franchise*
esteem *l'estime*
the truth *la vérité*

religious(ly) *religieux (-sement)*

devout *dévot, pieux*
puritanical *puritain*
Christian *chrétien*
Catholic *catholique*
Protestant *protestant*
Anglican *anglican*
Moslem, Muslim *musulman*
Jewish *juif*
prophetic(ally) *prophétique(ment)*
sacred *sacré*
holy *saint, bénit*
right(ly) *juste(ment)*
righteous *vertueux*
wrong(ly) *mal, injuste(ment)*
evil *mauvais, malveillant*
wicked *méchant, malfaisant*
faithful(ly) *fidèle(ment)*
strict(ly) *strict(ement)*
pagan *païen*
agnostic *agnostique*
sectarian *sectaire*
fanatic(ally) *fanatique(ment)*
intolerant *intolérant*
ecumenical *œcuménique*
parochial *paroissial, de clocher*
virtuous *vertueux*
deserving *méritant*
scrupulous(ly) *scrupuleux (-sement)*
frankly *franc(hement)*
(un)worthy *(in)digne*
wicked(ly) *vilain(ement)*
sinful *inavouable, honteux*
depraved *dépravé*
treacherous *traître, déloyal*
hypocritical(ly) *hypocrite(ment)*
remorseful *plein de remords*
remorsefully *avec remords*

to believe (in) *croire (en)*
to worship *faire ses dévotions (intr.), adorer, vénérer (tr.)*
to practise *pratiquer*
to pray *prier*
to kneel* *s'agenouiller*
to obey *obéir*
to abide* by *se conformer à*
to preach *prêcher*
to convert *convertir*
to bless *bénir*
to christen *baptiser*
to swear* *jurer, blasphémer*
to vow *jurer de*
to sin *pécher*
to tempt *tenter*
to repent (of) *se repentir (de)*

to confess	*(se) confesser*	to condone	*fermer les yeux sur*
to lie	*mentir*	to forgive*	*pardonner*
to conceal	*cacher, tenir secret*	to reprove	*réprouver*
to betray	*trahir*	to persecute	*persécuter*
to deserve	*mériter*		

Expressions

to say one's prayers	*dire/faire ses prières*
to go to church	*aller à l'église, à la messe*
to attend mass	*assister à la messe*
the Church of England	*l'église anglicane*
God willing...	*si Dieu le veut*
for God's sake	*pour l'amour du ciel*
God bless you	*Dieu te/vous bénisse*
Thank God!	*Dieu merci*
vice and virtue	*le vice et la vertu*
Good versus Evil	*le Bien contre le Mal*
Talk of the devil!	*Quand on parle du loup...*
a fallen angel	*un ange déchu*
a patron saint	*un saint patron*
to do good / harm	*faire le bien / le mal*
to perform miracles	*accomplir des miracles*
to have loose morals	*être d'une moralité relâchée*
high moral standards	*des critères moraux très stricts*
to take an oath	*prêter serment*
to stick to one's principles	*rester fidèle à ses principes*
to cast a spell	*jeter un sort*
to do something out of malice	*faire qqch par malveillance*
to feel remorse	*avoir des remords*
to confess (to) a crime	*avouer un délit*
doomed to failure	*voué à l'échec*

Phrases

God helps those who help themselves.
Aide-toi, le ciel t'aidera.

Charity begins at home.
Charité bien ordonnée commence par soi-même.

He claimed that swearing was unnecessary since God was dead.
Il prétendait qu'il était inutile de blasphémer puisque Dieu était mort.

He confessed to committing many deadly sins.
Il a avoué avoir commis maints péchés mortels.

The new President swore on the Bible to serve his country.
Le nouveau Président a juré sur la Bible de servir son pays.

God forbid that such wicked acts should be committed.
Dieu fasse que des actes aussi vils ne soient pas commis.

Considering his evil actions he got what he deserved.
Etant donné ses vilenies il a eu ce qu'il méritait.

She was charged with witchcraft and burnt to death.
Elle fut accusée de sorcellerie et brûlée vive.

Crusades were undertaken supposedly to recapture the Holy Land.
En théorie les croisades furent entreprises pour reconquérir la Terre Sainte.

After blessing the crowd the Pope preached against abortion.
Après avoir béni la foule le pape prêcha contre l'avortement.

Exercices

I. Compléter chaque élément de phrase de la colonne de gauche en choisissant la proposition appropriée dans la colonne de droite.

1. His efforts were doomed from the start;	A. he can go to the devil.
2. The crusaders believed there was no harm	B. to have them burnt as heretics.
3. Tortured by the Inquisition	C. to helping the poor in Calcutta.
4. His high moral principles prevented him	D. whom they considered a prophet.
5. After all the harm he has done	E. from condoning such hypocrisy.
6. Accusing people of sorcery was enough	F. he didn't have a ghost of a chance.
7. Some thought King Edward had too loose morals	G. in massacring the infidel.
8. She devoted all her energy	H. perform miracles live on television.
9. Every Sunday in the US you can watch preachers	I. they confessed sins they had never committed.
10. The Cult members worshipped their leader	J. to be the head of the Church of England.

II. Trouver les mots du chapitre correspondant aux définitions suivantes :

sufferings and death :
to give a benediction :
morally bad :
day of the Last Judgement :
to venerate :
the dominant religion of India :
deeply religious :
journey to a sacred place :
(not always holy) spirit
to cause someone to change their belief :

III. Thème. Traduire les expressions suivantes :

les fidèles :
un temple bouddhiste :
être tenté du démon :
se repentir de ses péchés :
des critères moraux très stricts :
il l'a fait par fanatisme religieux :
les bons et les méchants :
obéir aux règles :
une attitude hypocrite :
la conscience morale :

Q.C.M. Récapitulatif 3ème partie : Ideas

1. His attempt was … from the start, he never had the least chance of succeeding.
   a-confessed b-deemed
   c-condoned d-doomed
2. We've known each other … .
   a-for ages b-since eternity
   c-for eras d-ages ago
3. Whatever sympathy I may have for his ideas I … his constant use of far-fetched quotations.
   a-disapprove b-dwell on
   c-object to d-extol
4. The … for peace will have difficulty in convincing those two arch-enemies to end their war.
   a-crusaders b-adepts
   c-believers d-disciples
5. I remember the accident happened on … October.
   a-last Sunday b-the last Sunday of
   c-the latest Sunday of d-Sunday last
6. No one really understood what his lecture was … .
   a-on b-about
   c-upon d-concerned about
7. Her political opponents launched a smear campaign against her, accusing her of … .
   a-low morale b-a wicked morality
   c-loose morals d-agnostic morals
8. The president always makes a point of arriving … time.
   a-dead on b-just at
   c-right in d-right at the
9. I think they should seek … advice to solve their difference.
   a-unbiased b-prejudiced
   c-biased d-non-committal
10. Being a … he never did his military service.
    a-conscious objector b-consciousness objector
    c-conscientious objector d-awareness objector
11. He is convinced there will not be any books left in …, which I hope is not true.
    a-tomorrow world b-future world
    c-tomorrow's world d-world tomorrow
12. Far from expressing partisan opinion this article is a … statement of facts.
    a-unbiased b-topical
    c-honest d-bare
13. For … Gabriel, pull yourself together and stop complaining!
    a-God bless b-God's love
    c-God's sake d-the love of Heaven
14. We used to see Christopher … days but he is too busy to visit us now.
    a-every two or three b-all two or three
    c-each two or three d-every other two or three

15. The subject is not new since it is the somewhat … issue of the generation gap.
    a-misleading b-uninteresting
    c-far-fetched d-hackneyed
16. On … analysis, however, I must admit that the journalist's approach is rather original.
    a-sharper b-closer
    c-deeper d-mere
17. He was convinced that a witch had cast … on him, and let himself die.
    a-an oath b-a spell
    c-an evil eye d-a blessing
18. I took a … in January, for I felt that I badly needed a break.
    a-week's holiday b-week holiday
    c-holiday of a week d-holiday's week
19. Grandmother hates being disturbed when she is … .
    a-praying to God b-saying her prayers
    c-making her prayers d-doing her prayers
20. So we shall not see you this Sunday but only on … .
    a-a week's Sunday b-next week's Sunday
    c-week Sunday d-Sunday week
21. Traditionally the Western glorified the fight of … .
    a-Good versus Evil b-good versus bad
    c-the good against bad d-good and devil
22. Don't you think it is about time you … up your mind?
    a-make b-made
    c-would make d-should make
23. Over the last few years we have … the emergence of new right-wing parties.
    a-noted b-remarked
    c-noticed d-emphasized
24. Most people never … except on special family occasions.
    a-go to the church b-attend to mass
    c-go to church d-attend to the church
25. It is a fact that is worth … .
    a-to stress b-emphasizing
    c-to emphasize d-being emphasized

IV. SCIENCE AND TECHNOLOGY

14. SCIENCE AND RESEARCH — LA SCIENCE ET LA RECHERCHE

a laboratory, a lab — *un laboratoire*
an institute — *un institut*
a lab assistant — *un laborantin*
a technique — *une technique*
a field — *un domaine*
a patent — *un brevet*
an engineer — *un ingénieur, un technicien*
an experiment — *une expérience*
an observation — *une observation*
a sample — *un échantillon*
an extract — *un extrait*
an event — *un événement, une manifestation*
a phenomenon (phenomena) — *un phénomène*
a process — *un processus*
a mechanism — *un mécanisme*
a study — *une étude*
a record — *un fait enregistré*
synthesis — *la synthèse*
analysis — *l'analyse*
a possibility — *une possibilité*
a hypothesis, an assumption — *une hypothèse*
a flaw — *un défaut, un point faible*
a purpose — *un but*
a thinker — *un penseur*
a panel — *un comité, une commission*
a thinktank — *un groupe d'experts, de savants*
a brain — *un cerveau*
an expert — *un expert*
a layman — *un profane*
a researcher, a research worker — *un chercheur*
a scholar — *un érudit*
a scientist — *un savant*
a pioneer — *un pionnier*

an innovator — *un innovateur*
a genius — *un génie*
a whiz(z) kid — *un petit génie*
a wizard — *un sorcier, un magicien*
a visionary — *un visionnaire*
progress — *le progrès*
an advance — *un progrès*
a challenge — *un défi*
a prospect, an outlook — *une perspective*
a basis (bases) — *une base, un fondement*
a principle — *un principe*
a formula — *une formule*
a theory — *une théorie*
a law — *une loi*
a dilemma — *un dilemme*
a clue — *un indice*
a proof — *une preuve*
a hurdle — *un obstacle (à franchir)*
a finding, a discovery — *une découverte*
an inroad (into) — *une percée*
a breakthrough — *une découverte de grande portée*
an upheaval — *un bouleversement*
intuition — *l'intuition*
creativity — *la créativité*
inventiveness — *l'esprit d'invention*
ingenuity — *l'ingéniosité*
a topic — *un sujet*
a talk — *une discussion, un débat*
a lecture — *une conférence*
a mathematician — *un mathématicien*
a chemist — *un chimiste*
a biochemist — *un biochimiste*
a physicist — *un physicien*
a geophysicist — *un géophysicien*
an astrophysicist — *un astrophysicien*
a geneticist — *un généticien*
mechanics — *la mécanique*
acoustics — *l'acoustique*

optics	*l'optique*
electricity	*l'électricité*
electrolysis	*l'électrolyse*
hydraulics	*l'hydraulique*
relativity	*la relativité*
matter	*la matière*
vacuum	*le vide*
a solid	*un solide*
a liquid	*un liquide*
a fluid	*un fluide*
a salt	*un sel*
an acid	*un acide*
a base	*une base*
a chemical	*un produit chimique*
equipment	*le matériel*
a microscope	*un microscope*
a lens	*une lentille*
a magnet	*un aimant*
a battery	*une pile*
scales	*une balance*
a crucible	*un creuset*
a furnace	*un four*
a test tube	*une éprouvette*
a balloon	*un ballon*
a Bunsen burner	*un bec Bunsen*
an accelerator	*un accélérateur*
light	*la lumière*
a ray, a beam	*un rayon*
a photon	*un photon*
a neutron	*un neutron*
an electron	*un électron*
a proton	*un proton*
a cell	*une cellule*
a nucleus	*un noyau*
a molecule	*une molécule*
an atom	*un atome*
a quark	*un quark*
a particle	*une particule*
a protein	*une protéine*
a gene	*un gène*
a chromosome	*un chromosome*
a hormone	*une hormone*
a clone	*un clone*
cloning	*le clonage*
a mutant	*un mutant*
a germ, a microbe	*un microbe*
a virus	*un virus*
a bacillus	*une bacille*
an antibody	*un anticorps*
a vaccine	*un vaccin*
scientific	*scientifique*
learned	*instruit, savant*
ingenious	*ingénieux*
accurate	*précis, exact*
rational	*rationnel*

empirical	*empirique*
random	*aléatoire, au hasard*
undocumented	*non documenté*
intuitive	*intuitif*
inventive	*inventif*
innovative	*novateur*
far-reaching	*d'une grande portée*
traditional	*traditionnel*
basic	*de base, élémentaire*
theoretical	*théorique*
problematic(al)	*problématique*
efficient	*efficace*
reliable	*fiable*
faulty	*défectueux*
unknown	*inconnu*
bewildering	*déroutant*
ethical	*moral, éthique*
genetic	*génétique*
hereditary	*héréditaire*
artificial	*artificiel*
foreign	*étranger*
surrogate	*de remplacement, de substitution*
incurable	*incurable*
immune	*immunisé*
sterile	*stérile*
hazardous	*dangereux*
lethal	*mortel*
optical	*optique*
microscopic	*microscopique*
aqueous	*aqueux*
dense	*dense*
rarefied	*raréfié*
solid	*solide*
liquid	*liquide*
fluid	*fluide*
colourless	*incolore*
tasteless	*insipide*
inodorous	*inodore*
flammable, inflammable	*inflammable*
uninflammable	*ininflammable*
living	*vivant*
inanimate	*inanimé*
tangible	*tangible*
elusive	*insaisissable, intangible*
infinitesimal	*infinitésimal*
subatomic	*subatomique*
to search for	*chercher*
to study	*étudier*
to delve into	*étudier dans le détail, fouiller*
to hunt down, to track	*traquer*
to focus on	*se concentrer sur*
to experiment	*expérimenter*
to create	*créer*
to predict	*prédire*

to foresee* *prévoir*
to detect *détecter*
to estimate *estimer*
to ponder *réfléchir, méditer*
to deduce *déduire*
to discover, to find* out *découvrir*
to improve *améliorer*
to solve *résoudre*
to work out, to figure out *trouver la solution*
to fall short (of) *ne pas atteindre son but*
to design *concevoir*
to devise *mettre au point*
to develop *développer, mettre au point*
to perfect *perfectionner*
to harness *maîtriser*
to confirm *confirmer*
to prove *prouver*
to invent *inventer*
to innovate *innover*
to spearhead *être à l'avant-garde de*
to pioneer *ouvrir la voie, être le premier*
to revolutionize *révolutionner*
to lag behind *être à la traîne*
to catch* up (with) *rattraper, combler son retard*

to puzzle *laisser perplexe*
to analyse *analyser*
to test *tester, essayer*
to magnify *grossir, amplifier*
to magnetize *aimanter*
to rarefy *raréfier*
to vanish *disparaître*
to materialize *se matérialiser*
to heat *chauffer*
to cool *faire refroidir*
to stir *agiter*
to dissolve *dissoudre*
to melt *fondre*
to dilute *diluer*
to weigh *peser*
to compare *comparer*
to occur *se produire*
to isolate *isoler*
to tamper with *manipuler*
to clone *cloner*
to break* out *se déclarer, éclater*
to annihilate *anéantir*
to violate *violer*
to ban *interdire*
to fund *financer*

Expressions

to do research *faire des recherches*
to carry out research into a subject *faire des recherches sur un sujet*
a field of research *un domaine de recherche*
a research-and-development laboratory (an R&D lab) *un laboratoire de développement et de recherche*
a research team *une équipe de chercheurs*
laboratory equipment *du matériel de laboratoire*
lab experiments *des expériences en laboratoire*
animal experiments *des expériences sur des animaux*
to carry out an experiment *effectuer une expérience*
industrial research *recherche appliquée*
experimental research *recherche expérimentale*
raw data *des données brutes*
scientific data *des données scientifiques*
a serendipitous discovery *une découverte heureuse (faite par hasard)*
a scientific bombshell *une découverte scientifique révolutionnaire*
a Nobel prizewinner *un lauréat du prix Nobel*
a scientific puzzle *une énigme scientifique*
a missing link *un lien manquant*
the genetic coding *le code génétique*

genetic fingerprinting	*l'identification par les gènes*
DNA	*l'ADN*
RNA	*l'ARN*
a sorcerer's apprentice	*un apprenti sorcier*
to be on the brink of	*être sur le point de*
to have an /the edge on	*avoir un avantage sur, avoir un temps d'avance*
to make headway, to make progress	*progresser*
to make great strides	*avancer à grands pas*
to be in the vanguard	*être à l'avant-garde*
to turn a process around	*inverser un processus*
to be on the trail of	*être sur la piste de*
a science park	*un parc scientifique*
applied sciences	*les sciences appliquées*
pure science	*la science pure*
the space race	*la course à l'espace*
the atomic theory	*la théorie atomique*
the splitting of the atom	*la séparation de l'atome*
the atomic weight	*le poids atomique*
the atom bomb	*la bombe atomique*
lethal radiation	*la radiation mortelle*
ultraviolet radiation	*la radiation ultraviolette*
X rays	*des rayons X*
the speed of light	*la vitesse de la lumière*
a space lab, a skylab	*un laboratoire spatial*
artificial intelligence	*l'intelligence artificielle*
hi-tech medicine	*la médecine de pointe*
a test-tube baby	*un bébé éprouvette*
a spark of life	*une étincelle de vie*
a living cell	*une cellule vivante*
complex organic compounds	*des composés organiques complexes*
a chicken-and-egg problem	*comment savoir quelle est la cause et quel est l'effet ?*

Phrases

To invent is to choose.
Inventer, c'est choisir.

If not truth, then what are scientists after?
Si ce n'est la vérité, alors quel est l'objet de la quête des scientifiques ?

Science opens new windows on the human mind.
La science ouvre de nouveaux horizons sur l'esprit humain.

The experimenter, more and more as knowledge develops, must be able to think with instruments.
De plus en plus, au fur et à mesure que les connaissances s'enrichissent, l'expérimentateur doit penser avec des instruments.

Science researchers face profound moral questions.
Les chercheurs scientifiques sont confrontés à des questions morales d'une grande portée.

Much of these biologists' speculation has yet to be verified in the lab.
Une grande partie des hypothèses de ces biologistes n'ont pas encore été vérifiées en laboratoire.

This new drug is being experimented on guinea pigs.
Ce nouveau médicament est en cours d'expérimentation sur des cobayes.

Many people strongly oppose animal experiments.
Beaucoup de gens sont fermement opposés à l'expérimentation sur des animaux.

Despite numerous lab experiments, no one has yet managed to develop a vaccine to fight the AIDS virus.
Malgré de nombreuses expériences en laboratoire, personne n'a encore réussi à mettre au point un vaccin pour lutter contre le SIDA.

The two basic constituents of life are proteins and nucleic acids.
Les deux composants essentiels de la vie sont les protéines et les acides nucléiques.

Exercices

I. Retrouver les expressions en combinant des éléments des deux colonnes (en commençant par celle de gauche) :

a field	discovery
to split	sciences
to carry out	intelligence
applied	kid
a research	fluid
a colourless	data
a far-reaching	the atom
a whizz	of research
scientific	an experiment
artificial	worker

II. Quels sont les adjectifs correspondant aux définitions suivantes :

1. having no flavour :
2. that may be trusted :
3. that cannot be cured :
4. in accordance with or based on reason :
5. lifeless :
6. having much knowledge :
7. producing a desired result :
8. based on theory :
9. able to resist infection :
10. defective :

III. Former des paires d'éléments ayant des sens proches :

a sample	innovative
a fluid	hazardous
a ray	an innovator
a cell	to melt
to devise	a liquid
to experiment	an extract
to dissolve	a beam

dangerous
a pioneer
inventive

a nucleus
to develop
to test

15. ELECTRONICS AND COMPUTER SCIENCE L'ÉLECTRONIQUE ET L'INFORMATIQUE

computing	*l'informatique (pratique)*
computerization	*l'informatisation*
data	*les données*
data processing	*le traitement des données*
Hardware	*Le matériel infor matique*
a computer	*un ordinateur*
a personal computer (PC)	*un ordinateur individuel*
a mainframe	*une unité centrale, un gros ordinateur*
a microcomputer	*un micro-ordinateur*
a package	*un ensemble, une configuration*
a monitor	*un moniteur*
a switch	*un interrupteur*
a circuit	*un circuit*
a transistor	*un transistor*
a semiconductor	*un semi-conducteur*
a fuse	*un fusible*
a chip	*une puce*
a microprocessor	*un microprocesseur*
a cell	*une cellule*
a signal	*un signal*
a wavelength	*une longueur d'onde*
a frequency	*une fréquence*
a slot	*une fente, un connecteur*
a socket	*une prise femelle, un connecteur*
a jack	*une fiche*
a cable	*un câble*
a battery	*une pile, une batterie*
a screen	*un écran*
a keyboard	*un clavier*
a key	*une touche*
a digit	*un chiffre*
a mouse	*une souris*
a mouse-pad	*un tapis*
a joystick	*une manette de jeu*
a videogame	*un jeu vidéo*
a peripheral	*un périphérique*
compatibility	*la compatibilité*
interactivity	*l'interactivité*
a drive	*un lecteur*
a microdisk	*une disquette (3,5")*
a flexible disk	*un disque souple (5,25")*
a scanner	*un scanner*
a printer	*une imprimante*
a hard copy	*une sortie papier*
a listing	*un listage, un listing*
a ribbon	*un ruban*
a cartridge	*une cartouche*
a network	*un réseau*
a gadget, a gizmo (US)	*un gadget*
a calculator	*une calculatrice*
a photocopier, a copier	*un photocopieur*
a teleprinter, a telewriter	*un téléscripteur*
a fax machine	*un télécopieur*
a videotex	*un minitel*
maintenance	*l'entretien, la maintenance*
troubleshooting	*recherche de la panne*
Software	*Les logiciels*
a program	*un programme*
a virus	*un virus*
a bug	*un défaut, un bogue*
programming	*la programmation*
a programmer	*un programmeur*
a user	*un utilisateur*
a software application	*un logiciel*
a menu	*un menu*
a utility	*un utilitaire*
a language	*un langage*
a standard	*une norme*
a bit	*un bit*
a byte	*un octet*
memory	*la mémoire*
storage	*le stockage*
a data base	*une base de données*
a data bank	*une banque de données*

a data file — *un fichier de données*
electronic mail — *messagerie, courrier électronique*
computer graphics — *l'infographie*
a word processor — *un traitement de texte*
a spreadsheet program — *un tableur*
a chart — *un diagramme, un graphique*
input — *entrée*
output — *sortie*

digital — *numérique*
analog — *analogique*
faulty, balky — *défectueux*
built-in — *intégré*
interactive — *interactif*
compatible — *compatible*
user-friendly — *convivial, facile d'utilisation*
computerized — *informatisé*
computer-aided / assisted — *assisté par ordinateur*
sophisticated — *perfectionné*
state-of-the-art — *dernier cri, à la pointe du progrès*
top-of-the-line — *haut de gamme*
elaborate — *compliqué*
customized, custom-made — *personnalisé, sur mesure*
innovative — *innovant*
multitask — *multitâche*
multifunction — *multifonctions*
expandable — *extensible*
tedious — *fastidieux*
repetitive — *répétitif*
boring — *ennuyeux*
time-consuming — *qui prend beaucoup de temps*
time-saving — *qui économise du temps*
convenient — *pratique*
ubiquitous — *omniprésent*
tiny — *minuscule*
huge — *énorme*
infallible — *infaillible*
vulnerable — *vulnérable*
portable — *portable*
light — *léger*

versatile — *polyvalent*

to compute — *calculer*
to plug (into) — *(se) brancher (sur)*
to power — *alimenter, mettre sous tension*
to switch on — *mettre en route*
to switch off — *éteindre*
to connect — *brancher, relier*
to format — *formater*
to start — *démarrer*
to run* — *faire tourner*
to select — *sélectionner*
to load — *charger*
to overflow — *dépasser la capacité*
to save — *enregistrer*
to back up — *faire une copie de sauvegarde*
to duplicate — *dupliquer*
to read* — *lire*
to lock — *verrouiller*
to process — *traiter*
to type — *taper*
to press — *appuyer*
to display — *afficher*
to edit — *mettre en forme*
to debug — *éliminer les erreurs*
to cut* and paste — *couper-coller*
to erase, to delete — *effacer*
to clear — *effacer (mémoire)*
to retrieve — *récupérer*
to sort — *trier*
to scan — *scanner*
to file — *classer*
to label — *étiqueter*
to gather — *rassembler*
to provide — *fournir*
to wire — *câbler*
to update — *mettre à niveau / à jour*
to upgrade — *améliorer, perfectionner*
to computerize — *informatiser*
to supersede — *remplacer, détrôner*
to photocopy, to xerox — *photocopier*

Expressions

office technology, office automation — ***la bureautique***
communications technology — ***la télématique***
a fiber-optic cable — ***un câble à fibre optique***
a cordless phone — ***un téléphone sans fil***
a portable phone — ***un téléphone portable***

a cellular phone	*un téléphone mobile*
information technology	*les technologies de l'information*
the global village	*le village planétaire*
a communications satellite (com-sat)	*un satellite de communication*
a weather satellite	*un satellite météo*
a satellite dish	*une antenne parabolique*
the computer age	*l'ère de l'informatique*
the computer society	*la société à l'heure de l'informatique*
a home-shopping network	*un réseau d'achat à domicile*
consumer electronics	*l'électronique grand public*
the computer industry	*l'industrie de l'informatique*
computer equipment	*le matériel informatique*
a computer vendor	*un distributeur*
the computer department	*le service informatique*
a punched card	*une carte perforée*
operating costs	*les coûts de fonctionnement*
a light pen / pencil	*un crayon optique*
a control device	*un dispositif de contrôle*
a remote control	*une télécommande*
a laser beam	*un faisceau laser*
a video-display unit (VDU)	*une console vidéo*
a video-touch screen	*un écran tactile*
digital display	*l'affichage numérique*
a software engineer	*un ingénieur en programmation*
a software maker	*un fabricant de logiciels*
a computer expert, a computer scientist	*un informaticien*
a speech / voice synthesizer	*un synthétiseur vocal*
a speech-recognition program	*un programme de reconnaissance vocale*
digital sound recording	*enregistrement numérique du son*
a flight simulator	*un simulateur de vol*
virtual reality	*la réalité virtuelle*
a desktop computer	*un ordinateur de bureau*
a portable PC	*un portable*
a laptop PC	*un compact*
a palmtop PC	*un ordinateur de poche*
a pocket calculator	*une calculatrice de poche*
an electronic organizer	*un agenda électronique*
a dot-matrix printer	*une imprimante matricielle*
an ink-jet / bubble-jet printer	*une imprimante à jet d'encre*
a laser printer	*une imprimante laser*
a CD-ROM player	*un lecteur CD-ROM*
a software library	*une bibliothèque de logiciels*
RAM (Random Access Memory)	*mémoire vive*
ROM (Read Only Memory)	*mémoire morte*
BASIC (Beginners' All-purpose Symbolic Instruction Code)	*le BASIC*
computer-aided design (CAD)	*la conception assistée par ordinateur*
computer-aided translation	*la traduction automatique*
interactive technology	*la technologie interactive*

Phrases

Software is the Achilles' heel of the computer revolution.
***Les** logiciels sont le talon d'Achille de la révolution informatique.*

Most programs work flawlessly for years.
***La plupart** des programmes fonctionnent sans faille pendant des années.*

They can provide us with an endless stream of data.
***Ils peuvent** nous fournir un flot inépuisable de données.*

About 27 percent of America's 92 million households have home computers.
***Environ** 27 pour cent des 92 millions de foyers américains possèdent un ordinateur familial.*

The revolution in consumer electronics will change the way you live and work.
La révolution** de l'électronique grand public changera la façon dont vous vivez **et travaillez.

A single failure of a computer-software program could have serious consequences.
***Une seule** défaillance d'un logiciel pourrait avoir des conséquences graves.*

Many teenagers spend too much time playing videogames on their computers.
Beaucoup** d'adolescents passent trop de temps à jouer à des jeux vidéo sur leur **ordinateur.

More and more executives are seen feeding data into their portable computers while commuting.
***On voit** de plus en plus de cadres entrer des données sur leur ordinateur portable **dans les** trains de banlieue.*

There will never be a computer model that can mimic the things the brain can do.
Il n'existera** jamais un modèle d'ordinateur capable d'imiter les choses que le cerveau **peut faire.

Computer scientists are aware of the dangers of hacking and computer viruses.
***Les informaticiens** sont conscients des dangers du piratage et des virus informatiques.*

Exercices

I. Trouver les réponses aux définitions suivantes :

1. a device to turn electric apparatus on or off.
2. a complete set of keys, on a typewriter for example.
3. this is where data are displayed.
4. it is made up of eight bits.
5. easy to use.
6. that can do various tasks.
7. a type of phone which you can use anywhere.
8. provides power, even if there is a power cut.
9. what is inserted into a drive.
10. your program will not work if it contains one.

**II. Quels sont les noms correspondant aux verbes suivants :
(il peut y avoir plus d'une seule réponse)**

1. to store 2. to compute 3. to computerize 4. to process 5. to program

III. A quoi correspondent les sigles suivants :

1. a PC 2. a CD-ROM 3. RAM 4. BASIC 5.CAD

IV. Compléter :

1. A word … is a utility that enables you to type in and print out text.
2. The French Minitel is an on-line data … .
3. It uses the phone … to communicate data.
4. Press the … to power your computer.
5. He keeps all his appointments recorded in an electronic … .
6. Don't forget to switch … your computer when you have finished with it.
7. Most people don't write their own programs ; they buy software … .
8. BASIC is the most common computer … .
9. 54 is a two- … number.
10. You move your … to reach the various menus.

16. Industry and industrial relations
L'industrie et les relations industrielles

Vocabulaire général

an industry — *une industrie*
an industrialist — *un industriel*
heavy industry — *l'industrie lourde*
light industry — *l'industrie légère*
an industrial sector — *un secteur industriel*
work — *le travail*
a job — *un travail, emploi*
a task — *une tâche*
a factory, a plant — *une usine*
a mill — *une usine, manufacture, un moulin*
a workshop — *un atelier*
a work station — *un poste de travail*
a sweatshop — *un atelier clandestin*
a warehouse — *un entrepôt*
labour, manpower — la *main d'œuvre*
the workforce — *la main d'œuvre (effectifs)*
the staff, the personnel — *le personnel*
a worker — *un travailleur, ouvrier*
a workman — *un ouvrier, travailleur manuel*
a skilled worker — *un ouvrier qualifié*
a semi-skilled worker — *un ouvrier spécialisé (OS)*
an unskilled worker — *un manœuvre*
a blue-collar (worker) — *un col bleu (travailleur manuel)*
a white-collar worker — *un col blanc*
a foreman — *un contremaître*
an engineer — *un technicien, un ingénieur*
a draughtsman, draftsman — *un dessinateur, concepteur*
a manual worker — *un travailleur manuel*
a craftsman — *un artisan*
a craft — *un art, métier (artisanal)*
a trade — *un métier*
a skill — *une compétence*
the know-how — *le savoir-faire*
training — *la formation*
further training — *la formation continue*
retraining — *le recyclage*
a training course — *un stage de formation*
goods — *les marchandises, articles*
a product — *un produit*
an item — *un article*
a standard — *une norme, un niveau*

production — *la production*
the output — *la production, le rendement*
assembly — *le montage*
mass-production — *la production de grande série*
an assembly line — *une chaîne de montage*
a (conveyor) belt — *un tapis roulant, une chaîne*
the pace — *le rythme*
safety — *la sécurité*
efficiency — *l'efficacité*
a safety standard — *une norme de sécurité*
mobility — *la mobilité*
flexibility — *la flexibilité, souplesse*
the yield — *le rendement*
staff turnover — *le renouvellement du personnel*
a shift — *une période de travail, équipe*
a machine — *une machine*
machinery — *l'ensemble des machines*
an employer — *un employeur*
an employee — *un employé*
job hunting — *la recherche de travail*
unemployment — *le chômage*
the unemployed, the jobless — *les chômeurs*
an unemployed worker, a jobless worker — *un chômeur*
moonlighting — *le travail au noir*
a moonlighter — *un travailleur au noir*
automation — *l'automatisation*
mechanization — *la mécanisation*
a robot — *un robot*
robotics — *la robotique*

industrial — *industriel*
manual — *manuel*
mechanical — *mécanique*
efficient — *efficace*
effective — *efficace, qui a des résultats*
mechanized — *mécanisé*
automated — *automatisé*
miniaturized — *miniaturisé*
sophisticated — *hautement perfectionné*
remote-controlled — *télécommandé*
good-quality — *de bonne qualité*
hi-tech — *de haute technologie, de pointe*
advanced — *avancé*
versatile — *souple*
flawless, perfect — *parfait*
safe — *sûr*
streamlined — *profilé, aérodynamique*
well-oiled — *bien huilé*

shoddy — *bâclé, mal fini*
faulty — *défectueux*
bad-quality — *de mauvaise qualité*
greasy — *gras, maculé de cambouis*
unsafe — *peu sûr, dangereux*
obsolete — *obsolète, dépassé*
outdated — *démodé*
ailing — *en mauvaise posture*
time-consuming — *chronophage, qui prend du temps*
wooden — *en bois*
woollen — *en laine*
stainless — *inoxydable*
synthetic — *synthétique*
gold-plated — *plaqué or*
hard-working — *travailleur*
skilled — *qualifié*
unskilled — *non qualifié*
rewarding — *gratifiant*
boring, dull — *ennuyeux*
tedious — *assommant*
unrewarding — *ingrat*
underpaid — *sous-payé*
understaffed — *à court de personnel*
well-paid — *bien payé*
ill-paid — *mal payé*
idle — *paresseux*
redundant — *au chômage, qui a été licencié*
unemployed — *au chômage*

to make* — *faire, fabriquer*
to manufacture — *fabriquer*
to assemble — *monter*
to dismantle — *démonter*
to produce — *produire*
to turn out — *produire, fabriquer*
to process — *traiter, transformer*
to design — *dessiner, créer*
to devise — *imaginer, inventer, concevoir*
to develop — *développer, mettre au point*
to mass-produce — *fabriquer en série*
to operate — *faire fonctionner*
to test — *essayer, mettre à l'essai*
to simulate — *simuler*
to streamline — *rationaliser*
to automate — *automatiser*
to mechanize — *mécaniser*
to standardize — *standardiser*
to improve — *améliorer*
to evolve — *évoluer (intr.) ; élaborer (tr.)*
to sabotage — *saboter*
to refine — *raffiner*

to extract — *extraire*
to cast* — *couler, fondre*
to melt — *fondre*
to smelt — *fondre, extraire par fusion*
to lubricate — *lubrifier*
to spin* — *filer*
to weave* — *tisser*
to saw* — *scier*
to hammer — *marteler*
to tighten up — *resserrer*
to screw — *visser*
to train — *former*
to retrain — *recycler*
to take* on, to hire — *embaucher*
to fire, to dismiss — *renvoyer*
to lay* off — *licencier, débaucher*
to trim — *écrémer (le personnel), restructurer*
to close down — *fermer (définitivement)*
to strike* — *faire grève*
to protest — *protester*
to claim — *revendiquer*
to demand — *réclamer, revendiquer*
to resume — *reprendre, recom mencer*
to exploit — *exploiter*
to sweat — *(faire) transpirer, exploiter*

Vocabulaire spécialisé

1. Factories

the iron and steel industry — *l'industrie sidérurgique*
an iron works — *une usine sidérurgique*
a steel works (plant) — *une aciérie*
a foundry — *une fonderie*
a blast furnace — *un haut fourneau*
the oil industry — *l'industrie pétrolière*
a refinery — *une raffinerie*
a gasworks — *une usine à gaz*
light/heavy engineering — *la mécanique - petite / lourde*
an assembly plant — *une usine de montage*
the motor car industry — *l'industrie automobile*
a car factory — *une usine automobile*
the chemical industry — *l'industrie chimique*
a chemical plant — *une usine chimique*
the timber industry — *l'industrie du bois*
a sawmill — *une scierie*
shipbuilding — *la construction navale*
a shipyard — *un chantier naval*
the textile industry — *l'industrie textile*
a textile mill/plant — *une usine textile*
the clothing industry — *l'industrie de l'habillement*
civil engineering — *les travaux publics*
roadworks — *travaux (d'entretien des routes)*
the building industry — *l'industrie du bâtiment*
a site — *un chantier*
a cottage industry — *une industrie à domicile*

2. Raw Materials

metals — *les métaux*
iron — *le fer*
iron ore — *le minerai de fer*
steel — *l'acier*
lead — *le plomb*
copper — *le cuivre*
brass — *le laiton*
zinc — *le zinc*
aluminium — *l'aluminium*
gold — *l'or*
chemicals — *les produits chimiques*
acid — *l'acide*
cyanide — *le cyanure*
sodium — *le sodium*
soda — *la soude*
tar — *le goudron*
chlorine — *le chlore*
dioxin — *la dioxine*
phosphates — *les phosphates*
textiles — *les textiles*
wool — *la laine*
cotton — *le coton*
a man-made fibre, a synthetic fibre — *une fibre synthétique*
silk — *la soie*
a material, a fabric — *un tissu, une étoffe*
cloth — *du tissu*

3. Tools and Equipment

a machine tool — *une machine-outil*
a hammer — *un marteau*
a spanner — *une clef (à écrous)*
a screwdriver — *un tournevis*

a nut — *un écrou*
a bolt — *un boulon*
a screw — *une vis*
a nail — *un clou*
oil — *l'huile*
grease — *le cambouis*
overalls — *une salopette, un bleu de travail*

goggles — *des lunettes de protection*
a smokestack — *une cheminée d'usine*
a wind tunnel — *une soufflerie*
a drawing board — *une planche à dessin*
a robot — *un robot*
an automaton — *un automate*

4. Industrial relations

a trade union (UK), a labour union (US) — *un syndicat*
a union member — *un syndiqué*
the working class — *la classe ouvrière*
class awareness — *la conscience de classe*
a delegate, a shop steward — *un délégué d'atelier*
wages — *une paye (ouvrier)*
pay, a salary — *un salaire, traitement*
labour unrest — *l'agitation sociale*
an industrial/ a labour dispute — *un conflit social*
a claim, a demand — *une revendication*
a pay claim — *une revendication salariale*
a lay-off — *un licenciement*
a redundancy — *un licenciement, une mise au chômage*

a closure — *une fermeture*
a demonstration — *une manifestation*
a strike — *une grève*
a picket — *un piquet de grève*
negotiations — *les négociations*
a settlement — *un accord*
the two sides of industry — *les partenaires sociaux*
a pay rise (UK), a pay hike (US) — *une augmentation de salaire*
severance pay — *une indemnité de licenciement*
absenteeism — *l'absentéisme*
the employment agency — *l'agence pour l'emploi (cf. ANPE)*
unemployment benefit, the dole — *l'allocation chômage*

Expressions

hi-tech industries — *les industries de pointe*
peak technologies — *les technologies de pointe*
a sunrise industry — *une industrie montante*
an ailing industry — *une industrie mal en point*
a smokestack industry — *une industrie traditionnelle*
a lame duck — *un canard boiteux*
labour-intensive industries — *les industries qui nécessitent beaucoup de main-d'œuvre*
the working conditions — *les conditions de travail*
computer-assisted production — *la production assistée par ordinateur*
a computer-controlled assembly line — *une chaîne de montage informatisée*
stringent safety standards — *des normes de sécurité sévères*
stringent safety rules/regulations — *des règles de sécurité sévères*
good-quality products — *des produits de bonne qualité*
shoddy goods — *des articles de mauvaise qualité*
vocational training — *la formation professionnelle*
the minimum wage — *le salaire minimum*
a mobile workforce — *une main d'œuvre mobile*
a plant closure — *une fermeture d'usine*
at shopfloor level — *à la base (usine)*
the closed shop system — *système où on n'embauche que des ouvriers syndiqués*
the right to hire and fire — *le droit d'embaucher et de débaucher*

to do a job	*faire un travail*
to look for (to hunt for) work/ a job	*chercher du travail*
to do odd jobs	*faire de menus travaux*
to work on the line	*travailler à la chaîne*
to step up the pace of the line	*accélérer le rythme de la chaîne*
to do piecework	*travailler à la pièce*
to get down to work	*se mettre au travail*
to operate a machine	*faire fonctionner une machine*
to learn new skills	*apprendre de nouvelles compétences*
to work to capacity	*produire à plein rendement*
to churn out cheap consumer goods	*débiter des biens de consommation bon marché*
to flood the market	*inonder le marché*
to work in shifts/the 3 shifts	*travailler par roulement*
to fail to start	*ne pas (réussir à) démarrer*
to improve on a design	*apporter des améliorations à une conception*
to spearhead a technological revolution	*être le fer de lance d'une révolution technologique*
to meet the safety standards	*être conforme aux normes de sécurité*
to make a step forward	*faire un pas en avant*
to make a giant leap forward	*faire un bond en avant*
to cut jobs	*supprimer des emplois*
to be made redundant	*être mis au chômage*
to be on the dole/out of work	*être au chômage*
to go on strike	*se mettre en grève*
to work to rule	*faire la grève du zèle*
to stage a demonstration	*manifester, organiser une manifestation*
to put in a claim for a pay rise	*poser une demande d'augmentation*
to put in a claim for better working conditions	*poser une demande pour de meilleures conditions de travail*
to resume work, to go back to work	*reprendre le travail*

Phrases

A bad workman always blames his tools.
Un mauvais ouvrier se plaint toujours de ses outils.

In the 1970s Asian factories started to churn out cheap goods that flooded Western markets.
Dans les années 70 les usines asiatiques commencèrent à produire des marchandises peu chères qui envahirent les marchés occidentaux.

He was made redundant 5 years ago and he has been on the dole ever since.
Il fut licencié il y a 5 ans et depuis il est au chômage.

Can robots create as many jobs as they cause redundancies?
Les robots peuvent-ils créer autant d'emplois qu'ils en suppriment ?

Computer-assisted design has helped us to step up production and cut costs.
La conception informatisée nous a aidés à accélérer la production et diminuer les coûts.

Some machine tools have become so sophisticated that only experts can operate them.
Certaines machines-outils sont devenues si perfectionnées que seuls des experts peuvent les faire fonctionner.

The two sides of industry met to discuss wages and working conditions.
Les partenaires sociaux se sont rencontrés pour discuter des salaires et des conditions de travail.

Only stringent safety standards can prevent such accidents in the future.
Seules des normes de sécurité sévères pourront empêcher de tels accidents à l'avenir.

British industrialists then claimed the right to hire and fire.
Les industriels britanniques revendiquèrent alors le droit d'embaucher et de licencier.

Skilled workers found it hard to adapt to dull and repetitive work on the assembly line.
Les ouvriers qualifiés eurent du mal à s'adapter à la monotonie du travail à la chaîne.

Exercices

I. Compléter les phrases suivantes au moyen de mots du chapitre :

Many Western firms (1)... down their European plants, re-opening them in the Third World where a cheap labour force was ready to (2)... down to work.
Japanese industrialists have often been blamed for saving on (3)... by copying the discoveries of their Western competitors.
The revival of (4) c... industries can be considered a reaction against the mass production of standardized products.
Some experts argue that (5) s... are an inevitable ill without which our clothing industry would not survive.
Professional painters and builders cannot really compete with (6)... who do small jobs much more cheaply.
Absenteeism has often been blamed on the dull and (7) u... routine tasks that modern industry imposes.
As they did (8) p..., it was in the workers' interest to (9) t... out the items as quickly as possible.
Unskilled workers have often been replaced on the (10) a...l... by robots that are quicker and more accurate for simple jobs.

II. Compléter les phrases suivantes en apportant les modifications nécessaires mais sans changer l'ordre des mots :

1. 10 years ago - our factory - work - capacity.
2. But in 1990 - Taiwan - start - flood - market - cheap items.
3. Although - the latter - not - meet - safety standards - they - distribute - all over - Europe - USA.
4. So - company - start - cut - jobs - trim - staff.
5. Many workers - make - redundant - when - line - become - computer-assisted.
6. We - try - improve - streamline - production.
7. However - we - fail - recover - share - market.
8. Eventually - management - decide - close - plant - in 93 - lay off - 1,200 workers.
9. Today - many - my colleagues - still - out - work - and - odd jobs.
10. After - get - retrained - I - now - hunt - job.

III. Remettre les mots dans l'ordre correct :

1. Japanese / industry / shipbuilding / failed / Korean / and / to / competition / European / face / The
2. get / Fast-evolving / to / training / workers / technologies / it / for / their / further / made / have / necessary
3. compete / difficult / European / The / Asia / costs / of / it / textile / because / labour / with / industry / finds / higher / to
4. field / spearheaded / pioneer / a / in / of / the / who / He / revolution / aeronautics / a / was
5. improved / model / wind / streamlined / This / in / and / the / new / was / tunnel
6. design / machine / drawing / faulty / board / the / The / was / of / now / the / is / and / on / it / back
7. competition / shoulders / Germans / head / naturally / is / that / and / claim / product / above / their / The / the
8. working / disappear / in / tradition / class / England / today's / to / The / tending / is
9. British / strikes / decided / the / to / an / to / The / paralized / government / end / that / industry / put
10. trim / giants / engineers / their / it / Electronics / necessary / found / making / staff / to / by / redundant / even

17• Energy and natural resources
L'énergie et les ressources naturelles

Vocabulaire général

heat	*la chaleur*	fuel consumption	*la consommation d'énergie*
heating	*le chauffage*	scarcity	*le manque*
light	*la lumière*	a shortage	*une pénurie*
lighting	*l'éclairage*	the supply	*l'offre*
power	*l'énergie*	the demand	*la demande*
current	*le courant*	a glut	*une surabondance*
steam	*la vapeur*	a surplus	*un excédent*
pressure	*la pression*	depletion	*la diminution, l'épuisement*
petrol	*l'essence*	efficiency	*l'efficacité*
oil	*le pétrole ; l'huile*	the yield	*le rendement*
fuel	*le combustible*	safety	*la sécurité*
a beam, a ray	*un rayon*	electric(al)	*électrique*
a kilowatt-hour	*un kilowattheure*	global	*planétaire*
a megawatt	*un mégawatt*	dramatic	*spectaculaire*
a volt	*un volt*	infrared	*infra rouge*
voltage	*la tension*	ultraviolet	*ultra violet*
a barrel	*un baril*		
a gas cylinder	*une bouteille de gaz*		
a meter	*un compteur*		

effective — *efficace (qui a de l'effet)*
ineffective — *sans effet*
efficient — *efficace (d'un bon rendement)*
inefficient — *inefficace*
negligible — *négligeable*
well-lit — *bien éclairé*
ill-lit — *mal éclairé*
safe — *sûr*
unsafe — *peu sûr, dangereux*
plentiful, abundant — *abondant*
inexhaustible — *inépuisable*
exhausted — *épuisé*
(non-) renewable — *(non) renouvelable*
scarce — *rare*
sustainable — *soutenable*
coal-fired — *chauffé au charbon*
gas-fired — *chauffé au gaz*
battery-powered — *qui fonctionne sur piles / sur batterie*
nuclear — *nucléaire*
radioactive — *radioactif*
wasteful — *gaspilleur, peu économique*
polluting — *polluant*
irresponsible — *irresponsable*
self-sufficient — *autosuffisant*
fuel-efficient — *économique en carburant*
primary — *primaire*
secondary — *secondaire*
gigantic — *gigantesque*
huge — *énorme*
minute — *minuscule*
electrically — *par l'électricité*
globally — *mondialement, globalement*
dramatically — *d'une manière spectaculaire*
(in)efficiently — *(in)efficacement*
significantly — *d'une manière significative*
considerably — *considérablement*
abundantly — *abondamment*
scarcely — *à peine*
infinitely — *infiniment*

irresponsibly — *d'une manière irresponsable*
to supply — *fournir, approvisionner*
to provide — *fournir*
to consume — *consommer*
to rely on — *compter sur*
to deplete — *diminuer, réduire*
to exhaust — *épuiser*
to store — *stocker*
to yield — *produire, rapporter*
to trigger — *déclencher*
to extract, to mine — *extraire*
to dam — *faire un barrage sur*
to tap — *exploiter, utiliser*
to harness — *exploiter*
to collect — *recueillir*
to fuel — *alimenter*
to refuel — *ravitailler*
to fill up — *remplir, faire le plein*
to run* out of — *(venir à) manquer de*
to heat — *chauffer*
to boil — *bouillir*
to generate — *produire*
to radiate — *rayonner, irradier*
to power — *propulser*
to ignite — *(s') enflammer*
to burn* — *brûler*
to convert — *transformer*
to switch to — *changer pour, passer à*
to turn to — *se tourner vers*
to leak — *fuir*
to refine — *raffiner*
to reprocess — *retraiter*
to recycle — *recycler*
to locate — *situer*
to cut* (down on) — *réduire*
to save — *économiser*
to conserve — *préserver*
to waste — *gaspiller*
to squander — *dilapider*
to increase — *augmenter*
to reduce — *réduire*
to fall* — *tomber, baisser*
to soar — *monter en flèche*

Vocabulaire spécialisé

Fuels — ***Les combustibles***

charcoal — *le charbon de bois*
firewood — *le bois de chauffage*
a log — *une bûche*
logging — *l'exploitation des forêts*
crude oil, petroleum (US) — *le pétrole brut*
petrol, gas(oline) (US) — *l'essence*

unleaded petrol	*l'essence sans plomb*	propane	*le propane*
premium / 4-star petrol	*le super*	sunlight	*la lumière solaire*
fuel oil	*le gasoil*	hydrogen	*l'hydrogène*
natural gas	*le gaz naturel*	hydrocarbon fuels	*les hydrocarbures*
ethanol	*l'éthanol*	fossil fuels	*les combustibles fossiles*
methane	*le méthane*		

Different forms of energy — *Les différentes formes d'énergie*

solar power	*l'énergie solaire*	geothermal energy	*la géothermie*
wind power	*l'énergie éolienne*	nuclear power	*l'énergie nucléaire*
hydroelectricity	*l'hydroélectricité*		

Energy-producing facilities — *Les équipements énergétiques*

a power station / plant	*une centrale électrique*	a hydroelectric plant	*une centrale hydroélectrique*
a thermal power plant	*une centrale thermique*	a windmill	*une éolienne*
a tidal power station	*une usine marémotrice*	a dam	*un barrage*
a nuclear power station / plant (a "nuke")	*une centrale nucléaire*		

Energy-related equipment — *Le matériel énergétique*

a stove	*un poêle*	a photovoltaic cell (PV cell)	*une cellule photo voltaïque*
a boiler	*une chaudière*	a solar panel	*un panneau solaire*
a radiator	*un radiateur*	a light bulb	*une ampoule électrique*
a turbine	*une turbine*	a wire	*un fil, un câble*
a generator	*un générateur*	a line	*une ligne*
a battery	*une pile, une batterie*	a pylon	*un pylône*
a circuit	*un circuit*	a cooling tower	*une tour de refroidissement*
a transformer	*un transformateur*		
the power network / grid	*le réseau électrique*		

Nuclear power — *L'énergie nucléaire*

a nuclear reactor	*un réacteur nucléaire*	plutonium	*le plutonium*
a fast-breeder reactor (FBR)	*un surrégénérateur*	a reprocessing plant	*une usine de retraitement*
a reactor core	*le cœur d'un réacteur*	radioactive / nuclear waste	*les déchets radioactifs / nucléaires*
uranium rods	*les barres d'uranium*	nuclear fallout	*les retombées radioactives*
a chain reaction	*une réaction en chaîne*	to split*	*fissionner*
a cooling system	*un système de refroidissement*	to disintegrate	*se désintégrer*
a meltdown	*une fusion du cœur du réacteur*	to enrich	*enrichir*
enriched uranium	*l'uranium enrichi*	gamma rays	*les rayons gamma*

Mining — *L'exploitation minière*

a mine	*une mine*	a mine blast	*un coup de grisou*
a quarry	*une carrière*	a pickaxe	*une pioche*
an open-cast mine	*une mine à ciel ouvert*	a deposit	*un gisement*
coal mining	*l'extraction du charbon*	a slag heap	*un terril*
a pit	*un puits, une mine*	a pit closure	*une fermeture de mine*
the pithead	*le carreau de la mine*	iron	*le fer*
a gallery	*une galerie*	iron ore	*le minerai de fer*
a seam	*une veine*	a gold nugget	*une pépite d'or*
a coal face	*un front de taille*	an ingot, a bar	*un lingot*

to work a mine	*exploiter une mine*	to dig*	*creuser*
to drill	*forer*		

The oil industry	***L'industrie pétrolière***		
oil production	*la production pétrolière*	a tanker	*un pétrolier, un tanker*
an oil field	*un gisement pétrolifère*	a pipeline	*un pipeline, un oléoduc*
an oil well	*un puits de pétrole*	a filling / petrol station	*une station service*
an oil rig / platform	*une plate-forme de forage en mer*	a tank	*un réservoir*
an oil terminal	*un terminal pétrolier*	OPEC (Organization of Petroleum-Exporting Countries)	*l'OPEP*
a refinery	*une raffinerie*	to strike* (oil, gold, etc.)	*découvrir*
offshore production	*la production en mer*		

Expressions

electric current	*le courant électrique*
electrical appliances	*les appareils électriques*
an electric meter	*un compteur électrique*
a gas meter	*un compteur à gaz*
an electricity bill	*une facture d'électricité*
central heating	*le chauffage central*
a centrally-heated house	*une maison équipée du chauffage central*
an incandescent light bulb	*une ampoule à incandescence*
a fluorescent light bulb	*une ampoule fluorescente*
energy-saving appliances	*des appareils économes en énergie*
a fuel-efficient vehicle	*un véhicule économe en carburant*
an internal combustion engine	*un moteur à explosion*
a battery-powered car	*une voiture électrique*
an array of solar cells	*un ensemble de cellules solaires*
a power cut	*une coupure de courant*
a power failure	*une panne de courant*
renewable sources of energy	*les sources d'énergie renouvelables*
non-polluting	*non polluant*
proven resources of oil / gas	*des réserves connues de pétrole / gaz*
a glut of oil / an oil glut	*une surproduction de pétrole*
the oil crisis	*la crise pétrolière*
the first oil shock	*le premier choc pétrolier*
an oil-producing country	*un pays producteur de pétrole*
a common energy policy	*une politique énergétique commune*
sustainable development	*le développement soutenable*
a nuclear test	*un essai nucléaire*
a radioactive cloud	*un nuage radioactif*
the Chernobyl meltdown	*l'accident de Tchernobyl*
to cut (down on) one's energy consumption	*réduire sa consommation d'énergie*
to cut the energy bill	*réduire la facture énergétique*
to fill up the tank	*faire le plein du réservoir*
to waste / squander finite resources	*gaspiller des ressources limitées*
to be dependent on oil	*être dépendant du pétrole*
to supply energy (to a country)	*fournir de l'énergie (à un pays)*
to supply a country with energy	*fournir un pays en énergie*

to turn to (to switch to) another source of energy	*se tourner vers une autre source d'approvisionnement*
to depend on a supplier	*être tributaire d'un fournisseur*
to release energy	*libérer de l'énergie*
to trigger a chain reaction	*déclencher une réaction en chaîne*
to dig for coal	*(creuser pour) extraire du charbon*
to drill for oil	*(forer pour) extraire du pétrole*
to strike oil	*découvrir du pétrole*
to strike it rich	*trouver un filon, faire fortune*

Phrases

Since the Chernobyl meltdown nuclear power has been questioned in many countries.
Depuis l'accident de Tchernobyl le nucléaire est remis en question dans beaucoup de pays.

Some specialists say that the emphasis should be laid on energy conservation.
Certains spécialistes disent qu'on devrait accorder la priorité à la conservation de l'énergie.

In 1990 one quarter of the world's population consumed three quarters of the world's energy.
En 1990 un quart de la population mondiale consommait les trois quarts de l'énergie mondiale.

The building of the gigantic dam was controversial to say the least.
Le moins qu'on puisse dire est que la construction de ce barrage gigantesque fit l'objet de controverses.

Environmentalists claimed that the location was ill-chosen.
Les écologistes prétendaient que le lieu était mal choisi.

For all its attraction, wind power produces only a minute percentage of global energy.
En dépit de son attrait l'énergie éolienne ne compte que pour un infime pourcentage de l'énergie mondiale.

Gigantic arrays of solar cells could be located in desert areas.
Des ensembles gigantesques de cellules solaires pourraient être situés dans des zones désertiques.

We still rely heavily on fossil fuels to supply the energy we need.
Nous dépendons encore largement des combustibles fossiles pour fournir l'énergie dont nous avons besoin.

Fast breeder reactors raised fears as to the proliferation of plutonium.
Les surrégénérateurs suscitèrent des craintes quant à la prolifération du plutonium.

Nuclear fusion is unlikely to be harnessed until the middle of the 21st century.
Il est peu probable que la fusion nucléaire soit domestiquée avant le milieu du 21ème siècle.

Exercices

I. Compléter :

In Africa as in much of the Third World some 80% of the population rely on (1)... to cook their meals.

The propagation of nuclear power generates fear about terrorism and the diversion of highly (2)... material into the wrong hands.
Suddenly in the 1980s research into (3)... - ... vehicles gathered new momentum.
The major (4)... companies have often been accused of maximizing their profits to the detriment of safety and research into new energy sources.
The liquid fuel stored in the tanks may eventually (5)... into the ground and cause explosions.
As oil producing countries could not reach an agreement on the reduction of production, the (6)... of oil far exceeded the (7)... and prices fell.
(8)... from incandescent to fluorescent light bulbs would help us save a considerable amount of energy.
Fuel (9)... per head went down significantly after the first oil shock and then started rising again in the 80s.
In another 20 years our oil reserves will be (10)... and we shall have to turn to other forms of energy.

II. Apparier un élément de la colonne de droite avec un élément de la colonne de gauche pour former des phrases cohérentes :

For years researchers have tried to develop a new way of producing energy	that reduces energy waste in developed countries.
In the 1950s France launched an ambitious hydroelectric programme	that never really came true.
The notion that the wind could supply inexhaustible and cheap energy was a dream	that followed the sinking of the 'Amoco Cadiz'.
Conservationists claim that the best policy is the one	which is frightening when you come to think of it.
Scientists have yet to prove that more energy can be generated by nuclear fusion	that would be less polluting than power stations fuelled by coal or oil.
The tremendous hazards of oil tankers were demonstrated by the catastrophe	that the proven reserves of fossil fuels are far from inexhaustible.
We have to bear in mind	that would imply the building of a power station every two days somewhere in the world.
Energy consumption is expected to grow by 100% in the next 20 years,	that aims at replacing less safe plants with alternative sources of energy.
In order to guarantee long-term safety, specialists have designed a programme	than what is needed to start the reaction.
We cannot sustain a rise in energy consumption	which tapped the energy of its rivers by building gigantic dams across Alpine valleys.

III. Remettre en ordre le texte suivant et retrouver le projet d'énergie alternative proposé par la physicienne américaine Joan Ogden :

1. Since these panels work best in warm sunny areas,
2. Now hydrogen, which has the advantage of being an excellent fuel,
3. The electricity thus produced could be fed into electrolyzers,
4. where it could be used to power all sorts of engines and vehicles.
5. First and foremost we know that solar panels convert solar light into electric current.
6. we could set up arrays of thousands of panels in California or Texas.

7. Last but not least, hydrogen, being extracted from water, is a cheap and indefinitely renewable source of energy.
8. could be sent by pipeline to urban centers all over the country,
9. Another significant advantage of hydrogen fuel is that it is virtually non-polluting.
10. that would split water into its constituent elements : oxygen and hydrogen.

Q.C.M. Récapitulatif 4ème partie : Science and Technology

1. In spite of dramatic ... coal still accounts for a significant part of British energy supplies.
   a-mine breakdowns b-pit closures
   c-mine closure d-pits closing
2. Far from being decided by the union leaders the strike started ... .
   a-on the floor of the workshop b-at the flour shop
   c-at shopfloor level d-on the shop's floor
3. Some geneticists now ask the question, "Do we have the right ... unborn life?"
   a-to tamper with b-to spearhead
   c-manipulate d-of harnessing
4. The ... French railways used for their booking system did not seem versatile enough for this intricate job.
   a-soft wares b-hardware
   c-hard wares d-software
5. After relying heavily on nuclear power, US utilities switched back to more conventional ... power stations in the 1980's.
   a-battery-powered b-solar
   c-nukes d-coal-fired
6. They had to follow ... each year in order to keep up with the latest technology.
   a-a training course b-a formation stage
   c-a course of training d-a training session
7. Research into the mysterious virus was continuing without ... .
   a-doing progress b-making headway
   c-to make progress d-to head forward
8. The ... of their red tape may have simplified their job, but it has only made things more complicated for consumers.
   a-computing b-robotisation
   c-computerisation d-information
9. The ship was transporting plutonium to fuel Japan's prototype ... reactor as part of Tokyo's long-term nuclear strategy.
   a-fast-bred b-boiling water
   c-fast-breeder d-pressurized water
10. The company has ... a new strategy to beat copycats.
   a-evolved b-to be involved
   c-elaborate d-managed

11. Unfortunately some countries are still ... research into lethal gases for military purposes.
    a-bringing out b-to put out
    c-carrying out d-to figure out
12. She seems to be unable to go out anywhere without her ... which rings every time we start a conversation.
    a-headphone b-cellular phone
    c-digital display d-videophone
13. Developed countries should be able to cut their ... at least 20% in the next twenty years.
    a-energy bills by b-electricity bills of
    c-electricity invoices by d-power notes with
14. The two ... met without reaching an agreement acceptable to both workers and employers.
    a-sides of industry b-social parties
    c-industrial partners d-industrial sides
15. Thirty years ago, no one would have ... the dramatic progress in biotechnologies.
    a-foretell b-foreseen
    c-detected d-occurred
16. Instead of being a ... device, the computer often becomes an addictive gadget.
    a-vulnerable b-time-saving
    c-elaborate d-time-consuming
17. When oil started gushing out of the pipe they knew they had ... .
    a-stricken richly b-stricken deposit
    c-struck it rich d-to strike it rich
18. Some scientists think that with the progress of computer simulation most animal experiments could now be ... .
    a-forbade b-annihilated
    c-banned d-isolated
19. ... design has enabled car-makers to save money and time on R&D.
    a-Software b-Computer-aided
    c-Desktop d-Top-of-the-line
20. He won the ... for the major breakthrough he had achieved in liquid crystal technology.
    a-noble Prize b-prize Noble
    c-Nobel Prize d-Nobel's Prize
21. We always switch off the TV and hide the ... to prevent our children from watching it late at night.
    a-remote control b-peripheral
    c-remotely controlled d-teleshopping
22. Up to that time scientists had worked on the ... that it was impossible to split the atom.
    a-consumption b-research
    c-theory d-assumption
23. Some fast food chains have equipped their outlets with ..., which enable illiterate customers to choose their hamburgers more quickly.
    a-speech-recognition programs b-light pencils
    c-video-touch screens d-video-display units

24. For once it seemed that European laboratories had … their American counterparts.
    a-the edge on   b-an age in advance
    c-a hedge over   d-some time in advance
25. Technological knowledge becomes obsolete very quickly and has to be … every few years.
    a-updated   b-labelled
    c-levelled   d-scanned

V. MAN'S ENVIRONMENT

18. HOUSING — LE LOGEMENT

a bungalow	*une maison de plain-pied*	the landing	*le palier*
a flat, an apartment	*un appartement*	the front door	*la porte d'entrée*
a bed-sit(ter)	*une chambre meublée, un studio*	a letter-box	*une boîte à lettres*
a slum	*un taudis*	the back door	*la porte de derrière*
a skyscraper	*un gratte-ciel*	the doorbell	*la sonnette*
a lift	*un ascenseur*	the doormat	*le paillasson*
a floor, a storey (US)	*un étage*	a shutter	*un volet*
the stairs	*l'escalier*	a French window	*une porte-fenêtre*
downstairs (ground floor)	*rez-de-chaussée*	the roof	*le toit*
upstairs (first floor)	*premier étage*	the chimney	*la cheminée*
		an aerial	*une antenne*
the garden	***le jardin***		
the lawn	*la pelouse*	a path	*une allée*
a lawn-mower	*une tondeuse*	a garden shed	*une cabane à outils*
a hedge	*une haie*	a greenhouse	*une serre*
a fence	*une clôture*	a hose	*un tuyau d'arrosage*
a gate	*une grille, un portillon*		
an owner	***un propriétaire***		
a landlord	*un propriétaire (logeur)*	a resident	*un habitant, un riverain*
a tenant, a lodger	*un locataire*	a housewife	*une ménagère*
the rent	*le loyer*	the chores	*les corvées ménagères*
a removal	*un déménagement*	a mortgage	*un emprunt-logement, une hypothèque*
building materials	***matériaux de construction***		
concrete	*du béton*	tiles	*des tuiles, des carreaux de carrelage*
bricks	*des briques*		
stone	*de la pierre*	slates	*des ardoises*
The layout	***L'agencement***		
the cellar	*la cave*	the sitting-room, the lounge	*le salon*
the basement	*le sous-sol*	the kitchen	*la cuisine*
the hall	*le vestibule, l'entrée*	the kitchenette	*la kitchenette*
a passage, a corridor	*un couloir*	a bedroom	*une chambre*
the dining-room	*la salle à manger*		
the living-room	*la salle de séjour*		

a spare room, a guest room — *une chambre d'ami*
a nursery — *une chambre d'enfant*
the bathroom — *la salle de bain*
the toilet — *les toilettes*
the study — *le bureau, le cabinet de travail*

Furniture and household articles ***Le mobilier et les articles ménagers***

a curtain — *un rideau*
wallpaper — *le papier peint*
a piece of furniture — *un meuble*
the carpet (fitted-carpet, wall-to-wall carpeting) — *la moquette*
a rug — *un tapis*
a chair — *une chaise*
a stool — *un tabouret*
a dining table — *une table de salle à manger*
a tablecloth — *une nappe*
a sideboard — *un buffet*
a cupboard — *un placard*
an armchair — *un fauteuil*
a settee, a sofa, a couch — *un canapé, un divan*
a three-piece suite — *un salon (mobilier)*
a coffee table, an occasional table — *une table basse*
an ashtray — *un cendrier*
a hi-fi system — *une chaîne hi-fi*
a TV set — *un téléviseur*
a display cabinet — *une vitrine*
the fireplace — *la cheminée (l'âtre)*
the mantelpiece — *la tablette de cheminée*
a wall cupboard — *un placard mural, suspendu*
a kitchen unit — *un élément de cuisine*
a kitchen sink — *un évier*
a tap — *un robinet*
crockery — *la vaisselle*
kitchen utensils — *batterie de cuisine*
a saucepan — *une casserole*
a frying pan — *une poêle*
a pressure cooker — *une cocotte minute*
a tin opener — *un ouvre-boîtes*
a potato-peeler — *un épluche-légumes*
a dustbin — *une poubelle*
a single bed — *un lit d'une personne*
a double bed — *un lit de deux personnes*
a cot — *un lit d'enfant, un petit lit*
a sheet — *un drap*
a blanket — *une couverture*
a pillow — *un oreiller*
an eiderdown — *un édredon*
a duvet — *une couette*
a bedside table — *une table de chevet*
an alarm-clock — *un réveil*
a bedside rug — *une descente de lit*
a wardrobe — *une penderie*
a chest of drawers — *une commode*
a bath — *une baignoire*
a shower — *une douche*
a washbasin — *un lavabo*
a towel — *une serviette*
a cake of soap — *une savonnette*
a toothbrush — *une brosse à dents*
toothpaste — *du dentifrice*
a desk — *un bureau*
a waste-paper basket — *une corbeille à papier*

Electrical appliances ***Les appareils électriques***

a dishwasher — *un lave-vaisselle*
a gas cooker — *une gazinière*
a hot plate — *une plaque de cuisson*
a food processor — *un robot ménager*
a food mixer — *un mixeur*
a microwave oven — *un four à micro-ondes*
a refrigerator, a fridge — *un réfrigérateur, un frigo*
a freezer — *un congélateur*
a toaster — *un grille-pain*
an electric kettle — *une bouilloire électrique*
an automatic coffee percolator — *une cafetière électrique programmable*
a vacuum cleaner, a hoover — *un aspirateur*
an iron — *un fer à repasser*
a sewing-machine — *une machine à coudre*
a knitting machine — *une machine à tricoter*
a washing machine — *un lave-linge*
a spin dryer / drier — *une essoreuse*
a tumble dryer / drier — *un sèche-linge*
a hair dryer / drier — *un sèche-cheveux*

tiny — *minuscule*
cramped — *exigu*
roomy — *spacieux*
furnished — *meublé*
neat and tidy — *bien rangé*
clean — *propre*
shiny — *brillant, reluisant*
spotless — *impeccable*
polished — *ciré*
spick and span — *reluisant de propreté*
snug, cosy — *bien arrangé, douillet*
quiet — *calme, tranquille*

light *clair*
comfortable *confortable*
convenient *commode*
well-built *bien bâti*
inhabited *habité*
vacant, uninhabited *libre, inoccupé*
overcrowded *surpeuplé*
damp *humide*
dusty *poussiéreux*
messy *sale, malpropre, en désordre*
dirty *sale*
filthy, grubby *crasseux, dégoûtant*
noisy *bruyant*
derelict *à l'abandon*
decrepit *délabré*
squalid *misérable, sordide*
shabby *minable*
ramshackle, rickety *branlant, en piteux état*
dilapidated *délabré*
homeless *sans-abri*

to own *être propriétaire*
to rent *louer*

to let* *louer (mettre en location)*
to turn out, to evict *mettre à la porte*
to move in *emménager*
to move out *déménager*
to settle (in) *s'installer*
to furnish *meubler*
to install *installer*
to build* *construire*
to demolish, to knock down, to pull down *démolir*
to renovate *rénover*
to insulate *isoler*
to revamp, to refurbish *retaper, remettre en état*
to redecorate *"refaire" une pièce (tapisserie et peinture)*
to lock *fermer à clé*
to sweep* *balayer*
to polish *cirer*
to dust *faire les poussières*
to wipe *essuyer*
to vacuum, to hoover *passer l'aspirateur*
to wake* up *se réveiller*
to get* up *se lever*
to shave *se raser*

Expressions

to have a house built *se faire construire une maison*
to move into a house *emménager*
to have a house-warming party *pendre la crémaillère*
to keep up with the Joneses *ne pas être en reste avec les voisins*
to break into a house *pénétrer par effraction*
to be cramped for space *être à l'étroit*
to be in good repair *être en bon état*
to ring the bell *sonner*
to knock at the door *frapper à la porte*
to dig the garden *bêcher le jardin*
to trim the hedge *tailler la haie*
to mow the lawn *tondre la pelouse*
to do the housework *faire le ménage*
to do the washing-up *faire la vaisselle*
to do the cooking *faire la cuisine*
to lay the table *mettre la table*
to make the bed *faire le lit*
to go to sleep *s'endormir*
to take (to have) a shower *prendre une douche*
to take (to have) a bath *prendre un bain*
to wash one's hair *se laver les cheveux*
to brush one's teeth *se laver les dents*
to dry one's hair *se sécher les cheveux*

home cooking	*la cuisine familiale*
household expenses	*les dépenses du ménage*
modern conveniences	*confort moderne*
a detached house	*un particulier*
a semi-detached house	*une maison jumelée*
a well-groomed garden	*un jardin bien entretenu*
a second home, a country home, a house in the country	*une résidence secondaire*
terraced houses (GB)	*maisons attenantes et toutes identiques*
council houses, council flats	*logements sociaux*
a block of flats	*un immeuble d'habitation*
a tower block, a highrise block	*une tour*
a two-storey(ed) house	*une maison à un étage*
the building trade	*le secteur du bâtiment*
a building contractor	*un entrepreneur en bâtiment*
a real-estate agent, an estate agent	*un agent immobilier*

Phrases

The Joneses have just had the whole house painted green.
Les Jones viennent de faire peindre toute la maison en vert.

I think I'll have double glazing fitted.
Je crois que je vais faire installer un double vitrage.

Her husband spends most of his time lying on the sofa watching TV.
Son mari passe le plus clair de son temps étendu sur le canapé à regarder la télévision.

Some landlords prefer to keep their flats vacant rather than have to evict undesirable tenants.
Certains propriétaires préfèrent conserver leurs appartements inoccupés plutôt que d'avoir à expulser des locataires indésirables.

A burglar broke into their house and stole all their jewellery.
Un cambrioleur a pénétré par effraction dans leur maison et a dérobé tous leurs bijoux.

Rents have kept increasing for the last ten years or so.
Les loyers ne cessent d'augmenter depuis une dizaine d'années.

Please wipe your feet on the doormat! I've just done the housework.
S'il vous plaît, essuyez vos pieds sur le paillasson! Je viens de faire le ménage.

I'd like to see your bedroom neat and tidy for once!
J'aimerais voir ta chambre bien rangée, pour une fois !

How is it all the towels in the bathroom are wet?
Comment se fait-il que toutes les serviettes de la salle de bain sont mouillées ?

They lived in a tiny apartment and were terribly cramped for space.
Ils habitaient un appartement minuscule et étaient terriblement à l'étroit.

Exercices

I. Trouver les réponses aux définitions suivantes :

1. it wakes you up in the morning.
2. you spread some of it on your toothbrush.
3. you hang your clothes in it.
4. the postman rings it when he has a parcel for you.
5. an appliance in which food can be warmed up very quickly.
6. most people mow it once a week in the summer.
7. it needs trimming from time to time.
8. the person to whom the rent is due.
9. in which frozen foods are kept.
10. smoke comes out of it in the winter.

II. Retrouver les mots en remettant les lettres dans le bon ordre :

1. tsdwsnoari 2. orenw 3. hysatar 4. bdsniut 5. rhoews 6. sreaott 7. ssstlpeo
8. pradocbu 9. teesmanb 10. ctoreenc

III. Traduire :

1. *Dans beaucoup de maisons britanniques, les toilettes sont dans la salle de bain.*
2. *Pourquoi est-ce que tu laisses toujours les plats sales dans l'évier ?*
3. *Beaucoup de gens rêvent de posséder une maison à la campagne.*
4. *Il y a un beau tapis au milieu de leur salon.*
5. *Une famille vient d'emménager dans la maison voisine.*
6. *Pourrais-tu vider le lave-vaisselle pendant que je fais la cuisine ?*
7. *Ils habitent une maison à un étage au coin de la rue.*
8. *Elle se lave toujours les cheveux dans le lavabo.*
9. *N'oublie pas de te laver les dents !*
10. *Il s'endort toujours en regardant la télévision.*

19. City life — La vie urbaine

a town	*une ville*	an avenue	*une avenue*
a city	*une (grande) ville*	a cul-de-sac	*une impasse*
a city dweller	*un citadin*	a crossroads	*un carrefour*
townspeople	*les citadins*	traffic lights	*les feux de circulation*
an inhabitant	*un habitant*	a roundabout	*un sens giratoire*
a resident	*un habitant (immeuble)*	a square	*une place*
		a circus	*une place (circulaire)*
a town planner	*un urbaniste*	a lamppost	*un réverbère*
a street	*une rue*	a pillar box, a mail box (US)	*une boîte aux lettres (publique)*
a one-way street	*une rue à sens unique*		
the main street (the high street)	*la rue principale*	a bus stop	*un arrêt de bus*

a road sign	*un panneau indicateur*
the pavement (sidewalk US)	*le trottoir*
a phone box	*une cabine téléphonique*
a pedestrian	*un piéton*
a pedestrian crossing	*un passage pour piétons*
a passer-by	*un passant*
the kerb	*la bordure du trottoir*
the gutter	*le caniveau*
a block (US)	*un pâté d'immeubles*
a neighbourhood, a district	*un quartier*
the surroundings	*le cadre, l'environnement*
the town centre	*le centre ville*
the inner city	*les vieux quartiers déshérités*
a vagrant	*un vagabond*
a tramp, a bum	*un clochard*
a beggar	*un mendiant*
a ghetto	*un ghetto*
the suburbs	*la banlieue*
the outskirts	*la périphérie*
a ring road, an orbital road	*un périphérique*
a café	*un café*
a pub (a public house) GB	*un pub*
the local	*le pub du quartier*
a restaurant	*un restaurant*
a hotel	*un hôtel*
a guest house	*un hôtel modeste, une pension de famille*
a bed-and-breakfast (B&B)	*une chambre d'hôtes*
facilities	*équipements, installations*
utilities	*les services publics*
monuments	*les monuments*
sights	*les curiosités*
the tourist office	*le syndicat d'initiative*
public conveniences	*les toilettes publiques*
a bus	*un autobus*
a conductor	*un contrôleur*
a coach	*un autocar, un car de tourisme*
a taxi (a cab US)	*un taxi*
the fare	*le prix (de la course)*
the underground (tube GB, subway US)	*le métro*
a vigilante	*un vigile (police privée)*
a railway station	*une gare*
a coach station	*une gare routière*
an airport	*un aéroport*
a petrol station (gas station US)	*une station essence*
a post office	*un bureau de poste*
a police station	*un commissariat*
a fire station	*une caserne de pompiers*

a barracks	*une caserne*
the town hall (city hall US)	*la mairie*
the Registry Office	*l'Etat Civil*
a library	*une bibliothèque*
a librarian	*un bibliothécaire*
a university	*une université*
a museum	*un musée*
an art gallery	*un musée, une galerie d'art*
an exhibition	*une exposition*
a concert hall	*une salle de concert*
an opera house	*un opéra*
a cinema (a movie theater US)	*une salle de cinéma*
a park	*un parc*
a public garden	*un square, un jardin public*
open, green spaces	*les espaces verts*
a playground	*un terrain de jeu*
a swimming pool	*une piscine*
a skating rink	*une patinoire*
a sports ground	*un terrain de sports*
a market	*un marché*
a church	*une église*
a cathedral	*une cathédrale*
a cemetery	*un cimetière*
a grave	*une tombe*
ugly	*laid*
bleak, grim, dismal	*sinistre, lugubre*
grimy	*sale, encrassé, noirci*
smelly	*malodorant*
derelict	*à l'abandon*
gutted	*vandalisé, dévasté*
populous	*populeux*
noisy	*bruyant*
congested	*embouteillé*
relentless	*incessant, sans répit*
deafening	*assourdissant*
unmanageable	*ingérable*
suffocating	*suffocant, étouffant*
unbreathable	*irrespirable*
unsafe	*dangereux*
safe	*sûr, sans danger*
quiet	*calme*
busy, lively	*animé*
bustling	*grouillant d'activité*
open	*ouvert*
closed	*fermé*
crowded	*bondé (transports en commun)*
overcrowded, overpopulated	*surpeuplé*
empty	*vide*
pleasant	*agréable*
attractive	*attrayant, attirant*
idle	*oisif*

ragged — *en haillons*

to plan, to lay* out — *planifier*
to run* — *gérer*
to erect — *ériger*
to complete — *terminer (une construction)*
to sweep* — *balayer*
to collect — *ramasser (les ordures)*
to commute — *faire la navette journalière*
to get* on — *monter (transports en commun)*
to get* off — *descendre (transports en commun)*
to rush — *se précipiter*
to hurry, to hasten — *se dépêcher*
to queue (up) — *faire la queue*
to cross — *traverser*
to run* over — *écraser*
to knock down — *renverser*
to hit* — *frapper, percuter*
to collide with — *entrer en collision avec*
to walk about (around) — *se promener*
to stroll — *flâner*
to flock, to gather — *se rassembler*
to hang* about, to loiter — *rôder, errer, traîner*
to threaten — *menacer*
to mug — *agresser (pour de l'argent)*
to assault — *agresser (voies de fait)*
to rape — *violer*
to vandalize — *saccager*
to smash up — *tout casser, tout démolir*
to tag — *"tagger"*
to beg — *mendier*
to sleep* out — *dormir à la belle étoile*
to follow — *suivre*
to scare — *effrayer*
to strain *rude* — *surmener, mettre à épreuve*

Expressions

a mushroom town — *une ville champignon*
a dormitory town — *une ville dortoir*
a shanty town — *un bidonville*
to live on the street — *vivre dans la rue*
to stand in a line (US) — *faire la queue*
a parking meter — *un parcmètre*
a no-parking area — *une zone de stationnement interdit*
a parking area — *une aire de stationnement*
a car park, a parking lot (US) — *un parking*
a multi-storey car park — *un parking à étages*
to go through a red light — *brûler un feu rouge*
a pedestrian area, a paved zone — *une zone piétonne*
an adventure playground — *une aire de jeu aménagée*
recreational activities — *les activités de loisir*
recreational facilities — *les équipements de loisir*
an indoor swimming pool — *une piscine couverte*
to go into town, to go downtown — *aller en ville*
downtown Chicago — *le centre de Chicago*
a department store — *un grand magasin*
a shopping mall, a shopping precinct — *un centre commercial*
the corner shop — *la boutique du coin*
commuter trains — *les trains de banlieue*
a double-decker — *un bus à deux étages*
rush-hour traffic — *la circulation aux heures de pointe*
to be in a hurry — *être pressé*
the hustle and bustle of city life — *l'intense activité de la vie citadine*
the rumble of heavy lorries — *le bruit sourd des poids lourds*
the squeal of brakes — *le crissement des freins*

the screech of tyres	*le grincement des pneus*
the urban landscape	*le paysage urbain*
a residential area	*une zone résidentielle*
an industrial estate	*une zone industrielle*
public lighting	*l'éclairage public*
the outer suburbs	*la grande banlieue*
a housing shortage	*une pénurie de logements*
the property market	*le marché immobilier*
a property developer	*un promoteur*
a housing scheme	*un programme de construction de logements*
a housing benefit	*une allocation logement*
a housing policy	*une politique du logement*
a housing estate	*un lotissement, un ensemble*

Phrases

—Could you tell me the way to the tourist office, please?
— Pourriez-vous m'indiquer le chemin de l'office de tourisme, s'il vous plaît ?

—Turn left at the next crossroads ; it is by the railway station.
— Prenez à gauche au prochain carrefour ; il se trouve près de la gare.

More and more homeless people live on the streets of our cities.
De plus en plus de sans logis vivent dans les rues de nos villes.

They have bought a house in the country to escape the hustle and bustle of city life.
Ils ont acheté une maison à la campagne pour échapper au tourbillon de la vie dans les grandes villes.

While living in the suburbs is the dream of many an American, it is a nightmare for most Europeans.
Alors que la vie en banlieue est le rêve de maints Américains, c'est un cauchemar pour la plupart des Européens.

Property developers should stop building blocks of flats in the outer suburbs.
Les promoteurs devraient mettre un terme à la construction d'immeubles d'habitation dans la grande banlieue.

Many US inner cities are gradually turning into ghettos.
De nombreux centres villes américains se transforment peu à peu en ghettos.

To my mind, all town centres ought to be banned to traffic and made into pedestrian areas.
D'après moi, on devrait interdire les centres villes à la circulation automobile et en faire des zones piétonnières.

Sprawling urban centres are rife with problems.
Les problèmes abondent dans les grands centres urbains tentaculaires.

By the turn of the century, there will be 21 megacities with populations of 10 million or more.
D'ici à la fin du siècle, il y aura 21 mégalopoles avec des populations dépassant les 10 millions.

Exercices

I. Compléter les phrases suivantes :

1. A dead-end street is called a … .
2. On the bus, you may have to show your ticket to the … .
3. The arrow on this … indicates that this is a one-way street.
4. There are some very old graves in that … .
5. Piccadilly … is not very far from Trafalgar … .
6. You can fill up at the … station.
7. He was fined for going … a red light.
8. I go to the … swimming-pool in the winter.
9. Harrods is the most famous … store in Britain.

II. Retrouver les adjectifs correspondant aux définitions suivantes :

1. hideous
2. having a bad smell
3. making so much noise that hearing is almost impossible
4. doing no work
5. free from danger
6. that never stops
7. with little or no movement or sound
8. extremely dirty
9. badly torn or in rags
10. that has been vandalized

III. Traduire :

1. *Elle a été agressée alors qu'elle allait pénétrer dans l'ascenseur.*
2. *Il devrait y avoir davantage d'espaces verts dans nos villes.*
3. *A Tokyo, on est presque obligé de porter un masque car l'air est irrespirable.*
4. *Je crois que la bibliothèque est à côté de l'hôtel de ville.*
5. *N'oublie pas de mettre une pièce dans le parcmètre!*
6. *J'aime flâner dans les jardins publics le dimanche.*
7. *Es-tu allé voir la dernière exposition au musée?*
8. *Il y a de plus en plus de vagabonds qui mendient dans les rues.*
9. *Le samedi après-midi, les rues sont embouteillées et les bus sont bondés.*
10. *Il regardait une fille attirante qui marchait sur le trottoir et il a percuté un réverbère.*

20. NATURE — LA NATURE

1. The natural habitat / Le milieu naturel

The wild	***La nature***		
a wilderness	*une étendue déserte, une région sauvage*	a plateau	*un plateau*
the savannah	*la savane*	a mountain range	*une chaîne de montagnes*
the bush	*la brousse*	a valley	*une vallée*
a desert	*un désert*	a peak	*un pic, une cime*
the jungle	*la jungle*	a summit	*un sommet*
the rainforest	*la forêt tropicale*	a stream	*un ruisseau*
a heath, a moor	*une lande*	a river	*une rivière, un fleuve*
a swamp	*un marécage*	a lake	*un lac*
a marsh	*un marais*	a bank	*une rive, un bord/un banc (de sable)*
a plain	*une plaine*		
a hill	*une colline*		

Natural catastrophes	***Les catastrophes naturelles***		
a hurricane	*un ouragan*	a volcano	*un volcan*
a typhoon	*un typhon*	an eruption	*une éruption*
a flood	*une inondation*	the Richter Scale	*l'échelle de Richter*
a tidal wave	*un raz-de-marée*	lava	*la lave*
a drought	*une sécheresse*	ashes	*des cendres*
an earthquake	*un tremblement de terre*	a landslide	*un glissement de terrain*
		extinct	*éteint*
a fault	*une faille*	active	*en activité*
a tremor	*une secousse*	dormant	*en sommeil*

Plants	***Les végétaux***		
greenery	*la verdure*	heather	*la bruyère*
a tree	*un arbre*	a forest	*une forêt*
a sapling	*un jeune arbre*	a wood	*un bois*
a leaf (leaves)	*une feuille*	an evergreen	*un arbre à feuilles persistantes*
foliage	*le feuillage*		
a trunk	*un tronc*	a conifer	*un conifère*
a branch	*une branche*	a fir (tree)	*un sapin*
a twig	*un rameau*	a pine cone	*une pomme de pin*
a root	*une racine*	an oak	*un chêne*
bark	*l'écorce*	an elm	*un orme*
sap	*la sève*	a maple	*un érable*
a bush	*un buisson, un arbuste*	a beech	*un hêtre*
a creeper	*une plante grimpante*	a birch	*un bouleau*
ivy	*le lierre*	a poplar	*un peuplier*
a nut	*une noix, noisette, etc.*	a plane tree	*un platane*
a mushroom	*un champignon*	a chestnut tree	*un châtaignier*
a berry	*une baie*	a chestnut	*une châtaigne*
		a horse chestnut	*un marron(nier)*

a hazel	*un noisetier*	exotic trees	*les arbres exotiques*
a willow	*un saule`*	a cedar	*un cèdre*
a lime tree	*un tilleul*	a palm tree	*un palmier*
a cypress	*un cyprès*	a coconut palm	*un cocotier*

Human activities	***Les activités humaines***		
a lumberjack	*un bûcheron*	sandy	*sablonneux*
an axe	*une hache*	marshy	*marécageux*
a saw	*une scie*	wooded	*boisé*
a chainsaw	*une tronçonneuse*	overgrown	*envahi (végétation)*
deforestation	*le déboisement*	tall	*grand, haut*
a clearing	*une clairière*	lofty	*haut, élevé*
logging	*l'abattage*	wooden	*de/en bois*
pine(wood)	*le pin*	edible	*comestible*
mahogany	*l'acajou*	poisonous	*vénéneux*
ebony	*l'ébène*	prickly, thorny	*épineux*
a board	*une planche*		
a log	*un rondin, une bûche*	to decay	*pourrir*
firewood	*le bois de chauffage*	to grow*	*pousser/faire pousser, cultiver*
timber	*le bois d'œuvre*		
cork	*le liège*	to dry up	*se dessécher, tarir*
charcoal	*le charbon de bois*	to flow	*couler*
		to flood	*inonder*
dense	*dense, épais*	to erupt	*entrer en éruption*
sparse	*clairsemé*	to shake*	*secouer*
remote	*isolé*	to quake	*trembler*
wild	*sauvage*	to swell*	*grossir (eaux)*
desolate	*désolé, désert*	to overflow*	*déborder*
unspoilt	*qui n'est pas défiguré*	to carry along	*emporter*
inhospitable	*inhospitalier*	to fell	*abattre*
flat	*plat*	to saw*	*scier*
mountainous	*montagneux*	to chop	*couper (à la hache)*
hilly	*accidenté*	to split*	*fendre*
jagged	*irrégulier, déchiqueté*	to shrink*	*rétrécir*
rocky	*rocheux, rocailleux*		

2.Wildlife La faune

Mammals	***Les mammifères***		
a species	*une espèce*	a doe	*une biche*
a shelter	*un abri*	a fawn	*un faon*
a sanctuary	*une réserve*	a wild boar	*un sanglier*
a bear	*un ours*	a monkey	*un singe (petit)*
a fox	*un renard*	an ape	*un singe anthropoïde*
a wolf	*un loup*	an elephant	*un éléphant*
a mole	*une taupe*	a giraffe	*une girafe*
a squirrel	*un écureuil*	a tiger/tigress	*un(e) tigre(sse)*
a weasel	*une belette*	a lion(ess)	*un(e) lion(ne)*
a badger	*un blaireau*	a jackal	*un chacal*
a hare	*un lièvre*	a cub	*un petit (lion, etc.)*
deer	*les cervidés*	a camel	*un chameau*
a roe deer	*un chevreuil*	a buffalo	*un buffle*
a stag	*un cerf*	a bat	*une chauve-souris*

a marsupial	*un marsupial*	a fang	*un croc*
a kangaroo	*un kangourou*	a footprint	*une empreinte*
a paw	*une patte*	fur	*la fourrure*
a claw	*une griffe*		

Birds	***Les oiseaux***		
birds of prey	*les oiseaux de proie*	a robin	*un rouge-gorge*
a hawk, a falcon	*un faucon*	a starling	*un étourneau*
a vulture	*un vautour*	a blackbird	*un merle*
an eagle	*un aigle*	a lark	*une alouette*
an owl	*un hibou*	a sparrow	*un moineau*
a raven	*un corbeau*	a thrush	*une grive*
a crow	*une corneille*	a swan	*un cygne*
a magpie	*une pie*	an ostrich	*une autruche*
a migratory bird	*un oiseau migratoire*	a budgerigar	*une perruche*
a swallow	*une hirondelle*	a parrot	*un perroquet*
a stork	*une cigogne*	a wing	*une aile*
a crane	*une grue*	a feather	*une plume*
a partridge	*une perdrix*	a beak	*un bec*
a pheasant	*un faisan*	down	*le duvet*
a nightingale	*un rossignol*		

Insects	***Les insectes***		
a mosquito	*un moustique*	a flea	*une puce*
a wasp	*une guêpe*	a louse (lice)	*un pou*
a fly	*une mouche*	a caterpillar	*une chenille*
a beetle	*un scarabée*	a butterfly	*un papillon*
a ladybird	*une coccinelle*	an ant	*une fourmi*
a dragonfly	*une libellule*	an ant hill	*une fourmilière*
a bug	*une punaise*	a spider	*une araignée*
a cockroach	*un cafard*	a cobweb	*une toile d'araignée*

Other creatures	***Autres bêtes***		
a beast	*une bête*	a tadpole	*un têtard*
a snake	*un serpent*	a toad	*un crapaud*
an adder	*une vipère*	an eel	*une anguille*
a grass snake	*une couleuvre*	fresh water fish	*poissons d'eau douce*
a rattlesnake	*un serpent à sonnette*	a trout	*une truite*
a boa constrictor	*un boa constricteur*	a perch	*une perche*
a lizard	*un lézard*	a pike	*un brochet*
a frog	*une grenouille*	a goldfish	*un poisson rouge*

Human activities	***Activités humaines***		
shooting	*la chasse*		
hunting	*la chasse à courre*	shy	*timide*
fox-hunting	*la chasse au renard*	fierce, ferocious	*féroce*
poaching	*le braconnage*	wary	*méfiant*
game	*le gibier*	cunning	*malin*
a hunter	*un chasseur*	striped	*rayé*
a poacher	*un braconnier*	furry	*à poil (gibier)*
a pack	*une meute*	noxious	*nocif*
a hound	*un chien de chasse*	harmless	*inoffensif*
the kill	*la mise à mort*	rare	*rare*
a snare	*un piège*	extinct	*disparu*
a trap	*un piège, un collet*	endangered	*en voie de disparition*
a game reserve	*une réserve de chasse*		

to roar	*rugir*	to nest	*nicher*
to howl	*hurler*	to peck	*picorer*
to grunt	*grogner*	to whistle	*siffler*
to bite*	*mordre*	to twitter	*gazouiller*
to devour	*dévorer*	to sting*	*piquer*
to suck	*téter*	to buzz	*bourdonner*
to tear*	*déchirer*	to hiss	*siffler (serpent)*
to crouch	*se tapir*	to swallow	*avaler*
to lurk	*se tapir, se cacher*	to smother	*étouffer*
to scurry	*se précipiter (petits animaux)*	to creep*, to crawl	*ramper*
		to croak	*croasser*
to flutter	*voleter*	to dive	*plonger*
to soar	*planer (en altitude)*	to trap	*piéger*
to hover	*voltiger, planer*	to shoot*	*abattre, tirer*
to swoop	*fondre, piquer*	to poison	*empoisonner*
to alight	*se poser*		
to hop	*sautiller*		

3.The sea — La mer

a coast	*une côte*	a bay	*une baie*
a shore	*une rive*	a cliff	*une falaise*
a beach	*une plage*	a ledge	*une corniche, un rebord*
a wave	*une vague*		
a tide	*une marée*	a promontory	*un promontoire*
ebb and flow	*le flux et le reflux*	a cape	*un cap*
the ebb tide	*la marée descendante*	a strait	*un détroit*
low tide	*la marée basse*	a gulf	*un golfe*
an island	*une île*	a breeding ground	*un lieu de reproduction*
an archipelago	*un archipel*	a (coral) reef	*un récif (de corail)*
a peninsula	*une péninsule*		

Sea birds	***Les oiseaux marins***		
a (sea) gull	*une mouette*	a cormorant	*un cormoran*
an albatross	*un albatros*	a penguin	*un pingouin*

Fish	***Les poissons***		
salmon	*le saumon*	a shark	*un requin*
herring	*le hareng*	the scales	*les écailles*
cod	*le cabillaud*	a fin	*une nageoire*
mackerel	*le maquereau*	the bones	*les arêtes*
tuna	*le thon*	a jaw	*une mâchoire*
a sardine	*une sardine*		

Shellfish	***Les Crustacés***		
an oyster	*une huître*	a scallop	*une coquille St Jacques*
a cockle	*une coque*	a lobster	*un homard*
a mussel	*une moule*	a prawn	*une crevette*

Sea mammals	***Les mammifères marins***
a whale	*une baleine*
a walrus	*un morse*
a seal	*un phoque*
a dolphin	*un dauphin*

Others	***Autres***		
a turtle	*une tortue*	a squid	*un calmar*
an octopus	*une pieuvre*	a jelly fish	*une méduse*
a tentacle	*une tentacule*		

Human activities	***Les activités humaines***		
fishing	*la pêche*	rough	*agité*
a fisherman	*un pêcheur*	fresh(ly)	*frais (fraîchement)*
a net	*un filet*	fishy	*de poisson*
a trawl	*un chalut*	smelly	*qui sent mauvais*
a trawler	*un chalutier*		
the catch	*la prise*	to fish	*pêcher*
a fishing ground	*un lieu de pêche*	to dive	*plonger*
overfishing	*la pêche trop intensive*	to float	*flotter*
		to swim*	*nager*
powerful(ly)	*puissant (puissamment)*	to sail	*naviguer*
smooth(ly)	*lisse, calme(ment)*	to catch*	*attraper, prendre*
deep	*profond*	to sink*	*sombrer*
shallow	*peu profond*	to drown	*se noyer*
choppy	*un peu agité*		

Expressions

a desert area	*une région désertique*
a desert island	*une île déserte*
sparse vegetation	*une végétation éparse*
a densely-wooded area	*une région couverte de forêts*
to become extinct	*disparaître*
the shrinking rainforest	*la forêt tropicale en régression*
pine/mahogany furniture	*des meubles en pin/acajou*
to climb a tree	*grimper à un arbre*
to be afraid of one's shadow	*avoir peur de son ombre*
a bird sanctuary	*une réserve ornithologique*
a nature reserve	*une réserve naturelle*
wildlife protection	*la protection de la faune*
an endangered species	*une espèce menacée de disparition*
an extinct species	*une espèce disparue*
to be on the lookout	*être à l'affût*
to lurk in the darkness	*se tapir dans l'ombre*
the struggle for life	*la lutte pour la survie*
to tear to pieces	*mettre en pièces*
a smell of fish	*une odeur de poisson*
a shoal of herring	*un banc de harengs*
a mosquito bite	*une piqûre de moustique*

Métaphores

shark-infested waters	*des eaux infestées de requins*
the survival of the fittest	*la persistance du plus fort*

a fishy business	*une histoire louche*
there's a fly in the ointment	*il y a un hic*
a white elephant	*objet/construction démesuré et inutile*
that's a red herring	*c'est pour brouiller les pistes*
to have butterflies	*avoir le trac*
to be as happy as a lark	*être gai comme un pinson*
to kill two birds with one stone	*faire d'une pierre deux coups*
to make a mountain of a molehill	*(se) faire une montagne d'un rien*
to take the lion's share	*prendre la part du lion*
as the crow flies	*à vol d'oiseau*
a storm in a teacup	*une tempête dans un verre d'eau*

Phrases

A bird in the hand is worth two in the bush.
Un tiens vaut mieux que deux tu l'auras.

It's the last straw that breaks the camel's back.
C'est la goutte qui fait déborder le vase.

Birds of a feather flock together.
Qui se ressemble s'assemble.

The early bird catches the worm.
L'avenir appartient à qui se lève matin.

He can't see the wood for the trees.
Les arbres lui cachent la forêt.

She sells sea shells on the sea shore.(a tongue twister)
Elle vend des coquillages sur le rivage. (une phrase difficile à prononcer)

"Tiger, tiger, burning bright
In the forests of the night,
What immortal hand or eye
Could frame thy fearful symmetry?" (William Blake)
« *Tigre, tigre, brillant comme le feu*
Dans les forêts de la nuit
Quelle main ou quel œil immortel
A pu forger ta terrible harmonie ? »

Poaching should be stopped to save endangered species.
Il faudrait mettre fin au braconnage pour sauver les espèces menacées de disparition.

Due to overfishing there is less and less cod in the North Sea.
Du fait de la pêche trop intensive il y a de moins en moins de morues en Mer du Nord.

He was as ferocious as a shark, preying on his fellow creatures.
Il avait la férocité du requin, considérant ses semblables comme des proies.

Exercices

I. Trouver les mots et expressions correspondant aux définitions suivantes :

1. a large monkey
2. illegal hunting
3. a group of fish
4. with a lot of inhabitants

5. the largest sea mammal
6. a group of islands
7. an exceptionally strong tide
8. the ability of the strongest to survive
9. a fishing vessel
10. the most common sea-bird

II. Compléter les phrases suivantes :

1. Being on the San Andreas Fault, California is subject to major … .
2. He rarely came to town, where he was like a … out of water.
3. In that crowded bus we felt like … in a tin.
4. In spite of protests the government decided to build a motorway through a wildlife … .
5. The world of politics is often compared to … - … waters.
6. We were terrified and thought that there were fierce animals … everywhere in the dark.
7. The World Wide Fund for Nature's aim is to save the elephant and other … … .
8. Indiscriminate … threatens the rainforest.
9. Like other species, the leopard has been hunted to the verge of extinction because of its … .
10. As … … … Paris is less than 200 miles from London.

III. Retrouver les expressions et maximes en complétant les phrases à l'aide de la liste suivante : (fish, lark, hares, poacher, swallow, oyster, lion, fox, owl, wolves)

1. If you run after two … you will catch neither.
2. A … is not taken twice in the same snare.
3. One … does make a summer.
4. as strong as a …
5. a wise old …
6. to shut up like an …
7. I have other … to fry.
8. Who keeps company with the … will learn to howl.
9. Go to bed with the lamb and rise with the … .
10. An old … makes the best keeper.

21. Farming — L'Agriculture

Vocabulaire général

a farmer	*un agriculteur*	a farm	*une ferme*
a farmer's wife	*une agricultrice*	land	*les terres*
a farm hand, a farm worker	*un ouvrier agricole*	the land	*la terre*
		a field	*un champ*
a peasant	*un paysan*	a fence	*une barrière*

agriculture	*l'agriculture*	a shortage	*un manque, une pénurie*
cultivation	*la culture*	a fallow field	*un champ en jachère*
farm produce	*les produits agricoles*		
the harvest	*la moisson*	rural	*rural*
a crop	*une récolte, une culture*	agricultural	*agricole*
the yield	*le rendement*	arable	*arable*
irrigation	*l'irrigation*	fertile	*fertile*
watering	*l'arrosage*	tropical	*tropical*
manure	*le fumier*	dry	*sec*
a fertilizer	*un engrais*	wet	*humide*
a pesticide	*un pesticide*	barren	*improductif*
a weed-killer	*un désherbant*	archaic	*archaïque*
phosphates	*les phosphates*	modern	*moderne*
nitrates	*les nitrates*	brand new	*flambant neuf*
a nutrient	*un élément nutritif*	early	*hâtif*
farm buildings	*des bâtiments agricoles*	late	*tardif*
a farmhouse	*une ferme*	vegetable	*végétal*
outhouses	*les dépendances*	ripe	*mûr*
a farmyard	*une cour de ferme*	unripe	*vert*
a barn	*une grange*	juicy	*juteux*
a stable	*une écurie*	mature	*mûr, à maturité*
a shed	*une remise*	plentiful	*abondant*
a cowshed	*une étable*	natural(ly)	*naturel(lement)*
a pigsty	*une porcherie*	industrial(ly)	*industriel(lement)*
a greenhouse	*une serre*	organic(ally)	*biologique(ment)*
a well	*un puits*	intensive(ly)	*intensif (-vement)*
farming implements	*le matériel agricole*	extensive(ly)	*extensif (de manière extensive)*
a tractor	*un tracteur*		
a plough	*une charrue*	to farm	*cultiver*
a trailer	*une remorque*	to till	*labourer, cultiver*
a combine harvester	*une moissonneuse-batteuse*	to grow*	*cultiver (tr.) ; pousser (intr.)*
a fork	*une fourche*	to fence (in)	*clôturer*
a rake	*un râteau*	to plough	*labourer*
a spade	*une bêche*	to sow*	*semer*
a shovel	*une pelle*	to harvest	*récolter*
a blade	*une lame*	to mow*	*couper, tondre*
a basket	*un panier*	to pick	*cueillir*
a whip	*un fouet*	to yield	*rendre, produire*
a yoke	*un joug*	to irrigate	*irriguer*
a bucket	*un seau*	to water	*arroser*
a scarecrow	*un épouvantail*	to sprinkle	*arroser, asperger*
measures	*les mesures*	to fertilize	*fertiliser, amender*
a pound	*une livre (454 g)*	to spread*	*épandre*
a ton	*une tonne*	to spray	*pulvériser*
an acre	*une acre (0,4 hect.)*	to feed*	*nourrir ; se nourrir*
industrial farming	*l'agriculture industrielle/intensive*	to stockpile	*stocker*
foodstuffs	*les denrées alimentaires*	to subsidize	*subventionner*
the agribusiness	*l'agro-alimentaire*	to pour	*verser*
a glut	*une surabondance*	to spill*	*renverser*
a surplus	*un surplus*	to regulate	*réglementer*
overproduction	*la surproduction*	to set* aside	*mettre en réserve*
a quota	*un quota*	to dump	*jeter, vendre à bas prix*

Vocabulaire spécialisé

grain(s), cereals	*les céréales*	a bean	*un haricot*
a cereal	*une céréale*	French beans	*les haricots verts*
corn	*le blé (GB), le maïs (US)*	a pea	*un petit pois*
maize	*le maïs (GB)*	a cabbage	*un chou*
wheat	*le blé, le froment*	a cauliflower	*un chou-fleur*
rye	*le seigle*	an onion	*un oignon*
oats	*l'avoine*	Brussels sprouts	*des choux de Bruxelles*
barley	*l'orge*	lettuce	*de la laitue, de la salade*
straw	*la paille*		
flour	*la farine*	spinach	*des épinards*
a mill	*un moulin*	a radish	*un radis*
sugar beet	*la betterave sucrière*	parsley	*du persil*
hops	*le houblon*	garlic	*de l'ail*
oil seeds	*les oléagineux*	gardening	*le jardinage*
sunflower	*le tournesol*	a gardener	*un jardinier*
rape	*le colza*	a landscape gardener	*un paysagiste*
rice	*le riz*	a lawn	*une pelouse*
soya	*le soja*	a lawn-mower	*une tondeuse*
fruit farming	*l'arboriculture*	turf	*le gazon*
a vineyard	*un vignoble*	a blade of grass	*un brin d'herbe*
grapes	*le raisin*	a flower bed	*un parterre*
a wine grower	*un viticulteur*	a rose-bush	*un rosier*
a barrel	*une barrique*	a carnation	*un œillet*
an orchard	*un verger*	a tulip	*une tulipe*
an apple (tree)	*une pomme (un pommier)*	a lily	*un lis*
		lily-of-the-valley	*du muguet*
a pear (tree)	*une poire (un poirier)*	a daisy	*une pâquerette*
a cherry (tree)	*une cerise (un cerisier)*	a daffodil	*une jonquille*
an apricot	*un abricot(ier)*	lilac	*du lilas*
a peach (tree)	*une pêche (un pêcher)*	a poppy	*un coquelicot ; un pavot*
a walnut (tree)	*une noix (un noyer)*		
an almond (tree)	*une amande (un amandier)*	a chrysanthemum	*un chrysanthème*
		a petal	*un pétale*
a blossom	*une fleur*	a stem	*une tige*
a strawberry	*une fraise*	a thorn	*une épine*
a raspberry (bush)	*une framboise (un framboisier)*	a bud	*un bouton ; un bourgeon*
a blackberry	*une mûre*	a leaf	*une feuille*
a tomato	*une tomate*	hay	*le foin*
an avocado (pear)	*un avocat*	hay-making	*la fenaison*
a pineapple	*un ananas*	a bale	*une botte*
a mango	*une mangue*	a haystack	*une meule*
a banana	*une banane*	stockbreeding	*l'élevage*
an orange	*une orange*	a herd	*un troupeau (bovins)*
a tangerine	*une mandarine*	a cattle breeder	*un éleveur de bovins*
a lemon	*un citron*	a cattle dealer	*un marchand de bestiaux*
a grapefruit	*un pamplemousse*		
vegetable growing	*l'horticulture*	a cow	*une vache*
a vegetable garden	*un jardin potager*	a calf (calves)	*un veau*
early produce	*les primeurs*	dairy farming	*l'élevage laitier*
a potato	*une pomme de terre*	dairy produce	*les produits laitiers*
a leek	*un poireau*	a milch cow	*une vache laitière*
a carrot	*une carotte*	a bull	*un taureau*

an ox (oxen)	*un bœuf*	a goose (geese)	*une oie*
fodder	*le fourrage*	a guinea fowl	*une pintade*
a sheep (inv.)	*un mouton*	a (turtle) dove	*une tourterelle*
sheep farming	*l'élevage de moutons*	a pigeon	*un pigeon*
a shepherd	*un berger*	a peacock	*un paon*
a sheepdog	*un chien de berger*	a rabbit	*un lapin*
a flock	*un troupeau*		
a lamb	*un agneau*	mellow	*fondant*
wool	*la laine*	tasty	*goûteux*
a goat	*une chèvre*	tasteless	*insipide*
a kid	*un chevreau*	sweet	*doux*
a horse	*un cheval*	sour	*aigre*
a mare	*une jument*	bitter	*amer*
a foal	*un poulain*	rotten	*pourri*
a pony	*un poney*	fragrant	*parfumé*
a donkey, an ass	*un âne*	lean	*maigre*
a pig	*un cochon, un porc*	fat	*gras*
a sow	*une truie*	aggressive	*agressif*
a piglet	*un porcelet*	aggressively	*avec agressivité*
a horn	*une corne*	shy(ly)	*timide(ment)*
a hoof	*un sabot*	woolly	*laineux*
a mane	*une crinière*	rabid	*enragé*
a cat	*un chat*		
a kitten	*un chaton*	to bloom, to flower	*fleurir*
a dog	*un chien*	to smell*	*sentir*
a bitch	*une chienne*	to wither	*se faner*
a watchdog	*un chien de garde*	to fade	*passer (couleurs)*
a puppy	*un chiot*	to breed*, to raise	*élever*
rabies	*la rage*	to keep*	*faire l'élevage de*
a mouse (mice)	*une souris*	to graze	*paître*
a rat	*un rat*	to milk	*traire*
a bee	*une abeille*	to shear*	*tondre (animaux)*
bee-keeping	*l'apiculture*	to fatten	*engraisser*
a hive	*une ruche*	to slaughter	*abattre*
a swarm	*un essaim*	to moo, to low	*meugler*
poultry farming	*l'élevage de volailles*	to bleat	*bêler*
a chicken	*un poulet*	to neigh	*hennir*
a chick	*un poussin*	to squeal	*crier, pousser des cris perçants*
a hen	*une poule*		
an egg	*un œuf*	to bite*	*mordre*
a rooster, a cockerel	*un coq*	to lick	*lécher*
a turkey	*un dindon*	to cackle	*caqueter*
a duck	*un canard*	to sting*	*piquer*
a duckling	*un caneton*		

Expressions

to live on a farm	*vivre à la ferme*
to work on a farm	*travailler à la ferme*
high standards of cultivation	*un haut niveau de technique agricole*
a bumper crop	*une récolte exceptionnelle*
a good cash crop	*une bonne culture de rente*
a high-yield crop	*une culture à haut rendement*

to reap the benefits of	*récolter les bénéfices de*
a horse-drawn vehicle	*un véhicule tiré par des chevaux*
organic farming	*l'agriculture biologique*
organically-grown vegetables	*des légumes biologiques*
10 tons per hectare/per acre	*10 tonnes à l'hectare/à l'acre*
the food processing industry	*l'industrie agro-alimentaire*
EEC farm subsidies	*les subventions agricoles de la CEE*
a farming policy	*une politique agricole*
milk quotas	*les quotas laitiers*
the Common Agricultural Policy (CAP)	*la Politique Agricole Commune (PAC)*
a grain mountain	*une montagne de céréales*
milk surpluses	*les surplus laitiers*
the farmers' lobby	*le lobby des agriculteurs*
set-aside land	*les terres en jachère*
the Corn Belt (US)	*la région de culture du maïs*
the Wheat Belt (US)	*la région de culture du blé*
to make hay	*faire les foins*
to chew the cud	*ruminer*
500 head of cattle	*500 têtes de bétail*
extensive sheep farming	*l'élevage intensif de moutons*
to milk a cow	*traire une vache*
machine milking	*la traite mécanisée*
to lay eggs	*pondre des œufs*
2 dozen eggs	*2 douzaines d'œufs*
free-range chickens	*des poulets élevés en plein air*
battery chickens	*des poulets élevés en batterie*
"Fresh-laid eggs for sale"	*"Œufs du jour à vendre"*
"Pick your own strawberries, 50p a pound"	*"Cueillez vous-même vos fraises, 50 pence la livre"*

Métaphores

to nip in the bud	*tuer dans l'œuf*
a black sheep	*une brebis galeuse*
to spill the beans	*vendre la mèche*
to have gooseflesh	*avoir la chair de poule*

Phrases

He farms 1,000 acres of good, fertile land.
Il cultive 400 hectares de bonne terre fertile.

Traditionally, Lincolnshire farmers mainly grow cereals and potatoes.
Traditionnellement, les agriculteurs du Lincolnshire cultivent surtout les céréales et la pomme de terre.

Many farmers went bankrupt after borrowing heavily to buy expensive implements.
Beaucoup d'agriculteurs firent faillite après s'être lourdement endettés pour acheter du matériel couteûx.

Angry farmers demonstrated in Brussels against the Common Agricultural Policy.
Les paysans en colère ont manifesté à Bruxelles contre la P.A.C.

Periodically, they would dump manure in front of the administrative headquarters.
A intervalles réguliers ils déversaient du fumier devant les locaux administratifs.

Milk quotas have failed to solve the problem of surpluses.
Les quotas laitiers n'ont pas résolu le problème des surplus.

How could small European farmers compete with US industrial farming?
Comment les petits paysans européens pourraient-ils concurrencer l'agriculture industrielle américaine ?

I wish we didn't import those tasteless tomatoes grown in greenhouses.
Je regrette que nous importions ces tomates insipides qui poussent dans des serres.

Shouldn't the government give incentives to organic farming?
Le gouvernement ne devrait-il pas accorder des incitations à l'agriculture biologique ?

Farmers used to keep chickens and rabbits and were self-sufficient.
Autrefois les fermiers élevaient poulets et lapins et vivaient en autarcie.

Exercices

I. Classer les 20 mots ci-dessous en 5 groupes égaux par affinité de sens. Donner un titre à chaque groupe (par exemple, "breeding", "implements", etc.)

barley, blade, cabbage, corn, fatten, flour, garlic, grapes, juicy, lettuce, pineapple, plough, raise, raspberry, trailer, sow, spinach, sprinkler, stable, wheat.

II. Compléter les phrases en utilisant des mots dérivés des termes suivants : aggressive, produce, fertile, subsidy, taste, pest, plenty, extensive, harvest, organic.

We can no longer afford to (1)... the grain mountain.
Farmers still spread massive amounts of (2)... to improve the yield.
(3)... -grown products have two advantages : they are better quality and less (4).... .
Such crops would significantly reduce (5)... in Western Europe.
These beautiful apples have probably been sprayed with (6).... .
He ran into debt to buy a brand new (7)... - .... .
I hate the unripe, (8)... fruit that they sell in supermarkets these days.
Sheep are raised (9)... on the moors of Northern England.
The US administration reacted (10)... to what is called a protectionist European agricultural policy.

III. Former des phrases cohérentes en remettant dans le bon ordre les éléments de la colonne de droite :

The extensive use of fertilisers has improved the crops	who work with computers and sophisticated machinery.
The Common Agricultural Policy was widely criticized	that fertile land should be set aside.
The food-processing industry dictates its standards and prices	but you also pay much lower prices for fresher produce.
Better yields may mean lower prices for the consumer	on the other hand it has seriously damaged the land.

There is a tremendous difference between Third World peasants and American farmers	for suppressing some subsidies.
Old-time farmers grew everything they needed	which is no longer true as many people have given up smoking.
Some farmers are shocked at the EEC decision	to compete with large agribusiness companies.
EEC regulations make it difficult for small family businesses	to feed themselves and their families.
Not only is it fun to pick your own fruit,	they may also bring about the death of less efficient farms.
Tobacco used to be a good cash crop	to be able to supply supermarkets with competitive products.

22. The environment and pollution
L'environnement et la pollution

Vocabulaire général

The Earth — *la Terre*
the Planet — *la planète*
the ecosystem — *l'écosystème*
Nature — *la nature*
the air — *l'air*
a current — *un courant*
the scenery — *le paysage*
the countryside — *la campagne*
the atmosphere — *l'atmosphère*
an aquifer — *une nappe phréatique*
the ozone layer — *la couche d'ozone*
the fauna — *la faune*
the flora — *la flore*
wildlife — *la faune, la vie sauvage*
a species — *une espèce*
damage — *les dégâts*
a threat, a menace — *une menace*
a hazard, a risk — *un risque*
a plague, a scourge — *un fléau*
death — *la mort*
survival — *la survie*
a balance — *un équilibre*
a lack — *un manque*
a surplus — *un surplus*
a glut — *une surabondance*
a shortage — *une pénurie*

the Greens — *les Verts*
the Green Party — *le Parti des Verts*
an environmentalist — *un écologiste*
a conservationist — *un protecteur de l'environnement*

environmental(ly) — *écologique(ment)*
ecological(ly) — *écologique(ment)*
(non-) polluting — *(non) polluant*
spoilt — *abîmé, défiguré*
unspoilt — *intact*
harmful — *nocif, nuisible*
hazardous — *dangereux*
devastating — *dévastateur, catastrophique*

lethal, deadly — *mortel*
radioactive — *radioactif*
unbreathable — *irrespirable*
poisonous, toxic — *toxique*
noxious — *nocif*
barren — *stérile, aride*
extinct — *disparu (espèce), éteint (volcan)*

rampant — *incontrôlé*
appalling — *affreux*
dire — *affreux, extrême*
energy-guzzling — *gourmand en énergie*

profligate *prodigue, gaspilleur*
congested *embouteillé*
scarce *rare, peu abondant*
widespread *répandu*
indiscriminate(ly) *sans discernement*
pollution-related *lié à la pollution*
annoying *agaçant, ennuyeux*
ugly *laid*
polluted *pollué*
befouled *souillé*
dramatic(ally) *spectaculaire(ment)*
tragic(ally) *tragique(ment)*
dead *mort*
irreparable *irréparable*
grimy *encrassé*
dusty *poussiéreux*
short-term *à court terme*
long-term *à long terme*
medium-term *à moyen terme*
organic *biologique*
natural *naturel*
biodegradable *biodégradable*
disposable *jetable*
drastic(ally) *énergique, sévère(ment)*
viable *viable*
sustainable *viable, soutenable*
(non-)renewable *(non) renouvelable*
alternative *alternatif, de rechange*
undrinkable *non potable*
(in)edible *(non) comestible*
unleaded, lead-free *sans plomb*
environment-friendly *respectueux de l'environnement*
ozone-friendly *respectueux de la couche d'ozone*
cost-effective *rentable*
fuel-efficient *économe en carburant*
well insulated *bien isolé*
organically grown *de culture biologique*
drastically *radicalement, sévèrement*
irretrievably, irremediably *irrémédiablement*
irreparably *irréparablement*
currently *actuellement*
scarcely, hardly *à peine*
for ever *à jamais*

evermore *à tout jamais*

to pollute *polluer*
to damage *abîmer, endommager*
to wreck *détruire, démolir*
to spoil* *abîmer, défigurer*
to disfigure *défigurer*
to foul *souiller*
to destroy *détruire*
to wipe out *anéantir, effacer*
to vanish *disparaître*
to endanger, to jeopardize *mettre en danger, exposer*
to threaten *menacer*
to deplete *réduire, épuiser*
to reject *rejeter*
to pour *verser, se déverser*
to spill* *renverser, se déverser*
to get* rid of *se débarrasser de*
to throw* away *jeter*
to dump *jeter, déverser*
to dispose of *se défaire de, se débarrasser de*
to discard *jeter, se débarrasser de*
to belch (out) *vomir, cracher (fumée, etc.)*
to leak *fuire*
to stink* *puer, empester*
to asphyxiate *asphyxier*
to guzzle *consommer en grandes quantités*
to waste *gaspiller*
to fell *abattre (arbres)*
to recycle *recycler*
to sort *trier*
to collect *ramasser, recueillir*
to save *économiser*
to clean up *nettoyer*
to sustain *soutenir*
to insulate *isoler*
to conserve *préserver*
to survive *survivre*
to ban *interdire*
to cut* out *supprimer*
to cut* down on *réduire*

Vocabulaire spécialisé

1. Causes of pollution

urban sprawl *l'extension tentaculaire de la ville*
population growth *la croissance démographique*

a smokestack *une cheminée (d'usine)*
a car exhaust pipe *un tuyau d'échappement*
an emission *une émanation*

a chemical *un produit chimique*
a fossil fuel *un combustible fossile*
an aerosol, a spray *un aérosol*
a spray can *un atomiseur*
a pollutant *un polluant*
a polluter *un pollueur*
sewage *eaux usées, eaux d'égout*
a sewer *un égout*
industrial waste *les déchets industriels*
domestic/household waste *les déchets ménagers*
waste disposal *l'élimination des déchets*
refuse, garbage, rubbish, trash *les ordures*
a dustman *un éboueur*
a tip, a rubbish dump *une décharge*
plastic *les matières plastiques*
packaging *les emballages*
a fertilizer *un engrais*
a pesticide *un pesticide*
nitrogen *l'azote*
asbestos *l'amiante*
dioxin *la dioxine*
lead *le plomb*
mercury *le mercure*
nitrates *les nitrates*
a detergent *un détergent*
soot *la suie*

2. Manifestations

an effluent *un écoulement polluant*
a leak *une fuite*
noise *le bruit*
a din *un vacarme*
smoke *la fumée*
smog *brouillard mêlé de fumée*
a cloud *un nuage*
fumes *des vapeurs, des émanations*
grime *la crasse*
litter *détritus (sur le sol)*
a stench *une puanteur*
a drought *une sécheresse*
acid rain *les pluies acides*
extinction *l'extinction*
destruction *la destruction*
carbon monoxide *l'oxyde de carbone*
carbon dioxide *le dioxyde de carbone*
nitrogen oxide *l'oxyde d'azote*
sulphur dioxide *l'anhydride sulfureux*
CFCs (chlorofluorocarbons) *les chlorofluorocarbones*
an oil slick *une nappe de pétrole*
an oil slick, a black tide *une marée noire*
the greenhouse effect *l'effet de serre*
global warming *le réchauffement de la Terre*
a disease *une maladie*
an epidemic *une épidémie*
skin cancer *le cancer de la peau*
lung cancer *le cancer du poumon*
lead poisoning *le saturnisme*
an eyesore *une horreur (dans le paysage)*

3. Cures

a catalytic converter *un pot catalytique*
lunleaded petrol *l'essence sans plomb*
car-pooling *l'utilisation collective d'un véhicule*
a cleanup *un nettoyage*
a substitute *un produit de remplacement*
a filter *un filtre*
a scrubber *un épurateur*
conservation *la préservation*
a sewage treatment plant *une station d'épuration*
insulation *l'isolation*
a bottle bank *un conteneur à verre*
returnable packaging *les emballages consignés*
savings *les économies*
a regulation *un réglement*
a ban *une interdiction*
a moratorium *un moratoire*
a framework *une structure, un cadre*
a measure, a step *une mesure*
an incentive *une incitation*
a commitment *un engagement*
a pledge *une promesse*
awareness *la conscience*

Expressions

the natural balance	*l'équilibre naturel*
an ecological disaster	*une catastrophe écologique*
an environmental crisis	*une crise écologique*
irreparable damage	*des dégâts irréparables*
dire consequences	*des conséquences désastreuses*
a devastating environmental impact	*un impact écologique accablant*
the greening of business	*l'orientation des entreprises vers l'écologie*
an environment-friendly product	*un produit sans danger pour l'environnement*
the throwaway society	*la société de gaspillage*
an endangered species	*une espèce en voie de disparition*
drinking water	*l'eau potable*
an unspoilt landscape	*un paysage qui n'est pas défiguré*
energy-saving appliances	*des appareils économes en énergie*
energy-guzzling appliances	*des appareils gaspilleurs d'énergie*
a well insulated loft	*un grenier bien isolé*
a garbage disposal unit	*un broyeur de déchets*
renewable sources of energy	*des sources d'énergie renouvelables*
selective waste collection	*la collecte sélective des déchets*
congested roads	*les routes encombrées*
exhaust fumes	*les gaz d'échappement*
a radioactive cloud	*un nuage radioactif*
lethal gases	*des gaz mortels*
rising sea levels	*la montée du niveau des mers*
coastal flooding	*les inondations côtières*
nuclear fallout	*les retombées radioactives*
a threat on our environment	*une menace pour notre environnement*
zero growth	*la croissance zéro*
sustainable growth	*la croissance soutenable, raisonnable*
the supply-side approach	*la théorie de l'offre qui devance la demande*
the survival of the fittest	*la persistance du plus apte, (la loi du plus fort)*
to gather pace / momentum	*prendre de la vitesse*
to be at risk	*être en danger*
to break a cycle	*rompre un cycle*
to be littered with	*être jonché de*
to dump waste into the sea	*déverser des déchets dans la mer*
to deplete the ozone layer	*épuiser / diminuer la couche d'ozone*
to wreak havoc (on)	*faire des ravages, dévaster*
to jeopardize life on earth	*compromettre le vie sur terre*
to pledge to take measures	*promettre de prendre des mesures*
to be committed to taking measures	*être engagé à prendre des mesures*
to take drastic steps	*prendre des mesures radicales*
to clean up one's act	*"balayer devant sa porte"*
to call for urgent action	*demander des mesures d'urgence*
to ban urban traffic	*interdire la circulation urbaine*

to car pool	*utiliser un véhicule privé en commun*
to put human life in jeopardy	*mettre la vie humaine en péril*

Phrases

Waste not, want not.
L'économie protège du besoin.

The European bear, like many species, is on the verge of extinction.
L'ours européen, comme beaucoup d'espèces, est en voie de disparition.

The survival of future generations is at stake.
C'est la survie des générations futures qui est en jeu.

The advance of the desert is already beyond control.
L'avancée du désert échappe déjà à tout contrôle.

Deforestation in Amazonia is going on at an alarming pace.
La déforestation en Amazonie se poursuit à un rythme inquiètant.

Can Third World economies grow without wrecking the global environment?
L'économie des pays du Tiers Monde peut-elle se développer sans détruire l'écologie de la planète ?

Conservation measures ought to be emphasized.
On devrait privilégier les mesures visant à économiser les ressources.

We have indiscriminately dumped waste into the sea, fouling it for ever.
Nous avons, sans discernement, jeté nos déchets à la mer, la souillant à jamais.

Rampant population growth leaves few regions unspoilt.
La croissance démographique galopante épargne peu de régions.

Car fumes and industrial smoke put historical buildings in jeopardy.
Les émanations des automobiles et les fumées des industries mettent les bâtiments historiques en danger.

Exercices

I. Reformuler les phrases suivantes en utilisant, à la forme donnée, les mots entre parenthèses :

The Californian Administration has promised to ban fossil fuel vehicles by 2020. (committed)
In the 1980s deforestation increased dramatically in Brazil's Amazonian forest. (pace)
The commercial stripping of forests is already having devastating effects on the global balance. (wreaking)
Detritus gradually covers Mediterranean beaches during the tourist season. (littered)
If we are to sustain our way of life we must take drastic steps to reduce waste. (down)
Western governments call for urgent action but what the planet needs is a commitment by them to stop fouling their own environment. (act)
The indiscriminate use of fertilizers and pesticides threatens our drinking water. (jeopardy)

Millions of dead fish floated in the Rhine after the dumping of lethal chemicals into the river by a Swiss pharmaceutical company. (poured)

Sustainable growth can only be achieved through the use of products that do not damage the environment. (friendly)

Thanks to high-tech energy-saving devices we can achieve greater efficiency. (enable)

II. A l'aide des indices donnés, compléter les phrases suivantes au moyen d'adjectifs ou d'adverbes figurant dans le chapitre :

(1) D... legislation will have to be taken to protect city centres that are (2) c... overwhelmed by motor vehicles.

More (3) e... stoves would reduce Africa's dependence on (4) s... firewood.

It is hard to believe that the (5) r... cloud from Chernobyl power station stopped at the French border.

(6) S... waste collecting could be a first step towards a cleaner world.

Taller smokestacks belch out their (7) n... fumes higher into the atmosphere, thus polluting larger areas.

Incentives and grants may encourage industrialists to (8) d... reduce industrial effluents.

(9) E... - ... motor cars help deplete our oil resources.

Well-insulated buildings are (10) s... more expensive to build than bad quality ones and they are much cheaper to maintain.

III. Traduire :

en français

1. the rampant destruction of the rain forest
2. a green lobby
3. a lack of political commitment
4. to cut down on packaging
5. the indiscriminate use of spray cans

en anglais :

6. *des vapeurs mortelles*
7. *une quantité croissante d'ordures ménagères*
8. *un paysage irrémédiablement défiguré*
9. *une plage souillée par la marée noire*
10. *des conséquences dramatiques à long terme*

Q.C.M. RÉCAPITULATIF 5ÈME PARTIE : MAN'S ENVIRONMENT

1. Partisans and opponents of military action are often called … .
   a-tigers and lambs — b-hawks and doves
   c-falcons and pigeons — d-wolves and sheep
2. A … crop does not necessarily mean prosperity as it often entails lower prices.
   a-cereal — b-hamper
   c-harvest — d-bumper
3. European governments must commit themselves to taking … measures to save the environment.
   a-lethal — b-drastic
   c-fierce — d-rampant
4. Had they not better … those elegant old buildings rather than build impersonal tower blocks in their place?
   a-knock down — b-refurbish
   c-redecorate — d-furnish
5. They were ruthlessly … because they could no longer pay their rent.
   a-evicted — b-turned down
   c-swept aside — d-wiped out
6. She would spend hours at her window just watching … .
   a-passers-by — b-trespassers
   c-passer-byes — d-by-passes
7. At 19 he took to the … and joined the resistance.
   a-jungle — b-wilderness
   c-bush — d-wild
8. Some people argue that a certain amount of protectionism is necessary to help our … agriculture adapt to a changing world.
   a-small — b-late
   c-archaic — d-ramshackle
9. After living nearly 20 years in the suburbs, the Hills would like to move … .
   a-in the downtown — b-downtown
   c-in the inner town — d-to city
10. Only … and Englishmen go out in the midday sun.
    a-mad dogs — b-hungry wolves
    c-rabid foxes — d-harmful vultures
11. Unfortunately even such … activities as grape-picking are now becoming mechanized.
    a-hard-working — b-harassing
    c-labour-intensive — d-tiring
12. Several hundred people were killed when a lethal gas … a chemical factory tank.
    a-belched out of — b-spilled out
    c-dumped by — d-leaked from
13. Many of those once stylish homes are now totally … and squatted by junkies.
    a-dilapidated — b-neat and tidy
    c-spick and span — d-badly built

14. If you wish to live and thrive, let a ... run alive.
    a-tiger b-spider
    c-rabbit d-hippopotamus
15. Many British farmers are now rejecting the massive use of fertilizers and pesticides, and reverting to more ... methods of farming.
    a-vegetal b-ecological
    c-organic d-biological
16. The proponents of genetic engineering say that it makes it possible to evolve better and stronger ... .
    a-animals b-beasts
    c-cereals d-species
17. Due to the burning of ... the concentration of carbon dioxide has doubled since the beginning of the 20th century.
    a-the ozone layer b-fossil fuels
    c-lead-free gases d-energy-saving appliances
18. Some families supplement their incomes by doing ... in their spare bedrooms.
    a-guest house b-house guests
    c-bed and breakfast d-the bed and the breakfast
19. You have to drive through mile after mile of ... before you reach the city proper.
    a-sprawling suburbs b-residential centres
    c-miserable outskirts d-inner cities

What a wonderful bird is the (20)...,
His (21)... can hold more than his belly can,
He can hold in his (21)...
Enough (22)... for a week
And I'm sure I don't know how the hell he can. (J.Knott)

20. a-seagull b-cormorant
    c-pelican d-penguin
21. a-pecker b-throat
    c-beak d-jaws
22. a-herring b-fish
    c-sardines d-fishes
23. The ... around the city is only a few years old but it is already dreadfully congested.
    a-ring road b-junction
    c-flyover d-crossroads
24. In such affluent residential districts as Weybridge you have to own a Jaguar just to ... .
    a-make like the neighbours b-beat the Smiths
    c-imitate the neighbours d-keep up with the Joneses.
25. There are black ... in every flock.
    a-sheep b-starlings
    c-geese d-goats
26. Brazilian or Mexican peasants prefer even squalid ... to the desperate poverty of the countryside.
    a-commute b-shanty towns
    c-industrial estates d-roundabouts
27. Due to overhunting many animal species are now ... lost.
    a-drastically b-dramatically
    c-irretrievably d-indiscriminately

28. It sometimes looks as if … do not mind spending hours caught up in traffic jams.
    a-town inhabitants b-city living
    c-town citizens d-city dwellers
29. US … have given up building nukes since the Three Mile Island accident.
    a-facilities b-electricity boards
    c-public conveniences d-utilities
30. Charities had to do the government's job and give shelter to the … .
    a-homeless b-homelessness
    c-homeless people d-derelict

VI. LIVING IN SOCIETY

23. Social life — La vie sociale

charity — *la charité*
welfare — *l'aide sociale*
an allowance — *une allocation*
a status — *un statut*
success, achievement — *le succès*
failure — *l'échec*
mediocrity — *la médiocrité*
ambition — *l'ambition*
drive — *le dynamisme*
an upstart — *un arriviste*
a career — *une carrière*
optimism — *l'optimisme*
confidence — *la confiance*
an incentive — *une incitation*
a goal — *un but*
an ideal — *un idéal*
a dream — *un rêve*
hopelessness — *le désespoir*
a burden — *un fardeau*
drudgery — *le travail pénible et ingrat*
inactivity — *l'inactivité*
idleness — *l'oisiveté*
isolation — *l'isolement*
weakness — *la faiblesse*
discontent — *le mécontentement*
bitterness — *l'amertume*
activism — *le militantisme*
unrest — *l'agitation*
hostility — *l'hostilité*
repression — *la répression*
rivalry — *la rivalité*
expectations — *les attentes, l'espoir*
promotion — *la promotion*
(in)equality — *l'(in)égalité*
tolerance — *la tolérance*
intolerance — *l'intolérance*
rejection — *le rejet*
oppression — *l'oppression*
persecution — *la persécution*

equity — *l'équité*
a prejudice, a bias — *un préjugé*
gossip — *les ragots, les commérages*
a scapegoat — *un bouc émissaire*
a stereotype — *un stéréotype*
racism — *le racisme*
segregation — *la ségrégation*
apartheid — *l'apartheid*
propaganda — *la propagande*
persecution — *la persécution*
a minority — *une minorité*
the mainstream — *le courant dominant*
xenophobia — *la xénophobie*
alienation — *l'aliénation*
homosexuality — *l'homosexualité*
sex — *le sexe*
a taboo — *un tabou*
discrimination — *la discrimination*
depravation — *l'avilissement*
prostitution — *la prostitution*
a prostitute — *une prostituée*
a sexist — *un sexiste*
harassment — *le harcèlement*
a feminist — *une féministe*
abortion — *l'avortement*
a gap — *un fossé*
a discrepancy — *un écart, une antinomie*
tension — *la tension*
the aged, the elderly — *les personnes âgées*
the young — *les jeunes*
a lifestyle — *un style de vie*

lucrative — *lucratif*
luxurious — *luxueux, de luxe*
ambitious — *ambitieux*
determined — *décidé, résolu*
bold — *hardi, osé*
optimistic — *optimiste*

social	*social*	to fail	*échouer*
friendly	*amical, sympathique*	to trust	*faire confiance à*
charitable	*charitable*	to depend on / upon	*dépendre de*
generous	*généreux*	to stick* together	*se serrer les coudes*
selfish	*égoïste*	to improve	*améliorer*
reliable, dependable	*sur qui on peut compter*	to promote	*promouvoir*
sly	*sournois*	to emancipate	*émanciper*
right	*bon, juste*	to settle	*s'installer*
wrong	*mauvais, injuste*	to complain	*se plaindre*
irresponsible	*irresponsable*	to claim	*revendiquer*
inferior	*inférieur*	to demand	*exiger*
broke	*fauché*	to shelter	*abriter, donner asile à*
uprooted	*déraciné*	to fund	*financer*
degrading	*dégradant*	to spend*	*dépenser*
desperate	*désespéré*	to relieve	*venir en aide, soulager*
rejected	*rejeté*	to benefit from	*bénéficier de*
battered	*battu*	to struggle	*s'efforcer, se débattre*
idle	*oisif*	to compete (with)	*concurrencer*
illegal	*illégal, clandestin*	to envy	*envier*
undocumented	*sans papiers*	to dream*	*rêver*
undesirable	*indésirable*	to misbehave	*se conduire mal*
intolerant	*intolérant*	to take* to (+ing)	*s'adonner à*
xenophobic	*xénophobe*	to disadvantage	*désavantager*
anti-Semitic	*antisémite*	to neglect	*négliger*
jealous	*jaloux*	to humiliate	*humilier*
frustrated	*frustré*	to persecute	*persécuter*
adverse	*hostile, défavorable*	to harass	*harceler*
suicidal	*suicidaire*	to deprive	*priver*
homosexual, gay	*homosexuel*	to evict	*expulser*
		to abort	*avorter*
to succeed	*réussir*		

Expressions

a two-tier society	*une société à deux vitesses*
to bridge the gap	*combler le fossé*
one's station in life	*son rang social*
social status	*le prestige, le standing*
a status symbol	*une marque de standing*
the social fabric	*la trame sociale*
the social ladder	*l'échelle sociale*
living conditions	*les conditions de vie*
one's living standard	*son niveau de vie*
the man in the street	*l'homme de la rue*
to be at the top of the ladder	*être au sommet de l'échelle*
social mobility	*la mobilité sociale*
to drive someone to do something	*inciter quelqu'un à réagir*
to be full of drive	*être très entreprenant*
the rat race	*la course au succès, la foire d'empoigne*
to go from rags to riches	*faire fortune en partant de rien*
to fight one's way to the top	*se battre pour arriver au sommet*
to be well-off	*vivre dans l'aisance*

to live in luxury	*vivre dans le luxe*
the affluent society	*la société d'abondance*
class struggle	*la lutte des classes*
the privileged classes	*les classes privilégiées*
the ruling class	*la classe dirigeante*
the upper classes	*les classes supérieures*
the middle class	*la classe moyenne*
the working class	*la classe ouvrière*
the lower ranks	*les bas échelons*
equal rights	*l'égalité des droits*
social conflicts	*les conflits sociaux*
to make both ends meet	*joindre les deux bouts*
poverty-stricken	*pauvre*
to be below the poverty line	*être au-dessous du seuil de pauvreté*
to live in poverty	*vivre dans la pauvreté*
the bare necessities	*le strict minimum*
to be in dire straits	*être dans une situation désespérée*
double-digit inflation	*une inflation supérieure à 10%*
a welfare worker	*un travailleur social*
welfare benefits	*les aides sociales*
the dregs / scum of society	*la lie de la société*
human rights	*les droits de l'homme*
the women's liberation movement	*le mouvement de libération de la femme*
sex discrimination	*la discrimination sexuelle*
the Sex Discrimination Act	*la loi pour l'abolition de la discrimination sexuelle*
sexual harassment	*le harcèlement sexuel*
battered wives	*les femmes battues*
child abuse	*mauvais traitement à enfant*
battered children	*les enfants battus*
a broken family	*une famille désunie*
to commit suicide	*se suicider*
a teenage mother	*une mère adolescente*
senior citizens	*les personnes âgées, le troisième âge*
meals on wheels	*repas à domicile (pour le 3ème âge)*
the generation gap	*le fossé des générations*

Phrases

They will never manage to make both ends meet on such a low income.
Ils ne parviendront jamais à joindre les deux bouts avec des revenus si faibles.

How come that so many people live below the poverty line in wealthy nations?
Comment se fait-il que tant de gens vivent en-dessous du seuil de pauvreté dans les pays riches?

The man in the street feels that the gap between the poor and the rich keeps widening.
L'homme de la rue a le sentiment que le fossé entre les riches et les pauvres ne cesse de s'élargir.

However ambitious you may be, climbing the social ladder is not that easy when you start from the bottom.

Quelle que soit votre ambition, il n'est pas facile de vous hisser dans l'échelle sociale quand vous partez du bas.

72% of German women complain they have been sexually harassed.
72% des femmes en Allemagne se plaignent d'avoir été victimes d'harcèlement sexuel.

In Japan, the average woman's income amounts to only half that of a man's.
Au Japon, le revenu moyen des femmes ne représente que la moitié de celui des hommes.

Even after segregation was officially abolished in South Africa, pockets of white resistance kept fighting integration.
Même après que la ségrégation fût officiellement abolie en Afrique du Sud, des poches de résistance blanche ont continué à lutter contre l'intégration.

Educational success is often the only chance for the children of immigrants to escape from ghettos.
La réussite scolaire est souvent la seule chance qu'ont les enfants d'immigrés d'échapper au ghetto.

The local authorities have decided to grant poor families financial benefits to enable them to pay their rent.
Les autorités locales ont décidé d'accorder des aides financières aux familles démunies pour leur permettre de payer leur loyer.

In the US, the poverty rate for blacks is 31% as against 11% for whites.
Aux Etats Unis, le taux de pauvreté est de 31% pour les noirs, comparé à 11% pour les blancs.

Exercices

I. Retrouver les adjectifs correspondant aux définitions suivantes :

1. chiefly thinking of one's own needs and welfare
2. expecting the best
3. without a proper sense of responsibility
4. on whom you can depend
5. filled with despair
6. penniless
7. bringing in money
8. beaten
9. lower in rank
10. ready to give

II. Quel est le contraire des mots suivants :

1. achievement 2. equality 3. contentment 4. desirable 5. to worsen

III. Reformuler les phrases suivantes en utilisant les mots entre parenthèses :

1. Without welfare benefits, they could not survive. (to depend on)
2. His ambition is to climb the social ladder. (to dream)
3. There are very few Italians in that town. (a minority)
4. When he was born, his father had already left his mother. (a broken family)
5. The number of children who are ill-treated by their parents unfortunately seems to be increasing. (battered)

IV. Traduire :

en français

1. The essential American promise is that individuals will rise or fall on their own merits.
2. Most US blacks find themselves cut off from the mainstream.
3. Young men who have been the victims of broken families are often the perpetrators of new ones.
4. In China, only-children are entitled to monthly health-care allowances.
5. Idle people have too much time on their hands, they get depressed and sometimes take to drinking.

en anglais :

6. Ce sont les classes privilégiées qui bénéficient le plus de la société d'abondance.
7. Il était très entreprenant et s'efforçait de réussir.
8. Il était déterminé à atteindre le sommet de l'échelle.
9. Les immigrés clandestins sont souvent sans papiers d'identité.
10. Ils étaient fauchés et on les a expulsés de leur logement.

24. THE MEDIA — LES MÉDIAS

the news (toujours singulier)	*les nouvelles, les informations*	a news item	*une information, un fait divers*
a newspaper	*un journal*	a topic	*un sujet*
an issue	*un numéro*	an event	*un événement*
a copy	*un exemplaire*	an issue	*un problème, une question*
a reader	*un lecteur*		
the readership	*le nombre de lecteurs*	an article	*un article*
a subscription	*un abonnement*	a column	*une colonne, une rubrique, une chronique*
a subscriber	*un abonné*		
a newsagent	*un dépositaire*		
a news vendor	*un vendeur de journaux*	a columnist	*un chroniqueur*
		a report	*un reportage*
a publisher	*un éditeur*	a headline	*un titre*
an editor	*un rédacteur en chef*	a scoop	*une exclusivité*
the newsroom	*la salle de rédaction*	a review	*une critique*
the circulation	*le tirage*	a cartoon	*un dessin humoristique*
a misprint	*une coquille*	a caption	*une légende*
a tabloid	*un quotidien populaire (demi-format)*	a crossword	*des mots croisés*
		games	*les jeux*
a rag	*une feuille de chou, un torchon*	an editorial	*un éditorial*
		a disclosure	*une révélation*
a rumour	*une rumeur*	libel	*la diffamation*
journalese	*le jargon journalistique*	a survey	*une étude*
a magazine	*un magazine*	a poll	*un sondage*
a daily	*un quotidien*	a journalist, a newsman, a newspaperman	*un journaliste*
a weekly	*un hebdomadaire*		
a monthly	*un mensuel*	a reporter	*un reporter*
a piece of news	*une nouvelle*	a correspondent	*un correspondant*

a photograph — *une photographie*
a photographer — *un photographe*
a critic — *un critique*
a TV set — *un téléviseur*
the box, the telly — *la télé*
a VCR — *un magnétoscope*
a TV viewer — *un téléspectateur*
interference — *les parasites*
a channel — *une chaîne*
a network — *un réseau*
ratings — *l'indice de popularité (l'Audimat)*
a programme — *une émission*
an announcer — *un présentateur*
a newscaster — *un présentateur du journal*
an anchorman — *un présentateur-réalisateur*
a commentator — *un commentateur*
the weatherman — *M. Météo*
a newsflash — *un flash*
a dispatch — *une dépêche*
the highlights — *les grands titres de l'actualité*
a crew — *une équipe*
a teleplay — *une dramatique*
a film — *un film*
a subtitle — *un sous-titre*
a videoclip — *un clip*
ads, commercials — *les pubs*
a serial, a series — *un feuilleton*
a documentary — *un documentaire*
a panel, a debate — *un débat*
a quiz — *un jeu-concours*
the quiz master — *l'animateur*
a prize — *un prix*
a sponsor — *un sponsor*
the audience — *le public*
a repeat — *une rediffusion*
the radio — *la radio*
a station — *une station*
a radio set — *un poste de radio*
a transistor — *un transistor*
a hifi — *une chaîne hi-fi*
a tuner — *un tuner*
an amplifier — *un ampli*
a turntable — *une platine*
a loudspeaker — *un haut-parleur*
a headphone — *un écouteur*
a listener — *un auditeur*
a broadcast — *une émission*
the newsreel — *les actualités filmées (au cinéma)*

state-owned — *public*
private — *privé*
journalistic — *journalistique*

political — *politique*
arbitrary — *arbitraire*
biased — *partial*
unbiased — *impartial*
objective — *objectif*
accurate — *précis, exact*
dependable, reliable — *sûr, fiable*
truthful — *véridique*
circumstantial — *détaillé*
live — *en direct*
newsworthy — *qui vaut la peine d'être publié*
harmful — *nuisible*
dull — *morne*
boring — *ennuyeux*
exciting — *passionnant*
thrilling — *qui vous tient en haleine*
mesmerized — *hypnotisé*
addicted — *drogué, "accro"*

to cover — *couvrir, faire un reportage sur*
to broadcast* — *diffuser*
to show* — *montrer, passer*
to print — *imprimer*
to report — *rapporter, relater, faire un reportage*
to review — *faire la critique*
to write* — *écrire*
to rewrite* — *remanier*
to quote — *citer*
to sensitize — *sensibiliser*
to expose — *révéler*
to antagonize — *contrarier, soulever l'hostilité*
to run* down — *dénigrer*
to libel — *diffamer*
to infringe (on) — *empiéter (sur)*
to apologize — *s'excuser*
to censor — *censurer*
to boycott — *boycotter*
to edit — *mettre en forme*
to set* — *composer*
to publish — *publier*
to translate — *traduire*
to subtitle — *sous-titrer*
to dub — *doubler*
to subscribe (to) — *s'abonner*
to receive — *recevoir*
to record, to tape — *enregistrer*
to videotape — *enregistrer sur bande vidéo*
to shoot* — *filmer*
to switch on — *allumer*
to switch off — *éteindre*
to turn down — *baisser le volume*

to turn up	*augmenter le volume*	to implode	*imploser*
to tune in (to)	*se mettre à l'écoute (de)*		

Expressions

current events	*l'actualité*
a topical issue	*une question d'actualité*
the national press	*la presse nationale*
the popular press	*la presse populaire*
the gutter press	*la presse à sensation*
a press cutting / clipping	*une coupure de presse*
a press tycoon	*un magnat de la presse*
a press conference	*une conférence de presse*
a freelance photographer	*un photographe indépendant*
a press conference	*une conférence de presse*
a news agency	*une agence de presse*
news-in-brief	*les nouvelles brèves, les faits divers*
the Sunday papers	*les journaux du dimanche*
a comic strip	*une bande dessinée*
the sports page/column	*la rubrique sportive*
classified advertisements	*les petites annonces*
to hit the front page	*faire la une*
the front page	*la première page*
the correspondence column, letters to the editor	*le courrier des lecteurs*
to pull to pieces	*éreinter*
to be shown on TV	*passer à la télé*
independent TV	*les chaînes privées*
a privately-owned channel	*une chaîne privée*
a pay channel	*une chaîne payante*
cable TV	*la télévision par câble*
a satellite dish	*une antenne parabolique*
a TV addict	*un mordu de la télé*
a couch potato	*personne qui passe tout son temps devant la télé*
to have a high rating	*avoir un indice d'écoute élevé*
prime time	*les heures de grande écoute*
a live broadcast	*une émission en direct*
to be on the air	*être à l'antenne*
a recorded broadcast	*une émission en différé*
an educational programme	*une émission éducative*
a sit-com (situation-comedy)	*une comédie (en situation)*
a soap opera	*un feuilleton à l'eau de rose*
the feature film	*le grand film, le film de la soirée*
a variety show	*un spectacle de variétés*
a news bulletin	*un bulletin d'information*
from knowledgeable sources	*de sources bien informées*
a running commentary	*un commentaire suivi*

Phrases

Scandal has sold newspapers for more than a century.
Cela fait plus d'un siècle que les journaux se vendent grâce aux scandales.

I do not approve of the press prying into famous people's lives.
Je suis opposé à ce que la presse s'immisce dans la vie privée des gens célèbres.

It is time that the press in general and the scandal press in particular established a set of rules on defending people's image.
Il est temps que la presse en général et la presse à scandale en particulier établissent un ensemble de règles pour protéger l'image des gens.

The average American watches thirty hours of TV each week.
L'Américain moyen regarde trente heures de télévision chaque semaine.

It has been calculated that by the time they leave school, young Americans have watched some 17,000 hours of TV.
On a calculé que lorsqu'ils arrivent à la fin de leurs études secondaires, les jeunes Américains ont regardé quelque 17000 heures de télévision.

It is the third time this week that this tabloid has been sued for libel.
C'est la troisième fois cette semaine que ce quotidien populaire est poursuivi pour diffamation.

She would not miss a single episode of her favourite serial for anything on earth.
Elle ne manquerait un seul épisode de son feuilleton préféré pour rien au monde.

That journalist was given the sack after writing an inaccurate account of the events.
Ce journaliste a été renvoyé après avoir écrit un compte-rendu inexact des événements.

I find commercials often more exciting than the boring debates that are shown on TV.
Je trouve souvent les spots publicitaires plus passionnants que les débats ennuyeux qui passent à la télévision.

I cannot stand watching films that have been dubbed.
Je ne peux pas supporter de regarder des films qui ont été doublés.

Exercices

I. What do you call someone who... :

1. reads the news on TV.
2. takes pictures.
3. listens to the radio.
4. forecasts the weather conditions.
5. watches TV.
6. sells newspapers in the street.
7. regularly contributes an article of special interest to a paper or magazine.
8. directs the publication of a newspaper.
9. issues books to the public through booksellers.
10. reports from abroad.

II. Compléter les phrases suivantes :

1. Turn the telly ... ; it's much too loud!
2. A ... can rerun yesterday's shows and preserve today's for tomorrow.
3. The debate was so ... that I went to sleep.

4. It is not always easy to read the ... when you watch foreign films.
5. This programme had already been ... on Radio Four the year before.
6. That show is very popular and has a high ... .
7. The freedom of the press means that papers cannot be ... .
8. How many ... can you get on your TV?
9. It was a huge scandal and it ... the front page.
10. The latest ... shows an increase in the Prime Minister's popularity.

III. Trouver les réponses aux définitions suivantes :

1. a magazine that is published once a month
2. the period when the number of viewers is at its peak
3. a film or programme that has already been shown
4. an excerpt cut out from a newspaper
5. run by the state
6. a press magnate
7. fully detailed
8. prejudiced
9. shown in instalments at regular intervals
10. to disclose, to make public

25. Transport — Le transport

Road transport	*Le transport routier*		
a car, an automobile	*une voiture*	a headrest	*un appui-tête*
a motorist, a car driver	*un automobiliste*	the speedometer	*le compteur*
a caravan, a trailer (US)	*une caravane*	a rear mirror	*un rétroviseur*
a bus	*un autobus*	a wheel	*une roue*
a bus driver	*un chauffeur de bus*	a tyre / tire (US)	*un pneu*
a bus conductor	*un contrôleur*	the spare wheel	*la roue de secours*
a coach	*un car*	the tank	*le réservoir*
a van	*une camionnette*	petrol, gas (US)	*de l'essence*
a lorry, a truck	*un camion*	the boot, the trunk (US)	*le coffre*
a tanker	*un camion-citerne*	a breakdown	*une panne*
a lorry driver, a truckdriver	*un camionneur*	an accident, a crash	*un accident*
a trucker, a teamster (US)	*un routier*	a casualty	*une victime*
a trailer	*une remorque*	a diversion	*une déviation*
a juggernaut	*un mastodonte*	roadworks	*un chantier routier*
a make	*une marque*	a bend	*un virage*
the engine	*le moteur*	a roundabout	*un sens giratoire*
the gearbox	*la boîte de vitesses*	a crossroads	*un croisement, un carrefour*
the body	*la carrosserie*	a junction	*une bifurcation, un carrefour*
a headlight	*un phare avant*	a bridge	*un pont*
the bonnet, the hood (US)	*le capot*	a ringroad	*un boulevard périphérique*
the windscreen	*le pare-brise*	a motorway	*une autoroute*
the steering wheel	*le volant*		
the dashboard	*le tableau de bord*		

a toll — *un péage (somme à payer)*
a tollgate — *une barrière de péage*
a highway — *une route à grande circulation*
a lay-by — *une aire de stationnement*
an exit — *une sortie*

Rail transport — ***Le transport ferroviaire***

the railways / railroad (US) — *les chemins de fer*
a railwayman — *un cheminot*
a railway line — *une ligne de chemin de fer*
a track — *une voie*
a tunnel — *un tunnel*
a station — *une gare*
a platform — *un quai*
a subway — *un passage souterrain*
a bookstall, a news stand — *un kiosque*
refreshments — *des rafraîchissements, sandwichs, boissons*
a route — *un itinéraire*
a timetable, a schedule — *un horaire*
a connection — *une correspondance*
a delay — *un retard*
a train — *un train*
the engine — *la locomotive*
the guard — *le chef de train*
a carriage, a coach — *une voiture*
a dining car, a diner (US) — *un wagon restaurant*
a compartment — *un compartiment*
a corridor — *un couloir*
a seat — *une place, une banquette*
a window — *une vitre*
a door — *une portière*
the alarm — *le signal d'alarme*

Air transport — ***Le transport aérien***

an aeroplane, a plane — *un avion*
an airline — *une compagnie aérienne*
an aircraft (pl. aircraft) — *un avion, un appareil*
a helicopter — *un hélicoptère*
a balloon — *un ballon*
a jet — *un avion à réaction*
a jumbo jet — *un gros porteur*
a carrier, a freighter — *un avion-cargo, un transporteur*
a propeller — *une hélice*
a jet engine — *un réacteur*
the cockpit — *le poste de pilotage*
the joystick — *le manche à balai*
a pilot — *un pilote*
the crew — *l'équipage*
takeoff — *le décollage*
landing — *l'atterrissage*
a crash — *un accident*
a parachute — *un parachute*
speed — *la vitesse*
an airport — *un aéroport*
an airfield — *un terrain d'aviation*
a runway — *une piste*
the tarmac — *l'aire d'envol*

Sea transport — ***Le transport maritime***

a ship — *un navire*
a shipyard — *un chantier naval*
a shipbuilder — *un constructeur*
a shipowner — *un armateur*
a vessel — *un vaisseau*
a tanker — *un pétrolier*
a supertanker — *un pétrolier géant*
the cargo — *la cargaison*
a tug — *un remorqueur*
a ferry — *un ferry*
a hovercraft — *un aéroglisseur*
a catamaran — *un catamaran*
a barge — *une péniche*
a lock — *une écluse*
the captain — *le capitaine*
a sailor — *un marin*
the crew — *l'équipage*
a crewman — *un membre de l'équipage*
a flag — *un pavillon*
the hull — *la coque*
the wake — *le sillage*
a lifeboat — *une chaloupe de sauvetage*
the gangway — *la passerelle d'embarquement*
the deck — *le pont*
a deck-chair — *un transat*
a cabin — *une cabine*
a porthole — *un hublot*
a bunk, a berth — *une couchette*
a stowaway — *un passager clandestin*
a shipwreck — *un naufrage*
a wreck — *une épave*
a knot — *un nœud (vitesse)*
a port — *un port (ville)*

a harbour	*un port (installations portuaires)*
a dock	*un bassin*
a pier	*une jetée*
a quay, a wharf	*un quai, un appontement*
a lighthouse	*un phare*
a container	*un conteneur*
a warehouse	*un entrepôt*
airborne	*transporté par avion*
seaborne	*transporté par bateau*
careful	*prudent*
reliable, dependable	*fiable*
careless, reckless	*imprudent*
hazardous	*dangereux*
fast	*rapide*
slow	*lent*
slippery	*glissant*
icy	*verglacé*
comfortable	*confortable*
restful	*reposant*
tiring	*fatigant*
(to be) seasick	*avoir le mal de mer*
(to be) airsick	*être malade en avion*
empty	*vide*
vacant	*libre (place)*
roomy	*spacieux*
full	*plein*
crowded, packed	*bondé*
jammed, congested	*embouteillé*
punctual	*ponctuel*
late	*en retard*
regular	*régulier*
frequent	*fréquent*
economical	*économique*
unleaded, leadfree	*sans plomb*
air conditioned	*climatisé*

streamlined	*aérodynamique*
watertight	*étanche*
to take* off	*décoller*
to land	*atterrir (avion), débarquer (bateau)*
to load	*charger*
to unload	*décharger*
to park	*se garer, stationner*
to back, to reverse	*faire marche arrière*
to double-park	*se garer en double file*
to pull out	*déboîter*
to overtake*	*doubler*
to skid	*déraper*
to overturn	*se retourner*
to collide	*entrer en collision*
to brake	*freiner*
to slow down	*ralentir*
to accelerate	*accélérer*
to break* down	*tomber en panne*
to maintain	*entretenir*
to service	*réviser*
to lubricate	*lubrifier*
to whistle	*siffler*
to pull up	*s'arrêter*
to derail	*dérailler*
to climb	*grimper*
to hijack	*détourner*
to crash	*avoir un accident, s'écraser*
to steer	*gouverner*
to pitch	*tanguer*
to roll	*rouler (navire)*
to moor	*amarrer*
to drift	*dériver*
to capsize	*chavirer*
to sink*	*couler*
to rescue	*sauver*

Expressions

the driving test	*l'examen du permis de conduire*
a driving licence	*un permis de conduire*
a luxury car	*une voiture de luxe*
a car maker	*un constructeur automobile*
a traffic offence	*une infraction*
the road tax (GB)	*la vignette*
a number plate	*une plaque d'immatriculation*
a petrol station, a gas station, a filling station	*une station service*
a seat belt	*une ceinture de sécurité*
the right of way	*la priorité*
a speed limit	*une limitation de vitesse*

heavy traffic	*une circulation dense*
road casualties	*les victimes des accidents de la route*
the death toll	*le nombre des morts*
the road network	*le réseau routier*
a trunk road	*une route principale ("nationale")*
a dual carriageway	*une route à quatre voies*
a service area	*une aire de services*
mileage per gallon, gas mileage	*la consommation*
public transport	*les transports en commun*
a double-decker	*un autobus à deux étages*
road haulage	*le transport routier*
a road haulage contractor	*un entrepreneur de transports routiers*
an articulated lorry	*un semi-remorque*
a heavy goods vehicle (HGV)	*un poids lourd*
maintenance costs	*les coûts d'entretien*
a transport café	*un routier (restaurant)*
a railway station	*une gare*
British Rail (BR)	*la Compagnie des chemins de fer britanniques*
a waiting room	*une salle d'attente*
the entrance hall	*la salle des pas perdus*
the left-luggage office	*la consigne*
a passenger train	*un train de voyageurs*
a smoking compartment	*un compartiment fumeurs*
a non-smoking compartment	*un compartiment non-fumeurs*
a luggage rack	*un filet à bagages*
a through train	*un train direct*
an express train	*un express*
a fast train	*un rapide*
a steam train	*un train à vapeur*
the engine driver	*le mécanicien*
a level crossing	*un passage à niveau*
airport facilities	*les infrastructures de l'aéroport*
the control tower	*la tour de contrôle*
the departure lounge	*la salle d'attente*
the information desk	*le guichet des renseignements*
the registration desk	*le guichet d'enregistrement*
the sound barrier	*le mur du son*
an air pocket	*un trou d'air*
an emergency landing	*un atterrissage forcé*
port facilities	*les installations portuaires*
the port authority	*les autorités portuaires*
a cargo boat	*un cargo*
the merchant navy	*la marine marchande*
to crisscross the seas	*sillonner les mers*
the open sea	*le large*
a round-the-world cruise	*une croisière autour du monde*
to be at the helm	*être au gouvernail*
a convenience flag	*un pavillon de complaisance*

Phrases

In some big cities, road users are locked in perpetual traffic jams.
Dans certaines grandes villes, les usagers de la route restent bloqués dans des embouteillages perpétuels.

In London, some of the Underground stations have to be closed in the rush hour.
A Londres, certaines stations de métro doivent être fermées aux heures de pointe.

One solution to urban traffic congestion is to incite more people to use public transport.
Une des solutions aux encombrements de la circulation urbaine est d'inciter plus de gens à utiliser les transports en commun.

Passengers in the high-speed trains using the Chunnel will travel from London to Paris in three hours.
Les passagers des trains à grande vitesse empruntant le tunnel sous la Manche voyageront de Paris à Londres en trois heures.

In Britain, speed is limited to 70 miles per hour on motorways.
En Grande Bretagne, la vitesse est limitée à 112 kmh sur les autoroutes.

Tragedies are being caused, and lives lost, because seatbelts are not being used.
Le fait de ne pas utiliser la ceinture de sécurité est la cause de tragédies et de pertes de vies humaines.

French lorry drivers brought the traffic to a standstill by blocking the roads into and out of main cities.
Les chauffeurs routiers français ont paralysé la circulation en bloquant les routes d'accès aux grandes villes.

The traffic was diverted because of major road works.
La circulation a été déviée à cause d'importants travaux routiers.

Whenever he sails to Britain, he is seasick.
Chaque fois qu'il va en Grande Bretagne en bateau, il a le mal de mer.

"The crossing will be rather rough and we advise passengers not to go out on deck."
"La traversée va être plutôt agitée et nous conseillons aux passagers de ne pas sortir sur le pont."

Exercices

I. Compléter les phrases suivantes :

1. As the train was packed, he had to stand in the ... .
2. He lifted the ... to have a look at the engine of his car.
3. The ... indicates the speed at which you are driving.
4. The duty-free shop will open once we have reached the ... sea.
5. Look in your ... mirror before overtaking!
6. Once he is sitting at the ... wheel, he becomes a different man altogether.
7. I think you'd better show your driving ... to that policeman.
8. Double-parking is a traffic ... .
9. You can put your suitcases on the ... rack.
10. The death ... on French roads has dramatically increased lately.

II. What vehicle is it?

1. a public motor vehicle for long runs.
2. a ship which transports oil.

3. it moves along on a cushion of compressed air.
4. a sailing vessel with two hulls.
5. it flies thanks to rotating rotors.
6. a small boat used for towing.
7. a freighter used on canals.
8. a vehicle designed to be towed by another.
9. an aircraft supported by a large envelope of gas.
10. a locomotive.

III. Former dix paires :

a wheel, icy, a quay, jammed, a crossroads, a trucker, a tyre, a carriage, an accident, a teamster, slippery, a carrier, a truck, a coach, a crash, a roundabout, a lorry, congested, a wharf, a freighter.

Q.C.M. Récapitulatif 6ème partie : Living in society

1. The destitute often … on charity to survive.
   a-claim b-depend
   c-complain d-succeed
2. Many people still suffer from racial … in our so-called modern societies.
   a-depravation b-expectations
   c-discrimination d-minority
3. As he was …, the police took him back to the border.
   a-undocumented b-optimistic
   c-battered d-intolerant
4. Shall we ever manage to … the gap between rich and poor nations?
   a-shelter b-bridge
   c-fund d-stick
5. Many American blacks do not succeed in joining the … .
   a-allowance b-oppression
   c-intolerance d-mainstream
6. He was a very ambitious young man and was full of … .
   a-social status b-social fabric
   c-luxury d-drive
7. Some elderly people would not survive without … on wheels.
   a-mobility b-meals
   c-struggle d-welfare workers
8. Climbing the social … is the dream of many a member of the working class.
   a-fabric b-symbol
   c-ladder d-gap
9. Welfare benefits provide them with the … necessities.
   a-sexual b-bold
   c-broke d-bare

10. He reads the classified … every day in the hope of finding a job.
    a-misprints b-reviews
    c-advertisements d-events
11. The film was so … that we stayed up until late.
    a-boring b-live
    c-newsworthy d-thrilling
12. Once again, the … press published a long report about the sex life of a Member of Parliament.
    a-current b-gutter
    c-scoop d-quality
13. Have you read the latest … of the Times?
    a-page b-number
    c-readership d-issue
14. This TV show always has a high …, despite the fact it is particularly stupid.
    a-broadcast b-rating
    c-column d-prime time
15. I do not understand what the … of this cartoon means.
    a-caption b-heading
    c-legend d-topic
16. The car skidded and … .
    a-broke down b-overtook
    c-overturned d-unloaded
17. The government should take measures in order to improve the road … .
    a-toll b-track
    c-crash d-network
18. The latest increase in motorway … has angered motorists.
    a-exits b-tolls
    c-bends d-locks
19. They had so much luggage that they did manage to put it all in the … .
    a-bonnet b-boot
    c-engine d-body
20. As a result of the fog, most flights were … .
    a-delayed b-slippery
    c-reckless d-streamlined
21. I only watch variety … on television.
    a-films b-operas
    c-shows d-bulletins
22. If you want to pull that politician to pieces, use the correspondence …!
    a-channel b-column
    c-page d-review
23. Didn't you see the …? This is a one-way street!
    a-ringroad b-dashboard
    c-roadsign d-lay-by
24. … petrol is cheaper and less polluting.
    a-4-star b-without lead
    c-vacant d-unleaded
25. He had a puncture and did not know where the … wheel was.
    a-spare b-rear
    c-repair d-tyre

VII. SOCIAL INSTITUTIONS

26. Education — L'Éducation

Schooling — ***Les études***

a day nursery, a day-care centre — *une crèche*
a nursery school — *une école maternelle*

Elementary education — ***Enseignement primaire***

a primary school, an elementary school (GB) — *une école primaire*
an infant school (GB)) — *classes primaires (entre 5 et 7 ans)*
a junior school (GB) — *classes primaires (entre 7 et 11 ans)*
an elementary school, a grade school (US) (1st to 6th grade) — *une école primaire (de 6 à 11 ans)*

Secondary education — ***Enseignement secondaire***

a comprehensive school (GB) — *un établissement d'enseignement secondaire (sans sélection)*
a grammar school (GB) — *un établissement d'enseignement secondaire (sélection possible)*
a sixth-form college (GB) — *un "lycée" (première et terminale)*
form 1 to form 5 (GB) — *sixième à seconde*
lower sixth (GB) — *première*
upper sixth (GB) — *terminale*
'O' levels (Ordinary Level) (GB) — *examens à la fin de la seconde (indépendants par matière)*
'A' levels (Advanced Level) (GB) — *examens à la fin de la terminale (indépendants par matière - en général trois)*
G.C.S.E. (General Certificate of Secondary Education) (GB) — *diplôme regroupant les deux niveaux ('O' et 'A')*
a high school (US) — *un établissement d'enseignement secondaire*
a junior high school (7th to 9th grade) (US) — *niveau "collège" (de 11 à 13 ans)*
a senior high school (10th to 12th grade) (US) — *niveau "lycée" (de 14 à 17 ans)*
a high school diploma (US) — *diplôme de fin d'études secondaires*

Higher education — ***Enseignement supérieur***

a university — *une université*
a college — *un collège universitaire, une faculté*
a polytechnic (GB) — *un I.U.T. (équivalent)*
a medical school — *une faculté de médecine*
a faculty of Arts — *une faculté de lettres*
an engineering college — *une école d'ingénieurs*
a business school — *une école de commerce*
a law school — *une faculté de droit*
a diploma — *un diplôme*
a degree in science, a science degree — *une licence de sciences*
an Arts degree — *une licence ès lettres*
a Master's degree — *une maîtrise*
a doctor's degree, a doctorate — *un doctorat*
a Bachelor of Arts (B.A.) — *un licencié ès lettres*
a Bachelor of Science (B.Sc.) — *un licencié ès sciences*

a Master of Arts (M.A.) / Science (M.Sc.)	*un titulaire d'une maîtrise ès lettres / sciences*
a Doctor of Law / Science / etc..	*un docteur en droit / sciences / etc.*
a Doctor of Philosophy (PhD)	*un titulaire d'un doctorat d'état*

Types of schools	***Différents types d'écoles***
a private school	*une école privée*
a state school	*une école publique*
a public school (US)	*une école publique*
a Public School (GB)	*un grand collège (privé)*
a day school	*un externat*
a boarding school	*un internat*

School subjects	***Les matières scolaires***
the curriculum, the syllabus	*le programme*
foreign languages	*les langues étrangères*
modern languages	*les langues vivantes*
classical languages	*les langues mortes*
Greek	*le grec*
Latin	*le latin*
literature	*la littérature*
grammar	*la grammaire*
spelling	*l'orthographe*
religious instruction	*l'instruction religieuse*
history	*l'histoire*
geography	*la géographie*
economics	*l'économie*
science	*les sciences*
biology	*la biologie*
geology	*la géologie*
zoology	*la zoologie*
botany	*la botanique*
physics	*la physique*
chemistry	*la chimie*
mathematics (maths)	*les mathématiques (les maths)*
algebra	*l'algèbre*
geometry	*la géométrie*
technology	*la technologie*
drawing	*le dessin*
engineering drawing	*le dessin industriel*
painting	*la peinture*
philosophy	*la philosophie*
metaphysics	*la métaphysique*
music	*la musique*
singing	*le chant*
physical training (P.T.)	*l'éducation physique*
handicrafts	*les travaux manuels*
domestic science	*l'économie ménagère*

The school year	***L'année scolaire***
a semester	*un semestre*
a term	*un trimestre*
half-term	*congé de mi-trimestre*
holidays, a vacation (US)	*des vacances*
the Christmas holidays	*les vacances de Noël*
the Easter Holidays	*les vacances de Pâques*
the summer holidays	*les grandes vacances*

The staff	***Le personnel***
the headmaster / headmistress	*le directeur, la directrice (le principal, le proviseur)*
a deputy headmaster / headmistress	*le sous-directeur / directrice (le principal-adjoint, le censeur)*
the board of governors	*le conseil d'établissement*
a teacher	*un enseignant*
the teaching profession	*le corps enseignant*
a primary-school teacher	*un instituteur, une institutrice*
a secondary-school teacher	*un professeur de l'enseignement secondaire*
an English teacher	*un professeur d'anglais*
a school librarian	*un documentaliste*
a lecturer	*un maître-assistant*
a tutor	*un directeur d'études*
a senior lecturer, a reader	*un maître de conférence*
a professor	*un professeur (d'université)*
a head of department	*un directeur de département*
a dean	*un doyen*
a president	*un président*

The premises	***les locaux***
the school buildings	*les bâtiments scolaires*
the staffroom	*la salle des professeurs*
the head's office	*le bureau du principal, du proviseur*
a classroom	*une salle de classe*
a desk	*un bureau, un pupitre*
the board	*le tableau*
chalk	*de la craie*

a piece of chalk — *un morceau de craie*
a duster — *un tampon effaceur*
a playing-field, a sportsground — *un terrain de sports*
a playground — *une cour de récréation*
a gymnasium — *un gymnase*
a cloakroom — *un vestiaire*
a laboratory, a lab — *un laboratoire*
a language laboratory — *un laboratoire de langues*

a booth — *une cabine*
a tape-recorder — *un magnétophone*
a dining-hall — *un réfectoire*
a dormitory — *un dortoir*
a library — *une bibliothèque, un C.D.I.*
a bookcase — *une bibliothèque (meuble)*
shelves (a shelf) — *des étagères*
a workshop — *un atelier*

School materials — *Le matériel scolaire*

a satchel, a schoolbag — *un cartable*
a copybook, an exercise-book — *un cahier*
a jotter — *un cahier de brouillon*
a jotting-pad — *un bloc-notes*
a notebook — *un carnet*
a diary — *un agenda*
a sheet — *une feuille*
drawing-paper — *du papier à dessin*
a pencil-case — *une trousse*
a pencil — *un crayon*
a pencil-sharpener — *un taille-crayon*
a fountain-pen — *un stylo*
a ball-point pen — *un stylo-bille*

a biro — *un bic*
a felt-tip pen — *un feutre*
a ruler — *une règle*
an eraser, a rubber — *une gomme*
compasses, a pair of compasses — *un compas*
a square — *une équerre*
a protractor — *un rapporteur*
a stapler — *une agrafeuse*
a paper clip — *un trombone*
glue — *de la colle*
a box of paints — *une boîte de peinture*
a brush — *un pinceau*

Miscellaneous — *Divers*

tuition fees — *les frais de scolarité*
a state grant — *une bourse d'état*
a scholarship — *une bourse universitaire (sur concours)*
a mark — *une note*
the average — *la moyenne*
a school report — *un bulletin scolaire*
a grade sheet (US) — *un relevé de notes*
a school record — *un dossier scolaire*
an exercise — *un exercice*
a school paper — *un devoir*
an essay — *une composition, une dissertation*
a test — *une épreuve*
a proficiency test — *un test de niveau*
an examination, an exam — *un examen*
a bully — *une petite brute, une "terreur"*
a schoolboy, a schoolgirl — *un écolier, une écolière*
a schoolmate — *un (une) camarade d'école*
a pal — *un copain, une copine*
a school outing — *une sortie scolaire*
a schoolbus — *un car de ramassage scolaire*
school attendance — *scolarisation*
absenteeism, truancy — *l'absentéisme*
clever, intelligent, bright — *intelligent*

gifted, brainy — *doué*
outstanding — *brillant*
sharp — *à l'esprit vif*
hard-working — *bûcheur*
painstaking — *sérieux, appliqué*
obedient — *obéissant*
pliable — *docile*
quiet, still — *tranquille, sage*
illiterate — *analphabète*
backward — *arriéré*
dumb — *bête, nigaud*
stupid, foolish, silly — *stupide, bête*
dull — *peu doué*
absent-minded — *distrait*
passive — *passif*
careless — *négligent*
untidy — *sans soin*
talkative — *bavard*
disruptive — *perturbateur*
restless — *agité*
bad — *mauvais*
poor — *insuffisant*
tolerable — *passable*
fair — *assez bien*
good — *satisfaisant*
very good — *très bien*
excellent — *excellent*
lenient — *indulgent*
strict — *sévère*

to teach* *enseigner*
to lecture *faire une conférence, un cours (univ.)*
to learn* *apprendre*
to memorize *mémoriser, apprendre par cœur*
to study *étudier*
to enrol *s'inscrire*
to graduate *obtenir un diplôme*
to pass *être reçu à un examen*
to fail *échouer*
to train *former*
to head *diriger*
to research *faire de la recherche*
to understand* *comprendre*
to puzzle *laisser perplexe*
to mean* *signifier, vouloir dire*
to listen *écouter*
to ask *demander*
to check *vérifier*
to answer *répondre*
to repeat *répéter*
to remark *faire remarquer*
to observe *faire observer*
to obey *obéir*
to behave oneself *bien se conduire*
to dream* *rêver*
to talk *parler*
to chat *bavarder*

to fidget *s'agiter*
to disrupt *perturber*
to giggle *pouffer de rire*
to cheat *tricher*
to shut* up *se taire*
to scold, to tell* off *réprimander*
to punish *punir*
to expel *mettre à la porte*
to suspend *exclure*
to reward *récompenser*
to deserve *mériter*
to improve *s'améliorer*
to write* down *noter, mettre par écrit*
to scribble *griffonner, gribouiller*
to spell* *épeler, orthographier*
to read* *lire*
to recite *réciter*
to sum up *résumer*
to sing* *chanter*
to paint *peindre*
to draw* *dessiner*
to wipe *effacer (le tableau)*
to erase, to rub out *effacer, gommer*
to count *compter*
to add up *additionner*
to multiply *multiplier*
to subtract *soustraire*
to divide *diviser*
to solve *résoudre*

Expressions

compulsory school attendance *scolarité obligatoire*
school leaving age *âge de fin de scolarité*
academic standards *le niveau des études*
to achieve high academic standards *avoir un niveau d'études élevé*
to raise the school leaving age *prolonger la scolarité*
to enrol in a university *s'inscrire dans une faculté*
to enrol for a course *s'inscrire à un cours*
to win a scholarship *obtenir une bourse universitaire (par concours)*
to go to university, to go to college *faire des études supérieures*
school leavers *jeunes gens qui ont terminé leurs études secondaires*
to be fresh from school *être frais émoulu de l'école*
to drop out of school *abandonner ses études*
to drop a subject *abandonner une matière*
to be a low achiever *être en situation d'échec scolaire*
to play truant *faire l'école buissonnière, "sécher" les cours*
to be late *être en retard*
to take one's seat *prendre place, s'asseoir*

to be a chatterbox	*être bavard, être une pipelette*
to disrupt the class	*perturber le cours*
to be punished for chattering	*être puni pour bavardage*
to be reported to the head	*être signalé au directeur*
to be well-educated	*avoir une bonne instruction*
to be self-educated	*être autodidacte*
to sit an exam, to take an exam	*se présenter à un examen*
to pass an exam	*réussir à un examen*
to fail an exam	*échouer à un examen*
to do one's homework	*faire ses devoirs*
to learn by heart	*apprendre par cœur*
to revise for an exam	*réviser un examen*
to read over one's lessons	*revoir ses leçons*
to look up a word in a dictionary	*chercher un mot dans le dictionnaire*
to get an average mark	*obtenir une note moyenne*
to get fifteen out of twenty	*avoir quinze sur vingt*
to make progress	*progresser*
to have an English class	*avoir cours d'anglais*
to have a free period	*avoir une heure d'étude*
to drill students in maths	*faire faire des exercices de maths aux élèves*
to read law at Oxford	*étudier le droit à Oxford*
to lecture in law	*être professeur de droit*
to graduate from high school (US)	*terminer ses études au lycée*
to graduate from Oxford	*être diplômé d'Oxford*

Phrases

Far too many young blacks drop out of high school in the States.
Beaucoup trop de jeunes noirs quittent le lycée avant la fin de leurs études aux États Unis.

If you don't know what that word means, look it up in the dictionary.
Si tu ne sais pas ce que veut dire ce mot, cherche-le dans le dictionnaire.

He's got a degree in Arts and hopes to get his Master's next year.
Il a une licence de lettres et espère obtenir sa maîtrise l'année prochaine.

After winning a scholarship, he went to Cambridge to read law.
Après avoir obtenu une bourse, il est allé étudier le droit à Cambridge.

Tuition fees are very high in French business colleges.
Les frais de scolarité sont très élevés dans les écoles de commerce françaises.

The teacher called the roll and realized John was skipping classes once more.
Le professeur fit l'appel et se rendit compte que John séchait les cours une fois de plus.

He was not given the job because his academic qualifications were too low.
On ne lui donna pas le poste parce qu'il n'avait pas suffisamment de diplômes universitaires.

He is an entirely self-educated man and is very knowledgeable on many topics.
C'est un autodictate complet et il sait beaucoup de choses sur de nombreux sujets.

Mathematics is far from being my favourite subject!
Les maths sont loin d'être ma matière préférée !

The latest cut in grants will mean fewer students going into higher education.
La dernière réduction des bourses va entraîner une diminution du nombre d'étudiants dans le supérieur.

Exercices

I. Retrouver les phrases en remettant les mots dans le bon ordre :

1. never / don't / your / will / if / of / improve / make / results / an / effort / more / you
2. went / Oxford / teaching / after / he / graduating / into / from / the / profession
3. lower / teachers / getting / many / standards / lower / that / claim / are / and
4. 'O' levels / their / British / end / take / students / the / of / at / form 5
5. eighteen / outstanding / rule / pupil / as / twenty / this / a / out of / gets
6. teaching / complain / often / students / too / far / some / theoretical / is / that
7. having / he / heart / dislikes / things / learn / by /to
8. extra / expelled / was / from / John / classroom / some / given / and / the / work
9. with / a lot/ he / catch / has / homework /up / to / of
10. streets / unemployed / must / the / kept / off / teenagers / be

II. Trouver un synonyme :

1. to tell off 2. to go to university 3. to rub out 4. a grade sheet 5. foolish 6. a reader 7. to sit an exam 8. a satchel 9. a playing-field 10. a day-care center

III. Traduire :

1. *Il fut mis à la porte pour avoir perturbé le cours.*
2. *Quel est l'âge de fin de scolarité en France ?*
3. *Il apprend toujours ses leçons par cœur.*
4. *Il avait revu sa leçon, mais il n'a obtenu qu'une note moyenne.*
5. *C'est un bûcheur, mais il n'est pas très bon.*
6. *Il est bon en sciences, mais ses résultats en maths sont insuffisants.*
7. *Conduisez-vous correctement ou je vais vous signaler au directeur !*
8. *Il est très distrait et n'arrête pas de rêver.*
9. *Il a échoué à son examen et n'a pu s'inscrire dans une faculté.*
10. *Nous avons une heure d'étude après le cours d'anglais.*

27. Law — La loi

1. Law and order	***L'ordre public***		
a police station	*un commissariat*	a cop, a bobby	*un "flic"*
a policeman	*un agent de police*	a constable (GB)	*un agent, un gardien de la paix*
a policewoman	*une femme-agent*		
a traffic warden	*un(e) contractuel(le)*	a police officer	*un policier*

a police inspector	*un inspecteur de police*
a detective	*un policier en civil*
a private detective, a private eye	*un détective privé*
a superintendent	*un commissaire*
a squad	*une brigade*
the drugs squad	*la brigade des stupéfiants*
the crime squad	*la brigade criminelle*
a raid	*une descente*
a patrol car	*une voiture de police*
a Black Maria	*un fourgon cellulaire*
handcuffs	*des menottes*
the riot police	*la police anti-émeute*
a truncheon, a baton	*une matraque*
a riot shield	*un bouclier*
a helmet	*un casque*
tear gas	*du gaz lacrymogène*
a fingerprint	*une empreinte*
a breathalyser	*un alcootest*
a clue	*un indice*
a lead	*une piste*
an arrest	*une arrestation*
a fine	*une amende*
a ticket	*une contravention, un P.V.*
an investigation, an inquiry	*une enquête*
evidence	*des preuves*
a piece of evidence	une preuve

2. Lawbreakers — *Ceux qui ne respectent pas la loi*

the underworld	*la pègre, le milieu*
the Mafia, the Syndicate, the mob	*la Mafia*
organized crime	*le grand banditisme*
the crime syndicate	*le syndicat du crime*
an offender	*un contrevenant*
a criminal	*un criminel*
an outlaw	*un hors-la-loi*
a delinquent	*un délinquant*
a hooligan	*un voyou*
a vandal	*un vandale*
a looter	*un pillard*
a mugger	*un agresseur*
a thief	*un voleur*
a robber	*un voleur (à main armée)*
a burglar	*un cambrioleur*
a pickpocket	*un voleur à la tire*
a shoplifter	*un voleur à l'étalage*
a crook, a swindler	*un escroc*
a blackmailer	*un maître-chanteur*
a forger	*un faussaire*
a tax evader	*un fraudeur fiscal*
a smuggler	*un contrebandier, un trafiquant*
a drug peddler, a drug pusher	*un revendeur*
a prostitute	*un(e) prostitué(e)*
a kidnapper	*un ravisseur*
a hostage	*un otage*
a hijacker	*un pirate de l'air*
a hacker	*un pirate informatique*
a terrorist	*un terroriste*
an arsonist	*un pyromane*
a gang	*une bande*
a gangster	*un gangster*
a mobster	*un mafioso*
a murderer, a killer	*un meurtrier, un assassin*
a rapist	*un violeur*
a victim	*une victime*
a traitor	*un traître*
a spy	*un espion*

3. Criminal offences — *Les délits*

an offence	*un délit, une infraction*
a crime	*un crime*
crime	*la criminalité*
petty crime	*la petite criminalité*
serious crime	*la grande criminalité*
a theft	*un vol*
shoplifting	*le vol à l'étalage*
armed robbery	*vol (attaque) à main armée*
a hold-up	*un hold-up, un braquage*
a kidnapping, an abduction	*un enlèvement*
hostage taking	*la prise d'otages*
a ransom	*une rançon*
a mugging	*une agression*
a burglary	*un cambriolage*
forgery	*contrefaçon*
blackmail	*le chantage*
a bribe	*un pot-de-vin*
tax evasion	*la fraude fiscale*
insider trading	*le délit d'initié (bourse)*
a hijacking	*un détournement d'avion*
hacking	*le piratage informatique*
embezzlement	*détournement de fonds*
speeding	*excès de vitesse*
drinking and driving	*conduite en état d'ébriété*
drug trafficking	*le trafic de drogue*
a rape	*un viol*

a murder — *un meurtre*
manslaughter — *homicide (par imprudence)*
an assassination — *un assassinat (politique)*
a slaughter — *un massacre*

a weapon — *une arme*
a gun — *une arme à feu*
a handgun — *un pistolet*
a rifle — *une carabine*
a knife — *un couteau*

4. Justice — *La justice*

the legal profession — *les hommes de loi*
a lawyer — *un homme de loi*
a solicitor — *un notaire, un avocat, un juriste*
a judge, a justice — *un juge*
a magistrate — *un magistrat*
the defense counsel (US), defending counsel (GB) — *l'avocat de la défense*
the public prosecutor — *le procureur*
the prosecuting attorney (US), the counsel for the prosecution (GB) — *l'avocat général*
a coroner — *un médecin légiste*
a forensic laboratory — *un laboratoire médico-légal*
a court — *un tribunal*
a trial, a lawsuit — *un procès*
a case — *une affaire*
a jury — *un jury*
a juror — *un juré*
a witness — *un témoin*
a testimony — *un témoignage*
an oath — *un serment*
the defendant, the accused — *l'accusé*
a sentence — *une condamnation*
damages — *dommages-intérêts*
probation — *liberté surveillée*
a death sentence — *une condamnation à mort*
the death penalty, capital punishment — *la peine de mort*
the electric chair ("Old Smoky") — *la chaise électrique*
the gallows — *la potence*
a lethal injection — *une injection mortelle*
a firing squad — *un peloton d'exécution*
a gas chamber — *une chambre à gaz*
a deterrent — *un moyen de dissuasion*
a prison, a jail, a gaol — *une prison*
a convict, an inmate — *un détenu*
a cell — *une cellule*
a prison guard (US), a prison warder (GB) — *un gardien de prison*

lawful, legal — *légal, licite*
lawless — *sans loi, anarchique*
illegal, unlawful — *illégal*
criminal — *criminel, délictueux*

prohibited, banned — *interdit*
compulsory, mandatory — *obligatoire*
innocent — *innocent*
guilty — *coupable*
respectful — *respectueux*
sane — *sain d'esprit*
insane — *dément*
honest — *honnête*
dishonest — *malhonnête*
safe — *sûr, sans danger*
unsafe — *dangereux*
strict — *sévère, rigoureux*
tough — *dur, sévère*
true — *vrai*
untrue — *faux, erroné*
fair — *juste*
unfair — *injuste*
evil, malevolent, wicked — *mauvais, malfaisant*
violent — *violent*
wilful — *délibéré, prémédité*
deceitful — *trompeur, fourbe*
cunning — *rusé, malin*
shady — *louche*
crooked — *malhonnête*
dubious — *douteux, suspect*
suspect, suspicious — *suspect*
disreputable — *de mauvaise réputation*
depraved — *dépravé, perverti*
hardened — *endurci*
abusive — *injurieux, grossier*
shameful — *honteux*
revolting — *révoltant*
shocking — *choquant*
degrading — *dégradant*
vicious — *malveillant, brutal*
atrocious — *atroce*
outrageous — *scandaleux, monstrueux*
bloody — *sanglant*
beastly — *bestial, brutal*
cruel — *cruel*
ruthless — *cruel, sans pitié*

to pass — *voter, faire passer*
to implement — *appliquer*
to enforce — *faire respecter*
to prove — *prouver*
to deter — *dissuader*
to prevent — *prévenir, empêcher*

to investigate	*enquêter*
to chase	*poursuivre*
to track	*pister*
to hunt down	*traquer*
to search	*fouiller*
to fine	*frapper d'une amende*
to breathalyse	*soumettre à l'alcootest*
to book	*dresser procès-verbal à*
to arrest	*arrêter*
to club	*matraquer*
to beat* up	*tabasser*
to abuse	*maltraiter*
to torture	*torturer*
to sue, to prosecute	*poursuivre en justice*
to judge, to try	*juger*
to examine, to question	*interroger*
to confess	*avouer*
to witness	*être le témoin de*
to testify	*témoigner, faire une déposition*
to defend	*défendre*
to plead	*plaider*
to appeal	*faire appel*
to rule	*décider*
to suspend	*suspendre*
to convict	*déclarer coupable*
to condemn, to sentence	*condamner*
to acquit	*acquitter*
to amnesty	*amnistier*
to pardon	*gracier*
to bail	*mettre en liberté sous caution*
to imprison, to jail	*emprisonner*
to lock up	*mettre sous les verrous*
to release, to set* free	*relâcher, libérer*
to execute	*exécuter*
to behead	*décapiter*
to hang* someone	*pendre quelqu'un*
to shoot* someone	*fusiller quelqu'un*
to steal*	*voler*
to escape (from)	*s'échapper (de)*
to break* into	*pénétrer par effraction*
to burglarize	*cambrioler*
to bribe	*corrompre*
to swindle	*escroquer*
to blackmail	*faire chanter*
to spy (on)	*espionner*
to betray	*trahir*
to forge	*contrefaire*
to smuggle	*faire la contrebande de*
to vandalize	*saccager*
to mug, to assault	*agresser*
to rape	*violer*
to loot	*piller*
to blow up*	*faire sauter, faire exploser*
to stab	*poignarder*
to kill	*tuer*
to murder	*assassiner*
to assassinate	*assassiner (politique)*

Expressions

to abide by the law	*respecter la loi*
law-abiding citizens	*les citoyens respectueux de la loi*
the law of the jungle	*la loi de la jungle*
to take the law into one's own hands	*(se) faire justice soi-même*
a plain-clothes policeman	*un policier en civil*
to be on duty	*être en service*
to be off duty	*ne pas être en service*
in the course of duty	*en service commandé*
to be caught red-handed	*être pris la main dans le sac, en flagrant délit*
to steal something from someone, to rob someone of something	*voler quelque chose à quelqu'un*
to give oneself up	*se rendre*
to take someone hostage	*prendre quelqu'un en otage*
to take someone prisoner	*faire prisonnier*
to have a long criminal record	*avoir un casier judiciaire chargé*
not to have a criminal record	*avoir un casier judiciaire vierge*
to go to law	*recourir à la justice*
to take a case to law	*porter une affaire devant les tribunaux*

to bring someone before a court	*intenter un procès à quelqu'un*
to stand trial	*passer en jugement*
to appear before court	*comparaître*
to take the oath	*prêter serment*
to give evidence	*témoigner*
to question a witness	*interroger un témoin*
to charge someone with something, to indict someone for something	*inculper quelqu'un de quelque chose*
to accuse someone of something	*accuser quelqu'un de quelque chose*
in someone's defence	*à la décharge de quelqu'un*
extenuating circumstances	*circonstances atténuantes*
to be in the dock	*être sur le banc des accusés*
to be convicted of	*être reconnu coupable de*
to plead guilty	*plaider coupable*
to plead not guilty	*plaider non coupable*
a strong body of evidence	*une forte accumulation de preuves*
to be put on probation	*être mis en liberté surveillée*
to be on remand	*être en détention préventive*
to release on bail	*relâcher sous caution*
a 10-year prison sentence	*une condamnation à 10 ans de prison*
to send someone to jail for 5 years	*condamner quelqu'un à 5 ans de prison*
to sentence someone to death	*condamner quelqu'un à mort*
to serve a prison sentence	*purger une peine de prison*
a life sentence	*une condamnation à perpétuité*
solitary confinement	*réclusion*
death row (US)	*le quartier des condamnés à mort*
to break out of jail	*s'évader de prison*

Phrases

No person, for any reason, may be denied the protection of the law.
On ne peut refuser à quiconque, pour quelque raison que ce soit, la protection de la justice.

The prosecuting attorney presents the case against the accused.
Le procureur général présente les charges contre l'accusé.

The accused was found guilty of armed robbery and sentenced to ten years' imprisonment.
L'accusé a été jugé coupable de vol à main armée et condamné à dix ans de prison.

Although there was a strong body of evidence against him, he pleaded not guilty.
Bien qu'il y eût des preuves accablantes contre lui, il plaida non coupable.

Witnesses must take the oath before giving evidence.
Les témoins doivent prêter serment avant de témoigner.

Studies have never found anything to suggest that capital punishment deters murderers better than the prospect of long prison terms.
Les études n'ont jamais rien trouvé qui puisse laisser penser que la peine capitale soit un meilleur moyen de dissuasion que les longues peines d'emprisonnement.

Fear is behind the advocacy of the death penalty.
C'est la peur qui pousse les gens à défendre la peine de mort.

Someone once said that one street lamp was worth more than six policemen.
Quelqu'un a dit un jour qu'un lampadaire valait mieux que six agents de police.

He was caught red-handed as he was trying to leave the shop with stolen goods.
On le prit la main dans le sac alors qu'il tentait de quitter le magasin avec des marchandises volées.

Hacking should be made a criminal offence.
On devrait faire du piratage informatique un délit criminel.

Exercices

I. Retrouver les prépositions :

1. Someone broke … his house and stole his paintings.
2. The convicts managed to escape … the prison.
3. This Japanese was accused of spying … American firms.
4. After hearing the evidence, the judge charged him … murder.
5. My parents always told me I should abide … the law.
6. When he is … duty, he wears a uniform.
7. He was put … probation before standing trial.
8. No one understands how they succeeded in breaking … of jail.
9. They should not have taken the law … their own hands.
10. The pickpocket stole his wallet … him.

II. Traduire en français les extraits suivants de la constitution américaine :

The fifth amendment forbids trial for a major crime except after indictment by a grand jury. It prohibits repeated trials for the same offence, forbids punishment without due process of law and provides that an accused person may not be compelled to testify against himself.
The sixth amendment of the American Constitution guarantees speedy trial for criminal offences. It requires trial by an unbiased jury, guarantees legal counsel for the accused and provides that witnesses shall be compelled to attend the trial and testify in presence of the accused.
The seventh assures trial by jury in civil cases involving anything valued at more than $20.
The eighth forbids excessive bail or fines, and cruel or unusual punishment.

III. What is the offence called?

1. stealing something
2. stealing goods that are on display in a store
3. unauthorized entry into someone else's computer system
4. killing someone
5. forcing someone to make a payment of money for not disclosing some facts
6. giving someone money in order to get him to do something
7. forcing a pilot to change routes
8. being at the wheel when you have drunk too much
9. trying to cheat the Inland Revenue
10. smuggling and selling drugs

28. Government and Politics
Le gouvernement et la politique

I. Government — Le gouvernement

a state	*un état*
a democracy	*une démocratie*
a dictatorship	*une dictature*
a dictator	*un dictateur*
centralization	*la centralisation*
a monopoly	*un monopole*
a monarchy	*une monarchie*
a kingdom	*un royaume*
a monarch	*un monarque*
sovereignty	*la souveraineté*
a sovereign	*un souverain*
a king	*un roi*
a queen	*une reine*
a prince	*un prince*
a princess	*une princesse*
a crown	*une couronne*
a throne	*un trône*
a coronation	*un couronnement*
a statesman	*un homme d'état*
diplomacy	*la diplomatie*
a diplomat	*un diplomate*
an embassy	*une ambassade*
an ambassador	*un ambassadeur*
a citizen	*un citoyen*
a census	*un recensement*
a parliament	*un parlement*
a president	*un président*
a vice-president	*un vice-président*
an adviser	*un conseiller*
a term (of office)	*un mandat*
a constitution	*une constitution*
a chart	*une charte*
a right	*un droit*
a duty	*un devoir*
a bill	*un projet de loi*
a law, an act	*une loi*
an amendment	*un amendement*

a reform	*une réforme*
a reformer	*un réformateur*
a setback	*un revers*
a crisis (crises)	*une crise*
a plot	*un complot*
an upheaval	*un bouleversement*
a treaty	*un traité*
the cabinet	*le cabinet*
a sitting	*une séance*
a session	*une session*
a delegate	*un délégué*
a council	*un conseil*
a committee	*une commission, un comité*
an assembly	*une assemblée*
a summit	*un sommet*
a seat	*un siège*
a title	*un titre*
corruption	*la corruption*
a report	*un rapport*
an inquiry	*une enquête*
a ministry	*un ministère*
a minister	*un ministre*
a subsidy	*une subvention*
a budget	*un budget*
a tax	*un impôt*
a form	*un formulaire*
a taxpayer	*un contribuable*
a townhall, a city hall	*une mairie*
a mayor, a mayoress	*un maire*
a city council	*un conseil municipal*
a councillor	*un conseiller municipal*
a county	*un comté*
a borough	*un district*
the civil service	*la fonction publique*
a civil servant	*un fonctionnaire*

The United States — *Les États-Unis*

the President	*le Président*
the Vice President	*le Vice président*
the White House	*la Maison Blanche*
the State Capitol	*le Capitole*

a secretary	*un ministre*
a department	*un ministère*
the State Department	*le Département d'État (Aff. Étrangères)*

the State Secretary — *le Secrétaire d'État*
Congress — *le Congrès*
the House of Representatives — *la Chambre des Représentants*

Great Britain — ***La Grande Bretagne***

the Queen — *la Reine*
the Privy council — *le Conseil Privé*
the Prime Minister — *le Premier Ministre*
the Chancellor of the Exchequer — *le ministre des finances*
the Home Secretary — *le ministre de l'Intérieur*
the Foreign Secretary — *le ministre des Affaires Etrangères*
Parliament — *le parlement*
the House of Lords — *la Chambre des Lords*
the House of Commons — *la Chambre des Communes*
the Speaker — *le Président de la Chambre des Communes*
a Member of Parliament (an MP) — *un député*

state-controlled — *étatisé*
state-maintained — *public*
state-subsidized — *subventionné par l'état*
nationwide — *à travers tout le pays*
worldwide — *à l'échelle mondiale*
authoritarian — *autoritaire*
uncompromising — *intransigeant*
presidential — *présidentiel*
parliamentary — *législatif*
municipal — *municipal*
self-governing — *autonome*
stable — *stable*

a congressman — *un député*
the Senate — *le Sénat*
a senator — *un sénateur*

unsteady — *instable*
shaky — *chancelant*
lame — *boiteux*
corrupt — *corrompu*

to head — *diriger, être à la tête de*
to run* — *gérer, diriger*
to rule, to govern — *gouverner*
to interfere — *intervenir, s'ingérer*
to collapse — *s'effondrer*
to overthrow* — *renverser*
to oppress — *opprimer*
to appoint — *nommer*
to approve — *agréer, ratifier, approuver*
to approve of — *approuver (un fait)*
to promote — *promouvoir*
to reform — *réformer*
to dismiss — *renvoyer*
to resign — *démissionner*
to reject — *rejeter*
to dissolve — *dissoudre*
to delay — *ajourner*
to ensure — *s'assurer de*
to subsidize — *subventionner*
to sit* — *siéger*
to deliberate — *délibérer*
to vote — *voter*

Expressions

to come into office — *entrer en fonctions*
to go on / make a state visit to a country — *se rendre en / faire un voyage officiel dans un pays*

state apartments — *les appartements officiels*
the legislative body — *le corps législatif*
the executive body — *le corps exécutif*
red tape — *documents officiels, paperasserie*
the state opening of Parliament — *l'ouverture solennelle du Parlement*
the storming of the Bastille — *la prise de la Bastille*
the separation of powers — *la séparation des pouvoirs*
a confederation of states — *une confédération d'états*
the Constitution of the United States — *la Constitution des États-Unis*
the Bill of Rights (US) — *les amendements à la Constitution (1791)*
the Bill of Rights (GB) — *loi de 1689 déterminant les droits du citoyen anglais*

the Inland Revenue, the Treasury — *le fisc*
income tax — *l'impôt sur le revenu*
the rates — *les impôts locaux*
the real estate tax (US) — *les impôts fonciers*
the National Health Service (NHS) (GB) — *la sécurité sociale*
a senior civil servant — *un haut fonctionnaire*
a public official — *un responsable public*
the management of public affairs — *la gestion des affaires publiques*

II. Politics and elections
La politique et les élections

a policy — *une politique*
a politician — *un homme politique*
a party — *un parti*
a leader — *un chef*
a member — *un membre*
a (trade) union — *un syndicat*
a representative — *un représentant*
a spokesperson — *un porte-parole*
a supporter — *un partisan*
a proponent — *un adepte*
an advocate — *un défenseur*
an activist — *un militant*
a dissident — *un dissident*
an opponent — *un adversaire, un opposant*
a critic — *un censeur, un détracteur*
criticism — *les critiques*
a foe — *un ennemi*
a system — *un système*
ideology — *l'idéologie*
an ideologist — *un idéologue*
loyalty — *le loyalisme*
Fascism — *le fascisme*
Marxism — *le marxisme*
communism — *le communisme*
liberalism — *le libéralisme*
socialism — *le socialisme*
capitalism — *le capitalisme*
anarchy — *l'anarchisme, l'anarchie*
a Fascist — *un fasciste*
a Marxist — *un marxiste*
a communist — *un communiste*
a liberal — *un libéral*
a socialist — *un socialiste*
a capitalist — *un capitaliste*
an anarchist — *un anarchiste*
a democrat — *un démocrate*
a republican — *un républicain*
an aristocrat — *un aristocrate*

a terrorist — *un terroriste*
a coalition — *une coalition*
a tie — *un lien*
a commitment — *un engagement*
a statement — *une déclaration*
a side — *un camp*
a demonstration — *une manifestation*
a demonstrator — *un manifestant*
a rally — *un rassemblement*
a march — *un défilé*
a riot — *une émeute*
a debate — *un débat*
a controversy — *une controverse*
a dispute, a conflict — *un conflit*
an agreement — *un accord*
a compromise — *un compromis*
a disagreement — *un désaccord*
a veto — *un veto*
a shift — *un glissement*
a swing — *un virage*
a turnaround — *un revirement, une volte-face*
a split — *une division*
a speech — *un discours*
an orator — *un orateur*
an asset — *un atout*
charisma — *le charisme*
a dogma — *un dogme*
a duty — *un devoir*
a task — *une tâche*
an agenda — *un ordre du jour, un programme*
a campaign — *une campagne*
a survey — *une étude*
a poll — *un sondage, un scrutin*
an election — *une élection*
a subscription — *une souscription*
a candidate — *un candidat*
a seat — *un siège*
a constituency (GB) — *une circonscription électorale*

a constituent — *un électeur, un administré*
a slogan — *un slogan*
a poster — *une affiche*
a billboard — *un panneau d'affichage*
a programme — *un programme*
a polling station — *un bureau de vote*
a polling booth — *un isoloir*
a ballot paper — *un bulletin*
a ballot box — *une urne*

political — *politique*
left-wing — *de gauche*
right-wing — *de droite*
idealistic — *idéaliste*
utopian — *utopique*
nationalist — *nationaliste*
republican — *républicain*
democratic — *démocratique*
constitutional — *constitutionnel*
liberal — *libéral*
radical — *radical, extrémiste*
leftist — *gauchiste*
anarchic — *anarchiste, anarchique*
absolute — *absolu*
dictatorial — *dictatorial*
arbitrary — *arbitraire*
moderate — *modéré*
loyal — *loyal*
opposed (to) — *opposé, hostile (à)*
popular — *populaire*
unpopular — *impopulaire*
reliable, trustworthy — *digne de confiance*
dedicated — *dévoué*

corrupt — *corrompu*
tough — *dur*
resolute — *résolu*
charismatic — *charismatique*
creative — *créatif*
imaginative — *imaginatif*

to lead* — *être à la tête de, mener*
to found — *fonder*
to set* up — *créer, mettre en place*
to support, to back — *soutenir, apporter son soutien*
to vote for — *voter pour*
to elect — *élire*
to appeal (to) — *séduire, plaire*
to join — *adhérer*
to endorse — *adhérer à, cautionner*
to criticize — *critiquer*
to divide — *diviser*
to split — *diviser (en deux camps)*
to question — *contester*
to challenge — *défier, mettre au défi*
to oppose — *s'opposer à*
to rule out — *écarter*
to smear — *éclabousser (scandale)*
to trigger (off) — *déclencher*
to demonstrate — *manifester*
to campaign — *faire campagne*
to launch — *lancer*
to run* for — *être candidat à*
to survey — *étudier, faire une étude*
to rally — *rassembler*
to soar — *grimper (ex. sondages)*
to sink* — *plonger, sombrer*

Expressions

a political party — *un parti politique*
a party official — *un responsable du parti*
the party executives — *les états-majors*
the rank-and-file — *la base*
a rank-and-file / grassroots militant — *un militant de base*
an election campaign — *une campagne électorale*
to be politically-minded — *s'intéresser à la politique*
political asylum — *l'asile politique*
a political refugee — *un réfugié politique*
a political analyst / expert / commentator — *un politologue*
a policy maker — *un décideur / responsable politique*
opposition parties — *les partis de l'opposition*
the shadow cabinet (GB) — *le cabinet fantôme*
a foreign policy — *une politique étrangère*
a domestic policy — *une politique intérieure*
an economic policy — *une politique économique*

political circles	*les milieux politiques*
the right wing	*l'aile droite*
the left wing	*l'aile gauche*
the Social Democratic Party	*le parti social-démocrate*
the Labour Party (GB)	*le parti travailliste*
the Conservative Party (the Tories) (GB)	*le parti conservateur*
the Liberal Party (the Whigs) (GB)	*le parti libéral*
the Democratic Party (US)	*le parti démocrate*
the Republican Party (US)	*le parti républicain*
freedom of speech	*la liberté de parole*
an opinion poll	*un sondage d'opinion*
to carry out a survey	*faire une étude*
to take to the streets	*descendre dans la rue*
to be critical of	*critiquer, trouver à redire*
to come under fire	*être vivement critiqué*
to come to a deadlock	*aboutir à une impasse*
to come to an agreement	*parvenir à un accord*
to take up the challenge	*relever le défi*
to be power-hungry	*être assoiffé de pouvoir*
to seize power	*s'emparer du pouvoir*
a military coup	*un coup d'état militaire*
to be in power	*être au pouvoir*
to deliver a speech	*faire un discours*
to go to the polls	*aller voter*
general elections	*élections législatives*
local elections	*élections municipales*
to run for president	*être candidat aux élections présidentielles*

Phrases

The public does not approve of the Prime Minister's uncompromising attitude.
Le public n'est pas d'accord avec l'attitude intransigeante du premier ministre.

Freedom of information is a fundamental aspect of American democracy.
La liberté d'information est un aspect fondamental de la démocratie américaine.

In the States, the presidential term of four years begins on January 20th.
Aux États-Unis, le mandat présidentiel de quatre ans commence le 20 janvier.

The United Kingdom is a parliamentary monarchy.
Le Royaume Uni est une monarchie parlementaire.

In Britain, there has to be a General Election at least every five years.
En Grande Bretagne, il doit y avoir des élections législatives au moins tous les cinq ans.

American voters are vocal about their views on public issues.
Les électeurs américains n'hésitent pas à exprimer leur opinion au sujet des questions publiques.

In the United States, it is possible for a candidate to run for office in a general election without the backing of a political party.
Aux États-Unis, un candidat peut se présenter aux élections sans l'appui d'un parti politique.

An informed electorate is the surest guarantee of the survival of democracy.
Un electorat informé est la garantie la plus sûre de la survie de la démocratie.

The majority is deeply divided over the issue of abortion.
La majorité est fortement divisée sur la question de l'avortement.

Nowadays, most of the speeches and statements of government officials are broadcast by the media.
De nos jours, la plupart des discours et déclarations des responsables du gouvernement sont diffusés par les médias.

Exercices

I. Retrouver l'adjectif :

1. attractive and desirable but impracticable
2. unstable
3. throughout the country
4. based on opinion or impulse, not on reason
5. able to put thoughts and feelings into clear speech
6. unyielding
7. in favour of progress and reform and opposed to privilege
8. showing patriotic feelings
9. very firm
10. true and faithful

II. Retrouver les 10 expressions correctes :

a party service / the general hall / the civil poll / red tax / freedom paper / the right tape / income election / the city wing / an opinion official / a ballot of speech

III. Traduire en anglais :

1. Les membres de la Chambre des Représentants servent des mandats de deux ans.
2. La constitution américaine accorde tous les pouvoirs législatifs au Congrès.
3. Les députés britanniques sont très bruyants quand ils s'opposent à un projet de loi.
4. Les partis politiques sont la base du système politique américain.
5. Les négociations avec les syndicats sont dans l'impasse.
6. Beaucoup d'électeurs critiquent la politique étrangère du gouvernement.
7. Les militants de base sont descendus dans la rue, ce qui a surpris les dirigeants du parti.
8. Le parlement a écarté une augmentation de l'impôt sur le revenu.
9. Il a adhéré au parti travailliste quand il avait 20 ans.
10. Cet homme politique corrompu a été contraint de démissionner.

Q.C.M. Récapitulatif 7ème partie : Social institutions

1. He was very noisy and the teacher told him to … himself.
   a-quiet　　b-behave
   c-shut　　d-obey
2. He is a senior … at Reading University.
   a-librarian　　b-reader
   c-lecturer　　d-dean
3. His getting a state … enabled him to enrol in university.
   a-fee　　b-tuition
   c-report　　d-grant
4. My parents turned pale when they read my school … .
   a-sheet　　b-report
   c-notebook　　d-paper
5. Philosophy has always been my favourite … .
   a-topic　　b-matter
   c-subject　　d-interest
6. The police discovered that … was responsible for the series of fires.
   a-a traitor　　b-a robber
   c-an arsonist　　d-a rapist
7. He was robbed … all his money.
   a-(rien)　　b-from
   c-out of　　d-of
8. They were charged with armed … .
   a-shoplifting　　b-crime
   c-theft　　d-robbery
9. He was caught by the police as he was trying to … some drugs into the country.
   a-smuggle　　b-traffic
   c-enter　　d-swindle
10. He was … for driving over the speed limit.
   a-enforced　　b-booked
   c-clubbed　　d-implemented
11. The rioters … all the shops.
   a-raped　　b-mugged
   c-stole　　d-looted
12. It was a ruthless act and the jury agreed on the fact there were no … circumstances.
   a-attenuating　　b-extenuating
   c-apologetic　　d-excusing
13. There was a … to overthrow the government.
   a-inquiry　　b-setback
   c-plot　　d-upheaval
14. British civil servants complain about the amount of … tape they have to deal with.
   a-sticky　　b-blue
   c-tax　　d-red

15. Will Prince Charles ever sit on the …?
    a-crown b-coronation
    c-throne d-king
16. The latest … showed a sharp increase in population growth.
    a-chart b-census
    c-censorship d-investigation
17. Most policemen are … in that country, which explains why crime is thriving.
    a-corrupt b-unsteady
    c-off duty d-efficient
18. The Minister was forced to … after the papers disclosed his affair with his secretary.
    a-dismiss b-expel
    c-resign d-remove
19. The Members of Parliament meet in the House of … .
    a-Parliament b-the Exchequer
    c-Lords d-Commons
20. The Home … is in charge of domestic affairs.
    a-Minister b-Secretary
    c-President d-Inspector

VIII. THE WORLD

29. NATIONS AND COUNTRIES — NATIONS ET PAYS

(the) earth — *la terre*
a land — *une terre, un pays*
the fatherland — *la (mère) patrie*
a people — *un peuple*
a nation — *une nation*
a state — *un état*
a continent — *un continent*
the mainland — *le continent (opposé à une île)*
a country — *un pays*
a capital — *une capitale*
a border, a frontier — *une frontière*
a boundary — *une limite, une frontière*
a district — *un arrondissement, une zone, un quartier*
a county — *un comté*
a province — *une province*
a territory — *un territoire*
a colony — *une colonie*
a colonist, a settler — *un colon*
a colonizer — *un colonisateur*
a language, a tongue — *une langue*
a patriot — *un patriote*
patriotism — *le patriotisme*
the national anthem — *l'hymne national*
a nationalist — *un nationaliste*
a chauvinist — *un chauvin*
the poles — *les pôles*
the north — *le nord*
the south — *le sud*
the east — *l'est*
the west — *l'ouest*

urban — *urbain*
major — *majeur*
main — *principal*
minor — *secondaire, mineur*
small — *petit*
tiny — *minuscule*
rural — *rural*
populous — *peuplé*
uninhabited — *inhabité*
territorial — *territorial*
national — *national*
nationalistic — *nationaliste*
patriotic — *patriotique*
chauvinistic — *chauvin*

north (of) — *au nord (de)*
south (of) — *au sud (de)*
east (of) — *à l'est (de)*
west (of) — *à l'ouest (de)*

to lie* — *se trouver, être*
to be situated — *être situé*
to inhabit — *habiter*
to settle — *coloniser*
to stretch, to spread* — *s'étendre*
to limit — *limiter*
to conquer — *conquérir*
to annex — *annexer*
to link — *relier*

The main countries and peoples

name of country	adjective	specific singular	specific plural	generic plural
Type 1				
Africa	African	an African	Africans	the Africans
America	American	an American	Americans	the Americans
Europe	European	a European	Europeans	the Europeans
Asia	Asian	an Asian	Asians	the Asians
Germany	German	a German	Germans	the Germans
Italy	Italian	an Italian	Italians	the Italians
Austria	Austrian	an Austrian	Austrians	the Austrians
Russia	Russian	a Russian	Russians	the Russians
India	Indian	an Indian	Indians	the Indians
Mexico	Mexican	a Mexican	Mexicans	the Mexicans
Belgium	Belgian	a Belgian	Belgians	the Belgians
Palestine	Palestinian	a Palestinian	Palestinians	the Palestinians
Australia	Australian	an Australian	Australians	the Australians
Canada	Canadian	a Canadian	Canadians	the Canadians
Norway	Norwegian	a Norwegian	Norwegians	the Norwegians
Type 2				
Portugal	Portuguese	a Portuguese	Portuguese	the Portuguese
China	Chinese	a Chinese	Chinese	the Chinese
Japan	Japanese	a Japanese	Japanese	the Japanese
Vietnam	Vietnamese	a Vietnamese	Vietnamese	the Vietnamese
Type 3				
Pakistan	Pakistani	a Pakistani	Pakistanis	the Pakistanis
Israel	Israeli	an Israeli	Israelis	the Israelis
Saudi Arabia	Saudi	a Saudi	Saudis	the Saudis
Type 4				
England	English	an Englishman	Englishmen	Englishmen, the English
France	French	a Frenchman	Frenchmen	Frenchmen, the French
Holland, the Netherlands	Dutch	a Dutchman	Dutchmen	Dutchmen, the Dutch
Ireland	Irish	an Irishman	Irishmen	Irishmen, the Irish
Wales	Welsh	a Welshman	Welshmen	Welshmen, the Welsh
Type 5				
Britain	British	a Briton	Britons	the British, Britons
Scotland	Scottish	a Scotsman, a Scot	Scotsmen, Scots	Scotsmen, the Scots
Denmark	Danish	a Dane	Danes	the Danes
Poland	Polish	a Pole	Poles	the Poles

Spain	Spanish	a Spaniard	Spaniards	the Spanish, the Spaniards
Sweden	Swedish	a Swede	Swedes	the Swedes
Turkey	Turkish	a Turk	Turks	the Turks

Type 6

Greece	Greek	a Greek	Greeks	the Greeks
the Philippines	Filipino	a Filipino	Filipinos	the Filipinos
Switzerland	Swiss	a Swiss	Swiss people	the Swiss

Type 7

Luxemburg	Luxemburger	a Luxemburger	Luxemburgers	the Luxemburgers
New Zealand	New Zealander	a New Zealander	New Zealanders	the New Zealanders

Type 8

	Arab	an Arab	Arabs	the Arabs
	Jewish	a Jew, a Jewess	Jews	the Jews
	Hispanic	a Hispanic	Hispanics	the Hispanics

Notes :
Le "generic plural" désigne l'ensemble de la population (100 %).
Le "specific plural" désigne un certain nombre d'individus. Exemple : "il y avait trois Belges, deux Portugais et quelques Français dans la salle" = "there were three Belgians, two Portuguese and a few Frenchmen in the room".
Antarctica = l'Antarctique
Arabic = l'arabe (la langue).
Scotch whisky = le whisky écossais.

Other countries and peoples

(Le chiffre entre parenthèses renvoie à un des types de construction signalés dans le tableau ci-dessus)

country	adjective		
Europe			
Romania	Romanian (1)	the Ukraine	Ukrainian (1)
Bulgaria	Bulgarian (1)	Lithuania	Lithuanian (1)
Hungary	Hungarian (1)	Latvia (la Lettonie)	Latvian (1)
Bosnia	Bosnian (1)	Estonia	Estonian (1)
Croatia	Croatian (1)	Czechoslovakia	Czech (6)
Serbia	Serbian (1)		
Africa			
Algeria	Algerian (1)	Ethiopia	Ethiopian (1)
Morocco	Moroccan (1)	Angola	Angolan (1)
Tunisia	Tunisian (1)	Nigeria	Nigerian (1)
Egypt	Egyptian (1)	Kenya	Kenyan (1)
Somalia	Somalian (1)		

Asia

Cambodia	Cambodian (1)	Nepal	Nepalese (2)
Indonesia	Indonesian (1)	Iraq	Iraqi (3)
Korea	Korean (1)	Kuwait	Kuwaiti (3)
Tibet	Tibetan (1)	Afghanistan	Afghan(i) (3)
Iran	Iranian (1)		

America

Cuba	Cuban (1)	Chile	Chilean (1)
Panama	Panamanian (1)	Peru	Peruvian (1)
Brazil	Brazilian (1)	Colombia	Colombian (1)
Argentina	Argentinian (1)		

Cardinal points
les points cardinaux

1. general rule	***règle générale***		
geographical location	*localisation géographique*	the Northern Hemisphere	*l'hémisphère nord*
Western Europe	*l'Europe occidentale*	the Southern Hemisphere	*l'hémisphère sud*
Eastern Europe	*l'Europe orientale*	defined states	*entités politiques*
Southern France (the South of France)	*le midi de la France*	South Africa	*l'Afrique du Sud*
Northern Italy (the North of Italy)	*l'Italie du Nord*	South America	*l'Amérique du Sud*
Southern Africa	*le Sud de l'Afrique*	North America	*l'Amérique du Nord*
		North Korea	*la Corée du Nord*
		South Korea	*la Corée du Sud*

2. other occurrences	***autres cas***		
Northern Ireland	*l'Irlande du Nord*	West European democracies	*les démocraties de l'Europe occidentale*
the North Pole	*le Pôle Nord*	East Europeans	*les Européens de l'Est*
the South Pole	*le Pôle Sud*	West Europeans	*les Européens de l'Ouest*
South East Asia	*l'Asie du Sud-Est*		

Expressions

America from coast to coast	*l'Amérique de l'Atlantique au Pacifique*
a desert island	*une île déserte*
rural districts	*les zones rurales*
urban districts	*les zones urbaines*
a sparsely populated district	*une zone peu peuplée*
a densely populated district	*une zone très peuplée*
a land of opportunity	*une terre où chacun a sa chance*
to go West	*aller vers l'Ouest*
to lie (to the) north of	*être (se trouver) au nord de*
to lie in the north of	*se situer dans le nord de*
territorial claims	*des revendications territoriales*
a bone of contention	*une pomme de discorde*
to be poles apart	*être aux antipodes (l'un de l'autre)*
Mother Earth	*la terre nourricière*
to take French leave	*filer à l'anglaise*

Phrases

Pakistan lies to the north west of India.
Le Pakistan est situé au nord-ouest de l'Inde.

New Delhi, the federal capital, is situated in the north of India.
New Delhi, la capitale fédérale, se trouve au nord de l'Inde.

The first rail link under the English Channel eventually opened in 1994.
La première liaison ferroviaire sous la Manche fut enfin ouverte en 1994.

American pioneers went west to settle new territories.
Les pionniers américains allaient vers l'ouest pour coloniser de nouveaux territoires.

Since the 1900s Hispanics have crossed the US border in increasing numbers.
Depuis les années 1900 un nombre croissant d'hispaniques a franchi la frontière des États Unis.
President Kennedy declared that space was to be America's New Frontier.
C'est le Président Kennedy qui déclara que l'espace devait être une Nouvelle Frontière pour l'Amérique.

Europeans found it hard to choose their capital between Brussels, Luxemburg and Strasburg.
Les Européens eurent du mal à choisir leur capitale entre Bruxelles, Luxembourg et Strasbourg.

Throughout their history Balkan peoples have disagreed on their boundaries.
Tout au long de leur histoire les peuples balkaniques n'ont pu s'entendre au sujet de leurs frontières.

From 1870 the Suez Canal cut the passage to India by half.
A partir de 1870 le canal de Suez réduisit de moitié la durée de la traversée vers l'Inde.

It appeared that neither the British nor the Chinese were ready to compromise over Hong Kong.
Il apparut que ni les Britanniques ni les Chinois n'étaient disposés à un compromis au sujet de Hong Kong.

Exercices

I. Traduire :

1. les Polonais
2. un Marocain
3. les Hollandais
4. deux Espagnols
5. quelques Suisses

II. Name the countries the following landmarks belong to :

1. The Riviera 2. The Hague 3. The Rhine 4. Vienna 5. Warsaw 6. Algiers 7. Beijing 8. The Balearic Islands 9. Oporto 10. Athens 11. The Urals 12. Cairo 13. Antwerp 14. The Azores 15. Dunkirk

III. [illegible]ler les phrases en utilisant les mots donnés entre parenthèses :

1. [illegible] countries still totally disagree as to the central issue of diplomatic re[illegible]entation. (poles)
2. Isra[illegible]l is unlikely to accept to discuss Syrian demands for land. (claims)
3. Nowadays even sparsely populated Southern Sahara has become a subject of dispute. (bone)
4. Both candidates declared it was essential that the USA should remain a country where everyone had a chance to succeed. (opportunity)
5. Singapore has now such a large population that birth control has become compulsory. (densely)

IV. Compléter les phrases suivantes :

1. The 1898 treaty stipulated that Hong Kong was to be handed over to … in 1997.
2. The only uninhabited continent, …, is said to be now threatened by 'civilization'.
3. Hundreds of thousands of … are said to have left the region north of Hanoi in the hope of making it to the west.
4. Of all … cities Cairo is undoubtedly the most severely overpopulated.
5. Unlike their Swedish neighbours, the … intend to reject the moratorium on whale hunting.

30. TRAVEL — LES VOYAGES

a tourist	*un touriste*
a travel agent	*un agent de voyages*
a travel agency	*une agence de voyages*
a break	*un court repos*
a trip	*un voyage, une excursion*
a journey	*un voyage, un trajet*
a voyage	*un voyage (par mer)*
a ticket	*un billet*
the fare	*le prix du billet*
a reservation	*une réservation*
luggage	*les bagages*
a piece of luggage	*un bagage*
a suitcase	*une valise*
a trunk	*une malle*
hassle	*les tracas*
a delay	*un retard*
a cancellation	*une annulation*
a package holiday	*un voyage organisé*
a tour operator	*un voyagiste*
a holiday	*des vacances / un jour de congé*
the holidays	*les vacances*
a holiday-maker	*un vacancier*
a destination	*une destination*
a location	*un lieu, une situation*
adventure	*l'aventure*
an adventurer	*un aventurier*
an explorer	*un explorateur*
a foreigner, an alien	*un étranger*
a border	*une frontière*
customs	*la douane*
a customs officer	*un douanier*
a time schedule	*un horaire*
a passport	*un passeport*
a visa	*un visa*
an identity card	*une carte d'identité*
a traveller's cheque	*un chèque de voyage*
a foreign currency	*une devise étrangère*
the exchange rate	*le taux de change*
smuggling	*la contrebande*
a place	*un endroit*
a landscape	*un paysage*
the scenery	*le paysage*
a sight	*une attraction touristique*
a monument	*un monument*
a museum	*un musée*
a beauty spot	*un site naturel*

Land travel — **Voyages terrestres**

driving — *faire de la voiture*
riding — *l'équitation*
cycling — *le cyclisme*
walking — *la marche*
hiking — *la randonnée (à pied)*
trekking — *la randonnée (en montagne)*
camping — *le camping*
a tour — *une visite, un périple*
a drive — *une promenade en voiture*
a ride — *une ballade à cheval*
an excursion — *une sortie, une excursion*
a resort — *un lieu de villégiature*
a spa — *une ville thermale*
a beach — *une plage*
a camp site — *un terrain de camping*
a caravan site — *un camping pour caravanes*
a route — *un itinéraire*
a coach trip — *une excursion en car*
a busload — *un car entier*
rail — *le rail*

the railways, the railroad (US) — *les chemins de fer*
a station — *une gare*
the ticket office — *le guichet*
a 1st class carriage — *une voiture de 1ère classe*
a single ticket — *un aller simple*
a return ticket — *un aller et retour*
a sleeper — *un wagon-lit*
a ticket collector — *un contrôleur*
a conductor — *un chef de train*
a hotel — *un hôtel*
a motel — *un motel*
a youth hostel — *une auberge de jeunesse*
an inn — *une auberge*
accommodation — *l'hébergement*
a vacancy — *une chambre à louer*
the reception desk — *la réception*
a single room — *une chambre à un lit*
a double room — *une chambre à deux lits*
full board — *pension complète*
half board — *demi-pension*
a stay — *un séjour*

Sea travel — **Voyages maritimes**

sailing — *la navigation (à voile)*
a crossing — *une traversée*
a passage — *une traversée, un voyage*
a cruise — *une croisière*
a liner — *un paquebot*

an anchor — *une ancre*
a berth — *une couchette*
a passenger — *un passager*
a harbour — *un port*
a stopover — *une halte*

Air travel — **Voyages aériens**

a plane, an airplane (US) — *un avion*
flying — *voyager en avion*
a flight — *un vol*
an airport — *un aéroport*
an air terminal — *une aérogare*
departure — *le départ*
arrival — *l'arrivée*
a boarding pass / card — *une carte d'embarquement*
a gate — *une porte*
take-off — *le décollage*
landing — *l'atterrissage*
a schedule — *un horaire*
an airliner — *un avion de ligne*
an air hostess — *une hôtesse de l'air*
a steward — *un steward*
a stewardess — *une hôtesse*
airfares — *les tarifs aériens*
hand luggage — *les bagages à main*
picturesque — *pittoresque*
exotic — *exotique*

posh — *cossu*
far — *loin, lointain*
remote — *lointain, reculé*
distant — *éloigné*
close — *proche*
neighbouring — *avoisinant*
foreign, alien — *étranger*
touristy — *trop fréquenté*
crowded — *encombré (de monde)*
adventurous — *aventureux*
abroad, overseas — *à l'étranger*
overnight — *de nuit*
overland — *par voie de terre*
via — *via, par*
to (un)pack — *(dé)faire ses valises*
to journey, to travel — *voyager*
to leave* — *partir*
to start (out, off) — *se mettre en route*
to get* on / off — *monter / descendre*
to embark — *embarquer*
to disembark — *débarquer*

to miss	*manquer*	to proceed	*aller, avancer*
to catch*	*prendre*	to book	*réserver*
to fly*	*voyager en avion*	to hire, to rent	*louer*
to sail	*voyager par bateau*	to cancel	*annuler*
to drive*	*aller en voiture*	to visit	*visiter*
to ride*	*aller à cheval (à moto, à bicyclette)*	to discover	*découvrir*
to hitchhike	*faire de l'auto-stop*	to explore	*explorer*
to take*off	*décoller*	to escape	*s'échapper*
to land	*atterrir*	to get* away	*partir, se libérer*
to check in	*enregistrer*	to attract	*attirer*
to declare	*déclarer*	to cater (for, to)	*pourvoir à, satisfaire*

Expressions

the tourist industry	*l'industrie du tourisme*
the hotel industry	*l'industrie hôtelière*
touristy places	*des endroits (trop) touristiques*
faraway places	*des terres lointaines*
distant shores	*des rivages lointains*
a trip to India	*un voyage en Inde*
a round trip	*un voyage aller et retour*
along the coast	*le long de la côte*
through the jungle	*à travers la jungle*
across the desert	*à travers le désert*
over the sea	*par-delà la mer*
over / across the Atlantic	*outre Atlantique*
a change of scenery	*un dépaysement*
off the beaten track	*hors des sentiers battus*
on horseback / on foot	*à cheval / à pied*
the check-in time	*l'heure d'enregistrement*
the sailing time	*l'heure de départ (bateau)*
to be early / late	*être en avance / en retard*
on my way to Edinburgh	*en route pour Edimbourg*
to be bound for	*être en route pour, en partance pour*
a roadside inn	*une auberge au bord de la route*
a luxury hotel	*un hôtel de luxe*
a Bed and Breakfast	*une chambre d'hôte*
a guest house	*une pension de famille*
No Vacancies	*complet*
to be on holiday	*être en vacances*
to go sightseeing	*faire du tourisme*
to travel abroad	*voyager à l'étranger*
to catch a train	*prendre le train*
to visit places of historical interest	*visiter des lieux historiques*
to get away from it all	*partir en laissant tous ses soucis derrière soi*
to be in need of a break	*avoir besoin de repos*
to stay overnight	*passer la nuit*
to put someone up	*héberger quelqu'un*
to travel light	*voyager avec peu de bagages*

to travel first class	*voyager en première classe*
to travel by train / by plane	*voyager en train / en avion*
he travelled on the 8 o'clock train	*il a pris le train de huit heures*
to travel on the cheap	*voyager en faisant le minimum de dépenses*
to travel on a British passport	*voyager avec un passeport britannique*
to go on a round-the-world cruise	*faire une croisière autour du monde*
to go on a camping holiday	*passer ses vacances en faisant du camping*
to pitch a tent	*monter une tente*
to round Cape Horn	*doubler le Cap Horn*
to sail round the globe	*faire le tour du monde en bateau*
to cross a border	*passer une frontière*
to go through the customs	*passer la douane*
"Nothing to declare"	*"Rien à déclarer"*
"Goods to declare"	*"Marchandises à déclarer"*
to cancel a flight	*annuler un vol*
to cater for tourists	*pourvoir aux besoins des touristes*
to cater to tourists' tastes	*satisfaire aux goûts des touristes*

Phrases

He's gone to London on a business trip.
Il est (parti) à Londres en voyage d'affaires.

He's been to London several times lately.
Il est allé à Londres plusieurs fois ces temps derniers.

When will you come over to the continent?
Quand viendras-tu sur le continent ?

Wasn't the journey across India by train too tiring?
Le voyage en train à travers l'Inde n'a-t-il pas été trop fatigant ?

Can you put us up for the night?
Peux-tu nous héberger pour la nuit ?

I like package holidays provided everything is included.
J'aime bien les voyages organisés, à condition que tout soit compris.

No hassle, no extras, that's my idea of a holiday!
Pas de soucis, pas de suppléments, voilà comment je conçois les vacances !

How many pieces of luggage have you got?
Combien de bagages avez-vous ?

What's the bus fare from Rheims to London?
Combien coûte le billet de car entre Reims et Londres ?

If you are to hitchhike you'd better travel light.
Si tu dois faire du stop, tu ferais mieux de ne pas être chargé.

Exercices

I. Compléter les phrases en utilisant les prépositions suivantes : at - by - away - to - from - round - through - on - over - with

1. The Smiths are not here at the moment, they are … holiday abroad.
2. Did you have a nice trip … Australia?
3. We shall call … Canterbury … our way north.
4. I hate taking so much luggage … the customs.
5. Magellan first sailed … the world in 1620.
6. You can cross the USA … coast … coast … bus.
7. You should come … to England next year and stay a few days … us.
8. He drove all … Europe in his old van.
9. You need a few days in the Caribbean sun to get … from it all.
10. She travelled … a British passport, but she was of Russian origin.

II. Apparier un élément de la colonne de gauche avec un élément de la colonne de droite pour former des ensembles cohérents :

It was to have been the holiday of a lifetime	last year it was the Seychelles and this year Malaysia.
If you are one for cabarets and nightclubs	please now proceed to gate number 3.
Since you intend to travel in the North of England	the farther you fly the cheaper it is.
The Smiths always choose exotic destinations ;	you should go and visit London by night.
Our holiday in Majorca was a great success,	unfortunately tragedy struck soon after they started.
If you compare transatlantic air fares with European ones, the conclusion is obvious :	no wonder it attracts so many tourists.
This is a nice part of the world :	as the engine broke down just outside Jaipur.
I'm afraid the train from Delhi will be 3 hours late	no-one would have thought then that 3 decades later it would take airliners a few hours to fly from Paris to New York.
Calling all passengers to Bombay, Flight AI 235 :	you should stop at Durham, it is worth a visit.
In the 30s liners crossed the Atlantic in little less than a week ;	we enjoyed every moment of it.

III. Compléter le texte à l'aide de la liste suivante : bound / fares / first-class / liner / return / sailed / tickets / travellers / view / voyage

Legend has it that the adjective "posh" comes from "Port side Out, Starboard Home". At the time of the British empire, … to India … aboard ships … for Bombay. Those who could afford high … and who wanted to have a pleasant … booked a … cabin on the port side (left hand side) of the … on their way out of England : thus they had a … of the coasts of Europe and Africa.

On their … passage to England, they chose the starboard side for the same reason. Those POSH … were the most expensive, hence the association of POSH with luxury.

31. Haves and have-nots — Les nantis et les démunis

the rich, the affluent	*les riches*
the poor	*les pauvres*
the well-to-do, the well-off	*les gens aisés*
wealth	*la richesse*
affluence	*l'abondance, l'aisance*
riches	*les richesses*
prosperity	*la prospérité*
luxury	*le luxe*
a billionaire	*un milliardaire*
the Establishment	*les pouvoirs établis*
the upper classes	*les couches supérieures de la société*
status	*le standing*
the lower classes	*les couches inférieures de la société*
the deprived	*les déshérités*
the needy	*les nécessiteux*
the underprivileged	*les défavorisés*
the destitute	*les indigents*
the homeless	*les sans abri*
poverty	*la pauvreté*
hardship, deprivation	*la privation*
destitution	*le dénuement, l'indigence*
wretchedness	*la misère, l'extrême pauvreté*
squalor	*la misère noire*
a plight	*une situation critique, désespérée*
homelessness	*le fait d'être sans toit*
a beggar	*un mendiant*
a shelter	*un abri*
a soup kitchen	*une soupe populaire*
a shanty town	*un bidonville*
misfits	*les inadaptés*
an underdog	*un opprimé*
a dropout	*un marginal*
an outcast	*un paria*
a failure	*un raté, un échec*
a tramp	*un clochard*
a drug addict	*un drogué*
rejection	*le rejet, l'exclusion*
loneliness	*la solitude*
the Third World	*le tiers monde*
a power	*une puissance*
influence	*l'influence*
pressure	*la pression, des pressions*
debt	*la dette*
a gap	*un écart*
the birth rate	*le taux de natalité*
plenty	*l'abondance*
scarcity	*le manque, la pénurie*
rural exodus	*l'exode rural*
a shortage	*une pénurie*
starvation	*l'inanition, la famine*
famine	*la famine*
drought	*la sécheresse*
malnutrition	*la malnutrition*
a commodity	*une denrée*
help, aid	*l'aide*
a charity	*un organisme humanitaire*
emergency relief	*l'aide d'urgence*
natives and immigrants	*autochtones et immigrés*
immigration	*l'immigration*
a quota	*un quota*
a sweatshop	*un atelier clandestin*
exploitation	*l'exploitation*
a ghetto	*un ghetto*
race relations	*les relations raciales*
discrimination	*la discrimination*
segregation	*la ségrégation*
(a) prejudice	*(un) des préjugés*
persecution	*la persécution*
racism	*le racisme*
Blacks	*les Noirs*
Whites	*les Blancs*
a negro	*un noir*
a slave	*un esclave*
slavery	*l'esclavage*
coloured people	*les gens de couleur*
a gipsy	*un gitan*
a Jew/a Jewess	*un juif/une juive*
a concentration camp	*un camp de concentration*
civil rights	*les droits civiques*
abolition	*l'abolition*
equal rights	*l'égalité des droits*
equality	*l'égalité*
settlers and aborigenes	*colons et indigènes*
the (Red) Indians	*les indiens (peaux rouges)*
a territory	*un territoire*
the Frontier	*la limite des terres colonisées (US)*
the Wild West	*le Far West*
a pioneer	*un pionnier*
a reservation	*une réserve*
a nomad	*un nomade*
a tribe	*une tribu*

the prairie	*la prairie*
a genocide	*un génocide*
a mass-killing	*une tuerie*
a slaughter	*une tuerie, un carnage*
a massacre	*un massacre*
a totalitarian regime	*un régime totalitaire*
an oppressed minority	*une minorité opprimée*
the Red Cross	*la Croix Rouge*
the French Doctors	*les médecins français (MSF, etc.)*
a civilian	*un civil*
an uprising	*un soulèvement*
an opponent	*un opposant*
a dissenter	*un dissident religieux*
an ordeal	*une (rude) épreuve*
an exodus	*un exode*
an exile	*un exilé*
an expatriate	*un expatrié*
wealthy, affluent	*riche*
well-off, well-to-do	*aisé*
prosperous	*prospère*
extravagant	*dépensier, prodigue*
extravagantly	*avec prodigalité*
contemptuous	*méprisant*
contemptuously	*avec mépris*
migrant	*migrant*
native	*indigène*
illegal(ly)	*illégal(ement)*
downtrodden	*opprimé*
developed	*développé*
industrialized	*industrialisé*
underdeveloped	*sous-développé*
developing	*en voie de développement*
discriminatory	*discriminatoire*
racial	*racial*
racially	*sur le plan racial*
egalitarian	*égalitaire*
prejudiced	*plein de préjugés*
poor(ly)	*pauvre(ment)*
destitute	*démuni de tout*
wretched	*misérable*
miserable	*malheureux, triste*
precarious	*précaire*
desperate(ly)	*désespéré(ment)*
rejected	*rejeté*
starving	*mourant de faim*
well-fed	*bien nourri*
ill-fed	*mal nourri*

scanty	*insuffisant*
scarce	*peu abondant*
plentiful	*abondant*
sympathetic(ally)	*bienveillant (avec bienveillance)*
compassionate	*compatissant*
awful(ly)	*affreux, terrible(ment)*
dreadful(ly)	*épouvantable(ment)*
appalling(ly)	*effroyable(ment)*
ruthless(ly)	*impitoyable(ment)*
merciless(ly)	*implacable(ment)*
to own	*posséder*
to show* off wealth	*étaler ses biens*
to scorn	*mépriser*
to deprive	*priver*
to dispossess	*déposséder*
to need	*avoir besoin de*
to beg	*mendier*
to reject	*rejeter*
to shelter	*abriter*
to fail	*rater, échouer*
to starve	*mourir de faim*
to intervene	*intervenir, s'interposer*
to distribute, to deal* out	*distribuer*
to provide, to supply	*fournir*
to relieve	*soulager*
to exploit, to sweat	*exploiter*
to toil	*travailler dur*
to discriminate (against)	*faire de la discrimination (contre)*
to segregate	*pratiquer la ségrégation*
to flee*	*fuir*
to migrate	*se déplacer*
to emigrate	*émigrer*
to persecute	*persécuter*
to revolt	*se révolter*
to oppress	*opprimer*
to torture	*torturer*
to suppress	*réprimer*
to crush	*écraser, réprimer*
to seize	*saisir*
to annex	*annexer*
to conquer	*conquérir*
to exterminate	*exterminer*
to decimate	*décimer*
to outlaw	*mettre hors-la-loi*
to deport	*déporter*
to displace	*déplacer*

Expressions

to grow (get) rich	*s'enrichir*
to make a fortune	*faire fortune*
the standard of living	*le niveau de vie*
to exert pressure on	*exercer des pressions sur*
high-income brackets/groups	*les tranches de revenus élevés*
low-income brackets/groups	*les tranches de revenus bas*
a widening gap between rich and poor	*un écart grandissant entre les riches et les pauvres.*
to be in need/want of something	*avoir besoin de quelque chose*
to be in dire straits	*être dans une situation désespérée*
to go busking	*mendier en faisant de la musique*
state allowances	*allocations de l'état*
social benefits	*les prestations sociales*
to seek shelter	*chercher un abri*
the urban poor	*les pauvres des villes*
to feel rejected	*se sentir rejeté/exclu*
to live on the fringe of society	*vivre en marge de la société*
fringe groups	*les groupes (de) marginaux*
refugee camps	*des camps de réfugiés*
to dispatch emergency relief/aid	*expédier de l'aide d'urgence*
financial aid	*des aides financières*
to starve to death	*mourir de faim*
innocent civilians	*des civils innocents*
the starving Ethiopian populations	*les populations affamées d'Ethiopie*
displaced populations	*des populations déplacées*
to flee (from) oppression	*fuir l'oppression*
sweated workers	*des travailleurs exploités*
slave wages	*un salaire de misère*
migrant workers	*des travailleurs migrants*
an illegal immigrant	*un immigré clandestin*
an immigration quota	*un quota d'immigration*
an anti-immigrant feeling	*un sentiment anti-immigrés*
to be deported back home	*être déporté dans son pays d'origine*
to feel discriminated against	*se sentir l'objet de discrimination*
to be racially prejudiced	*avoir des préjugés raciaux*
an Indian reservation	*une réserve d'indiens*
political exile	*l'exil politique*
political asylum	*l'asile politique*
to be under foreign rule	*être sous l'autorité/ la domination étrangère*
to be under someone's thumb	*être sous la coupe de quelqu'un*
to suppress a revolt/an uprising	*réprimer une révolte/un soulèvement*
to deprive someone of his liberty	*priver quelqu'un de sa liberté*

Phrases

Beggars can't be choosers.
Qui quémande ne peut choisir.

The rich get richer and the poor get poorer.
Les riches s'enrichissent et les pauvres s'apauvrissent.

Our affluent society often proves merciless to misfits.
Notre société d'abondance se révèle souvent impitoyable pour les marginaux.

White settlers decimated native tribes to annex their land.
Les colons blancs décimèrent les tribus afin d'annexer leurs territoires.

American blacks think they have not yet achieved economic equality.
Les noirs américains estiment qu'ils ne sont pas encore parvenus à l'égalité sur le plan économique.

Stopping the rural exodus has now become a priority.
Arrêter l'exode rural est désormais une priorité.

Soup kitchens open each winter to feed the urban poor.
Des soupes populaires ouvrent chaque hiver pour nourrir les pauvres des villes.

The existence of ghettos casts a shadow on the American ideal of the Melting Pot.
L'existence de ghettos bat en brèche l'idéal américain du Creuset des Peuples.

Religious dissenters were either ruthlessly persecuted or forced to emigrate.
Les dissidents religieux étaient soit impitoyablement persécutés soit forcés d'émigrer.

The uprising was crushed by the army and ended in mass slaughter.
Le soulèvement fut réprimé par l'armée et se termina en carnage.

Exercices

I. Compléter les phrases suivantes :

Before being granted political (1)… he will have to prove that he was persecuted in his native country.
As a prominent member of the (2)… he naturally was a strong advocate of order based on hierarchy.
Unfortunately it seems that the gap between developed and underdeveloped countries has recently (3)… again.
In the 1920s farmers from Oklahoma (4)… the Dust Bowl for California.
The falling of prices of such (5)… as cocoa or coffee aggravated the debt of (6)… - … countries.
The (7)… rights movement succeeded in making the middle classes aware of racial (8)… .
The United Nations decided that it had a right to (9)… pressure on tyrants in order to protect (10)… minorities.

II. Remettre les mots dans l'ordre correct :

1. seek / homeless / tube / destitute / the / winter / shelter / in / in / and / stations
2. American / parked / last / 20th / at / were / reservations / Indians / the / the / the / on / beginning / century / of

3. workshops / he / sweating / in / fortune / his / made / clandestine / textile / a / immigrants
4. wealth / do / if / off / show / what / people / their / not / would / they / could / affluent / ?
5. lavishly / guests / point / she / always / made / her / a / entertaining / of
6. fringe / live / addicts / feel / often / and / rejected / drug / the / of / on / society
7. shanty / big / displaced / gather / towns / cities / in / outside / populations / and
8. quotas / USA / were / 1923 / in / in / first / immigration / implemented / the
9. abolished / places / was / 60s / officially / public / segregation / the / in / in
10. themselves / commodity / pay / developing / unable / when / fell / debt / countries / their / found / to / prices

III. Reformuler les phrases en utilisant les mots entre parenthèses à la forme donnée :

1. American blacks still complain of being the victims of discrimination. (discriminated)
2. In order to survive he played music and begged in the streets of New York. (busking)
3. Those who could not reach the refugee camps just died of starvation. (death)
4. Even though he was no supporter of apartheid, there is no denying that he had a racial bias. (prejudiced)
5. The peasants who were hit by poverty moved to the overcrowded cities. (stricken)
6. He became rich selling sun lamps in Northern England. (fortune)
7. The Red Cross was called on to send aid as quickly as possible to relieve the displaced populations. (emergency)
8. Many intellectuals lost their freedom for expressing political opinions hostile to the military regime. (deprived)
9. Many lives will be lost if we cannot bring villagers the food and medicine they need. (supply)
10. The brutal massacre of young protesters by the military marked the beginning of the revolution. (slaughtering)

32. METEOROLOGY AND SPACE
LA MÉTÉOROLOGIE ET L'ESPACE

Weather	***Le temps***		
a forecast	*une prévision*	sunset	*le coucher du soleil*
the weatherman	*M. Météo*	sunshine	*l'ensoleillement*
a barometer	*un baromètre*	a sunbeam	*un rayon de soleil*
the sky	*le ciel*	the dogdays	*la canicule*
a cloud	*un nuage*	a drought	*une sécheresse*
the sun	*le soleil*	a climate	*un climat*
sunrise	*le lever du soleil*	rain	*la pluie*
the dew	*la rosée*	a raindrop	*une goutte de pluie*

rainfall	*les précipitations*
a rainbow	*un arc-en-ciel*
a shower	*une averse*
a downpour	*une forte averse*
a puddle	*une flaque d'eau*
a storm	*une tempête*
a thunderstorm	*un orage*
lightning	*les éclairs, la foudre*
a flash	*un éclair*
a flood	*une inondation*
snow	*la neige*
a snowfall	*une chute de neige*
a snowflake	*un flocon de neige*
a snowball	*une boule de neige*
a snowman	*un bonhomme de neige*
a snowstorm	*une tempête de neige*
a snowdrift	*une congère*
an avalanche	*une avalanche*
sleet	*grésil, neige fondue*
the thaw	*le dégel*
hail	*la grêle*
a hailstone	*un grêlon*
frost	*le gel*
an icicle	*un petit glaçon, une chandelle de glace*
a haze	*une brume légère*
mist	*la brume*
fog	*le brouillard*
a draught	*un courant d'air*
wind	*le vent*
a breeze	*une brise*
a gale	*un coup de vent, un grand vent*
a blizzard	*un blizzard*
a hurricane	*un ouragan*
a tornado	*une tornade*
a typhoon	*un typhon*
a landslide	*un glissement de terrain*
an earthquake	*un tremblement de terre*
a volcano	*un volcan*
an eruption	*une éruption*
lava	*la lave*
ashes	*des cendres*
a tide	*une marée*
a tidal wave	*un raz-de-marée*
sunny	*ensoleillé*
fine, fair	*beau*
glorious	*magnifique*
unsettled	*variable*
bright	*clair, radieux*
dry	*sec*
cloudy	*nuageux*
overcast	*couvert*
dull	gris, triste
rainy	*pluvieux*

windy	*venteux*
(it's) windy	*il fait du vent*
foggy	*brumeux*
(it's) foggy	*il y a du brouillard*
snowy	*neigeux, enneigé*
stormy, thundery	*orageux*
close	*lourd*
stifling	*étouffant*
icy	*couvert de glace, glacial*
frosty	*gelé, glacial*
chilly	*frisquet*
cold	*froid*
wintry	*hivernal*
cool	*frais*
warm	*chaud (agréable)*
mild	*doux*
temperate	*tempéré*
hot	*chaud (forte chaleur)*
sweltering	*accablant*
scorching	*torride*
humid, damp	*humide*
rainy, wet	*pluvieux*
foul, dreadful	*affreux*
soaked	*trempé*
thunderstruck	*foudroyé*
to warn	*prévenir*
to forecast*	*prévoir*
to rain	*pleuvoir*
to drizzle	*bruiner*
to pour down	*tomber à verse*
to hail	*grêler*
to break* out	*éclater*
to rumble	*gronder*
to blow*	*souffler*
to snow	*neiger*
to shine*	*briller*
to dazzle	*éblouir*
to rise*	*se lever*
to set*	*se coucher*
to thaw, to melt	*fondre*
to freeze*	*geler*
to whirl	*tourbillonner*
to clear up	*s'éclaircir*
to clear away	*se dégager*
to lift	*se lever (brouillard)*
to ease off	*s'atténuer (vent)*
to pick up	*se renforcer (vent)*
to die down	*tomber (vent)*
to swell*	*grossir (rivière)*
to overflow	*déborder*
to flood	*inonder*
to carry along	*emporter*
to quake	*trembler*
to shake*	*secouer*
to erupt	*entrer en éruption*

The universe	***L'univers***		
(the) Earth	*la terre*	a Martian	*un martien*
the globe	*le globe*	Uranus	*Uranus*
an earthling	*un terrien*	Saturn	*Saturne*
an astronomer	*un astronome*	Jupiter	*Jupiter*
a planet	*une planète*	Neptune	*Neptune*
a satellite	*un satellite*	gravity	*la pesanteur*
a galaxy	*une galaxie*	gravitation	*la gravitation*
a revolution	*une révolution*	weightlessness	*l'apesanteur*
an orbit	*une orbite*	a cosmonaut	*un cosmonaute*
a cycle	*un cycle*	an astronaut	*un astronaute*
the moon	*la lune*	a spaceship	*un vaisseau spatial*
moonlight	*le clair de lune*	a rocket	*une fusée*
a star	*une étoile*	a shuttle	*une navette*
a constellation	*une constellation*	a space flight	*un vol spatial*
a meteor	*un météore*		
a meteorite	*un météorite*	global	*mondial, planétaire*
a comet	*une comète*	universal	*universel*
an asteroid	*un astéroïde*	gravitational	*gravitationnel*
a fireball	*une boule de feu*	cosmic	*cosmique*
a collision	*une collision*	solar	*solaire*
an impact	*un impact*	boundless	*sans limites*
a cataclysm	*un cataclysme*	infinite	*infini*
the atmosphere	*l'atmosphère*	earthbound	*en direction de la terre*
the stratosphere	*la stratosphère*	extra-terrestrial	*extraterrestre*
outer space	*l'espace interstellaire*	electromagnetic	*électromagnétique*
the cosmos	*le cosmos*		
radiation	*la radiation*	to spin*	*tourner*
an observatory	*un observatoire*	to revolve	*graviter*
a telescope	*un télescope*	to attract	*attirer*
an eclipse	*une éclipse*	to twinkle	*scintiller*
a ring	*un anneau*	to collide	*entrer en collision*
Mercury	*Mercure*	to burn*	*se consumer*
Venus	*Vénus*	to break* up	*se fragmenter*
Pluto	*Pluton*	to expand	*se développer, grandir*
Mars	*Mars*	to launch	*lancer*

Expressions

the mean temperature	*la température moyenne*
high pressure	*haute pression*
low pressure	*basse pression*
a weather report	*un bulletin météorologique*
a harsh climate	*un climat rude*
a sunny spell	*une période ensoleillée*
a bright interval	*une éclaircie*
black ice	*le verglas*
below freezing point	*en dessous de zéro*
a flash of lightning	*un éclair*
a peal / clap of thunder	*un coup de tonnerre*
struck by lightning	*foudroyé*
a lightning conductor	*un paratonnerre*

to rain heavily	*pleuvoir fortement*
to be pouring with rain	*pleuvoir à verse*
to get wet	*se faire mouiller*
to get soaked	*se faire tremper*
soaked to the skin	*trempé jusqu'aux os*
a heatwave	*une vague de chaleur*
sunny periods	*des périodes ensoleillées*
bright intervals	*de belles éclaircies*
a snow report	*un avis d'enneigement*
hard packed snow	*de la neige tassée*
high / low temperatures	*des hautes / basses températures*
sub-zero temperatures	*des températures au-dessous de zéro*
a gust of wind	*un coup de vent, une bourrasque*
an easterly / westerly wind	*un vent d'est / d'ouest*
a gale warning	*un avis de tempête*
a force 8 gale	*un vent de force 8*
the big bang	*le big-bang*
a black hole	*un trou noir*
the solar system	*le système solaire*
a solar eclipse	*une éclipse solaire*
a lunar eclipse	*une éclipse de lune*
a celestial body	*un astre*
the Milky Way	*la Voie Lactée*
the Great Bear, the Plough	*la Grande Ourse*
the Lesser Bear	*la Petite Ourse*
a shooting star	*une étoile filante*
the space age	*l'ère spatiale*
a space program	*un programme spatial*
a launch pad	*une aire de lancement*
a space laboratory, a skylab	*un laboratoire spatial*
a moon walk	*une sortie sur la lune*
interstellar space	*l'espace intersidéral*
to go into orbit	*se mettre en orbite*
a heat shield	*un bouclier thermique*
a splash down	*un amerrissage*
a flying saucer	*une soucoupe volante*
a U.F.O. (Unidentified Flying Object)	*un OVNI*

Phrases

It is raining cats and dogs.
Il tombe des cordes.

It never rains but it pours.
Un malheur ne vient jamais seul.

Every cloud has a silver lining.
Toute chose a son bon côté.

March winds and April showers bring forth May flowers.
Après la pluie le beau temps.

To be as right as rain.
Se porter comme un charme.

Let's hope the fog will lift soon.
Espérons que le brouillard va bientôt se lever.

Dark clouds are looming on the horizon.
De sombres nuages se profilent à l'horizon.

Space is filled with objects that threaten the Earth.
L'espace est plein d'objets qui menacent la planète Terre.

Some day, an asteroid or a comet will be on a collision course with the Earth.
Un jour, un astéroïde ou une comète sera sur une trajectoire de collision avec la terre.

Thousands of meteorites as big as a lump of coal fall every year, usually harmlessly.
Des milliers de météorites gros comme un morceau de charbon tombent chaque année, habituellement sans causer de dégâts.

Exercices

I. Compléter les phrases suivantes :

1. As the roof badly could barely withstand the rain, there was a ... of water in the middle of the floor.
2. Outlook : a few showers with ... intervals.
3. The ... temperature in Alaska is incredibly low.
4. He had left his umbrella at home and he got ... to the skin.
5. Please drive carefully : there will be some ... ice on the roads early in the morning.
6. It got so dark at midday that everyone thought of a ... eclipse.
7. Have you heard the weather ... : it's going to rain all day again!
8. He claims he saw a flying ... land in his field last night.
9. The ... wave flooded all coastal cities.
10. Looking through his ..., he was able to see some distant planets.

II. Retrouver l'adjectif :

1. drenched
2. not wet
3. changeable
4. uncomfortably warm
5. very cloudy
6. giving the feeling that breathing is difficult
7. marked by strong wind, heavy rain or snow or hail
8. without limits
9. of the sun
10. originating or existing outside the earth

III. Retrouver la préposition ou la postposition :

1. The weather cleared ... in the afternoon.
2. It poured ... rain all day.
3. He was struck ... lightning as he was working in his field.
4. Most meteorites break ... before they reach the atmosphere.

5. The high winds eased … after a few hours.
6. The climate is very harsh in that country and the temperature is usually … freezing point.
7. It rained heavily and he got soaked … the skin.
8. The whole village was swept … a landslide.
9. The rocket will go … orbit as soon as it leaves the atmosphere.
10. It kept pouring … and we had to cancel the barbecue party.

Q.C.M. Récapitulatif 8ème partie : The world

1. Once again that much publicized reform was a … in a tea cup.
   a-flood b-gale
   c-storm d-drought
2. The French emperor was called the … by the British.
   a-French parvenu b-Mediterranean Usurper
   c-Corsican upstart d-French nouveau riche
3. The space capsule was expected to … off the western coast of the USA.
   a-splash down b-take off
   c-land d-touch ground
4. I think you travel often enough to make a … a profitable proposition.
   a-seasoned ticket b-season fare
   c-seasonal fare d-season ticket
5. A city rich in history, Lincoln is situated 120 miles … London.
   a-to the south of b-in the north of
   c-north of d-south
6. They decided to … early as the day promised to be hot.
   a-go off b-set out
   c-go up d-set up
7. Scientists are worried that a large meteorite might one day … the Earth.
   a-break upon b-collide with
   c-melt on d-break out near
8. Economic power often goes hand in hand with political … .
   a-influences b-clout
   c-influencing d-cloud
9. Chile … over 2,000 miles along the western coast of South America.
   a-stretches b-settles
   c-spreads d-lies
10. In Cairo the passengers waited several hours in … heat for the hijacker to free them.
    a-chilly b-unsettled
    c-overcast d-sweltering
11. After his bankruptcy he considered himself a …
    a-failure b-rated
    c-misfits d-outcast

12. and he subsequently lived on the … of society.
    a-marge b-fringe
    c-margin d-outside
13. He booked a … so as to arrive refreshed on the Riviera in the early morning.
    a-sleeper b-sleeping wagon
    c-sleep d-slipping compartment
14. The Himalayas are not one but a series of mountain … .
    a-picks b-ranges
    c-tops d-treks
15. The gap between rich North and destitute South … over the last twenty years.
    a-was widening b-has been widening
    c-has been deepening d-had deepened
16. The government announced that from now on illegal immigrants would be systematically … .
    a-reported b-exported
    c-deported d-expatriated
17. After walking two hours in … rain we were soaked to the skin when we reached Reeth.
    a-foul b-pouring
    c-scorching d-overflowing
18. NASA believe that we have a reasonable chance of getting in touch one day with … creatures.
    a-E.T. b-cosmic
    c-extraterrestrial d-Martians
19. Paradoxically it seems that his 'socialist' policies worked to the detriment of … .
    a-high-income brackets b-low-income brackets
    c-high-revenue groups d-low-revenue groups
20. Zimbawe lies in … to the north of … .
    a-South Africa / South Africa b-southern Africa / South Africa
    c-the south of Africa / southern Africa d-south African / the south of Africa
21. It is important for an airline to … the needs and tastes of its passengers.
    a-cater to b-reply to
    c-answer d-answer to
22. In the 1930s Mexican … started pouring into the USA unchecked.
    a-paupers b-(rien)
    c-tourists d-wetbacks
23. "Rule Britannia, Britannia rules the waves,
    … never, never, never shall be … ."
    a-British / slavish b-The British / slave
    c-Englishmen / enslaved d-Britons / slaves
24. The crews were terrified at the prospect of rounding Cape Horn in … winds and high seas.
    a-gale force b-cool
    c-gigantic d-drought
25. Jews and Gypsies were ruthlessly … and sent to concentration camps.
    a-encircled b-rounded up
    c-crossed d-pent up

26. We'll be in London tomorrow evening, can you … for the night?
    a-put us on   b-put up with us
    c-put us up   d-put us off
27. Whatever happened, Jack never missed … in the evening.
    a-weather news   b-the weather forecast
    c-the meteorological bulletin   d-the gale warning
28. Immigrant workers often … in sweatshops for slave wages.
    a-exploit   b-spoil
    c-shelter   d-toil
29. East European tourists now come … to visit the cathedral.
    a-in busload   b-in full buses
    c-by whole buses   d-by the busload
30. You should only use the adjective … for whisky and broth, in other cases say … .
    a-Scotch / Scottish   b-Scottish / Scots
    c-Scot / Scotsman   d-Scotsman / crotch

IX. TRADE

33. ECONOMIC ISSUES — LES QUESTIONS ÉCONOMIQUES

the economy — *l'économie*
economics — *la science économique*
trade — *le commerce, les échanges*
barter — *le troc*
bargaining — *le marchandage*
goods, wares — *des marchandises, des* produits
a product — *un produit*
a commodity — *une denrée, une* marchandise
business — *les affaires*
a businessman — *un homme d'affaires*
a business — *un commerce, une* affaire
marketing — *la mercatique*
management — *l'organisation, la gestion*
the management — *la direction, les administrateurs*
a boss — *un patron*
a manager — *un directeur*
an entrepreneur — *un chef d'entreprise*
an industrialist — *un industriel*
a magnate, a tycoon — *un magnat*
imports — *les importations*
exports — *les exportations*
protectionism — *le protectionnisme*
customs tariffs — *les tarifs douaniers*
tariff barriers/walls — *les barrières tarifaires*
a quota — *un contingent*
a ban (on), an embargo — *un embargo*
a blockade — *un blocus*
a freeze — *un gel*
a field, a domain — *un domaine*
a sector — *un secteur*
a market — *un marché*
an outlet — *un débouché*
a niche — *un créneau*
a prospect, an outlook — *une perspective*

a tendency, a trend — *une tendance*
a forecast, an estimate — *une prévision*
a survey — *une étude*
a goal, a target — *un objectif*
a scheme, a project — *un projet, un plan d'action*
a policy — *une politique*
a meeting — *une réunion*
the agenda — *l'ordre du jour*
a package — *un train de mesures*
talks — *des négociations*
a representative — *un représentant*
a deal — *un accord, une transaction*
an agreement — *un accord*
a contract — *un contrat*
a treaty — *un traité*
a deadline — *une date limite*
deregulation — *la déréglementation*
a criterion (criteria) — *un critère*
a standard — *une norme*
statistics — *les statistiques*
an index — *un indice*
figures — *les chiffres*
a chart — *un tableau*
a graph — *une courbe*
a diagram — *un organigramme*
growth — *la croissance*
a pace — *un rythme, une cadence*
a budget — *un budget*
a currency — *une devise*
speculation — *la spéculation*
a speculator — *un spéculateur*
inflation — *l'inflation*
a revaluation — *une réévaluation*
a deficit — *un déficit*
a creditor — *un créancier*
an imbalance — *un déséquilibre*
accountancy — *la comptabilité*
an accountant — *un comptable*

the cost — *le coût*
expenditures — *les dépenses*
overheads — *les frais généraux*
taxes — *les impôts, les taxes*
a loss — *une perte*
a bankruptcy — *une faillite*
gains, profits — *les gains, les bénéfices*
profitability — *la rentabilité*
a margin — *une marge*
a turnover — *un chiffre d'affaires*
benefits — *les avantages*
cash — *les liquidités*
stock — *le stock*
assets — *l'actif*
liabilities — *le passif*
an investment — *un investissement*
an investor — *un investisseur*
an outlay — *une mise de fonds*
sponsoring, sponsorship — *le parrainage*
a stake — *une participation, une mise*
a tender, a bid — *un appel d'offre, une soumission*
a merger — *une fusion*
a takeover — *un rachat, une absorption*
a partner — *un associé*
partnership — *le partenariat*
an incentive — *une stimulation*
a subsidy — *une subvention*
competition — *la concurrence*
competitiveness — *la compétitivité*
self-sufficiency — *l'autosuffisance*
a decrease — *une diminution*
a fall — *une chute*
an increase — *une augmentation*
a rise — *une hausse*
stagnation — *la stagnation*
a slack, a slowdown — *un ralentissement*
a downturn, a downswing — *une baisse d'activité*
a recession — *une récession*
a crisis (crises) — *une crise*
a depression — *une dépression*
a slump — *un marasme*
a bust — *un effondrement*
a crash — *un krach*
a squeeze — *des mesures d'austérité, un resserrement*
a remedy — *une solution*
a recovery, an upturn, a take*off* — *une reprise, un redémarrage*
a boom — *un boom, un essor*
a monopoly — *un monopole*
a multinational — *une multinationale*
a company, a corporation — *une compagnie*
a firm, a concern — *une firme, une entreprise*

an undertaking, an enterprise — *une entreprise, une affaire*
a trust — *un cartel*
capital, funds — *les capitaux, les fonds*
finance — *les finances*
a bank — *une banque*
a loan — *un prêt*
a rate — *un taux*
interest — *l'intérêt, les intérêts*
a debt — *une dette*
a savings bank — *une caisse d'épargne*
a deposit account — *un compte de dépôt*
a current account — *un compte courant*
a cheque, a check (US) — *un chèque*
a cheque book — *un carnet de chèques*
a cashier, a teller — *un caissier*
a withdrawal — *un retrait*
a statement — *un relevé de compte*
an overdraft — *un découvert*
a credit card — *une carte de crédit*
the Stock Exchange — *la Bourse*
the quotation — *la cote*
a bond — *une obligation*
a security — *un titre, une valeur*
a share — *une action*
a shareholder — *un actionnaire*
a dividend — *un dividende*
a broker — *un courtier*
a stockbroker — *un agent de change*

financial — *financier*
commercial — *commercial*
economic — *économique*
economical, cost-saving — *économique (qui permet d'économiser)*

state-owned — *nationalisé*
subsidized — *subventionné*
private — *privé*
franchised — *franchisé*
self-employed — *à son compte*
greedy — *cupide*
costly — *coûteux*
managerial — *directorial*
competitive — *compétitif*
fierce/cut-throat/unfair — *féroce / acharnée / déloyale (concurrence)*
profit-making, profitable — *rentable, lucratif*
tax-free — *non imposé*
duty-free — *détaxé*
index-linked — *indexé*
due — *exigible*
overdue — *échu, arriéré*
(in)solvent — *(in)solvable*
bankrupt — *en faillite*

debt-ridden *criblé de dettes*
low, weak *faible*
sluggish, slack *stagnant, peu actif*
faltering *défaillant*
ailing *en difficulté*
stable *stable*
steady *régulier, stable*
sound *sain*
safe *sûr*
risky *basardeux*
brisk *actif*
keen *vif*
buoyant *animé, très actif*
fast-growing *en pleine expansion*
flourishing, thriving *florissant, prospère*
average *moyen*
plummeting *en chute libre*
zooming, rocketing *qui grimpe en flèche*
gloomy *sombre, morose*
dramatic *considérable*
sweeping *énorme*
bearish *orienté à la baisse (marché)*
bullish *orienté à la hausse*

to trade (in) *faire le commerce (de)*
to import *importer*
to export *exporter*
to supply *fournir*
to meet* *satisfaire, honorer*
to bargain *négocier, marchander*
to barter *troquer*
to compete (with) *être en concurrence (avec)*
to undertake* *entreprendre*
to found *fonder*
to manage, to run* *diriger, gérer*
to plan *planifier*
to settle *régler*
to iron out *aplanir*
to streamline, to slim down *dégraisser*

to free *libérer*
to freeze* *geler*
to handle *traiter, manipuler*
to implement *mettre en œuvre*
to expand *être en expansion*
to boom *être en plein essor*
to thrive, to flourish *prospérer*
to diversify *(se) diversifier*
to update *moderniser*
to upgrade *améliorer*
to sponsor *patronner*
to grant *accorder*
to subsidize *subventionner*
to fund *financer*
to loan *prêter*
to borrow *emprunter*
to invest *investir*
to boost *stimuler, relancer*
to denationalize *dénationaliser*
to take* over *racheter, reprendre*
to merge *fusionner*
to benefit (from) *bénéficier (de)*
to earn *gagner*
to break* even *rentrer dans ses frais*
to cash *encaisser*
to tax *imposer*
to levy *prélever, percevoir*
to jeopardize *mettre en danger*
to harm *nuire*
to decline *être en déclin*
to slump *s'effondrer*
to plummet *dégringoler*
to pick up *redémarrer*
to take* off *décoller*
to skyrocket, to soar *grimper en flèche*
to narrow *(se) réduire*
to widen *(s')élargir*
to cut* (down), to curtail *diminuer, réduire*
to speculate *spéculer*
to devalue *dévaluer*
to revalue *réévaluer*

Expressions

a (free) market economy *une économie de type libéral*
a (centrally) planned economy *une économie de type planifié*
a mixed economy *une économie de type mixte*
a free-trade area *une zone de libre-échange*
the black market *le marché noir*
foreign trade *le commerce extérieur*
a trade agreement *un accord commercial*
the trade gap *le déficit commercial*

the balance of trade, the trade balance	*la balance commerciale*
the trade surplus	*l'excédent commercial*
domestic trade	*le commerce intérieur*
the Gross National Product (GNP)	*le Produit National Brut (PNB)*
the Gross Domestic Product (GDP)	*le Produit Intérieur Brut (PIB)*
the per capita income	*le revenu par habitant*
supply and demand	*l'offre et la demande*
market research	*l'étude de marché*
to find a market	*trouver un débouché*
to penetrate a market	*conquérir un marché*
to phase out of the market	*retirer progressivement du marché*
a bear market	*un marché orienté à la baisse*
a bull market	*un marché orienté à la hausse*
to allow goods in	*laisser entrer des marchandises*
to do business with	*entretenir des relations commerciales avec*
unfair trade practices	*des pratiques commerciales déloyales*
rules and regulations	*la réglementation*
the growth index	*l'indice de croissance*
the ups and downs	*les hauts et les bas*
austere times	*une période d'austérité*
the oil shock	*le choc pétrolier*
the Stock Exchange crash	*le krach boursier*
to be at a standstill	*être au point mort*
to be in the red	*être en déficit*
the exchange rate	*le taux de change*
a hard currency	*une devise forte*
a soft currency	*une devise faible*
the primary/secondary/tertiary sector	*le secteur primaire/secondaire/tertiaire*
to set up/to start a business	*créer une société*
to raise capital	*trouver des fonds*
cost savings	*la réduction des coûts*
gross profit	*la marge brute*
overhead costs	*les frais généraux*
tax evasion	*la fraude fiscale*
profit-sharing	*la participation aux bénéfices*
to share in the profits	*participer aux bénéfices*
to suffer a loss	*subir des pertes*
to foot the bill	*régler la note*
a chartered accountant	*un expert-comptable*
to wind up a business	*liquider une affaire*
to go out of business	*fermer, cesser ses activités*
decision making	*la prise de décision*
a decision-maker	*un décideur*
a round-table discussion	*une table ronde*
to make/strike a deal	*conclure un marché*
the Board of Directors	*le conseil d'administration*
the Chairman of the Board	*le président du conseil d'administration*
the C.E.O. (Chief Executive Officer) (US), the managing director (GB)	*le P.D.G.*
the chief of staff, the head of personnel	*le chef du personnel*
a company car	*une voiture de société*

a business trip	*un voyage d'affaires*
a state-owned company	*une société d'état*
a small or medium-sized company	*une P.M.E.*
a family firm	*une entreprise familiale*
a takeover bid	*une O.P.A.*
a lame duck	*un canard boiteux*

Phrases

In China, commercial interests go hand in hand with diplomatic concerns.
En Chine, les intérêts commerciaux vont de pair avec les préoccupations diplomatiques.

Business is very slack as the market is at its weakest.
Comme le marché est à son niveau le plus faible, les affaires ne marchent pas.

Switching from a planned economy over to free enterprise is a difficult process.
Le passage du dirigisme économique à la libre entreprise est un processus difficile.

Lewis overspent and,as a result, found that his account was in the red.
Lewis a trop dépensé et, en conséquence, il s'est aperçu que son compte était à découvert.

Russia is undergoing the most severe economic hardships since World War II.
La Russie connait les difficultés économiques les plus sévères depuis la deuxième guerre mondiale.

They failed to meet the targets set by the International Monetary Fund.
Ils n'ont pas réussi à atteindre les objectifs fixés par le Fond Monétaire International.

Soaring prices and a worthless currency have reduced their standard of living to a bare minimum.
La flambée des prix et une devise sans valeur ont réduit leur niveau de vie à un strict minimum.

They have spent their life savings on having a house built in the country.
Ils ont dépensé les économies de toute une vie pour se faire construire une maison à la campagne.

US companies accuse state-owned firms of receiving multi-billion-dollar subsidies.
Les compagnies américaines accusent les sociétés étatisées de recevoir des milliards de dollars de subventions.

During the boom years, Japan's domestic market, rather than exports, drove the economy.
Pendant les années de prospérité, c'est le marché intérieur japonais, plutôt que les exportations, qui ont fait marcher l'économie.

Exercices

I. Retrouver les mots répondant aux définitions suivantes :

1. the exchange of goods for other goods
2. a situation in which you are forced to sell your property to pay your creditors

3. a sum of money that is lent
4. money granted by the government to an industry that needs help
5. periodical payment to shareholders
6. the possession of the sole right to supply
7. unlawful buying and selling of goods
8. fixed limit of time
9. amount spent
10. quantity of goods allowed to enter a country

II. Retrouver la postposition ou la préposition :

1. The UN imposed a ban … arms imports.
2. That firm was taken … by an American company.
3. They are expecting sales to take … during the Christmas period.
4. Business is very low, but experts forecast that it will pick … in the spring.
5. The negotiations with the management are … a standstill.
6. They have benefited … the new economic policy.
7. The boss has decided that expenditures are to be cut … .
8. My account is always … the red at the end of the month.
9. He set … his firm when he was twenty.
10. The workers told the management they wanted a share … the profits.

III. Traduire en anglais :

1. Pour trouver des fonds, le conseil d'administration a été contraint de vendre une partie du stock.
2. Les actionnaires ont bénéficié du redémarrage économique.
3. Suite à une mauvaise gestion, cette compagnie a fait faillite.
4. Le P.D.G. est parti en voyage d'affaires aux États Unis.
5. Ils ont entrepris de trouver de nouveaux débouchés.
6. Leur nouvelle politique vise à stimuler le marché extérieur.
7. Le produit intérieur brut est en déclin depuis plusieurs mois.
8. Leurs bénéfices ont dégringolé après le choc pétrolier.
9. L'état accorde de moins en moins de subventions.
10. La vente de marchandises détaxées représente la moitié de leur chiffre d'affaires.

34. SHOPPING — LES ACHATS

a shop	*un magasin*	a supermarket	*un supermarché*
a sale	*une vente*	a hypermarket	*un hypermarché*
a purchase	*un achat*	a trolley	*un chariot*
a (department) store	*un grand magasin*	a shop window	*une vitrine, une devanture*
a chain store	*une chaîne*		
a branch	*une succursale*	a sign	*une enseigne*
a delivery	*une livraison*	an escalator	*un escalier mécanique*
a market	*un marché*	a lift	*un ascenseur*
a stall	*un étal*	an item, an article	*un article*

a range, a line — *une gamme*
a fashion — *une mode*
a craze, a fad — *une vogue*
a price — *un prix*
a make — *une marque (produits manufacturés)*
a brand — *une marque (nourriture, pr. chimiques)*
sales — *les soldes*
a bargain — *une affaire, une offre exceptionnelle*
a display — *un étalage, une exposition*
a shelf (shelves) — *une étagère*
a counter — *un comptoir*
a department — *un rayon*
a showroom — *une salle d'exposition*
a basement — *un sous-sol*

the cash desk, the checkout (supermarket) — *la caisse*
a cashier — *un caissier, une caissière*
a shop assistant — *un vendeur*
a shopkeeper — *un commerçant*
a retailer — *un détaillant*
a dealer — *un concessionnaire*
a wholesaler — *un grossiste*
a middleman — *un intermédiaire*
a rep(resentative) — *un représentant*
teleshopping — *la télévente*
a customer, a client, a patron — *un client*
a shopper, a buyer, a purchaser — *un acheteur*
a consumer — *un consommateur*
a shoplifter — *un voleur à l'étalage*

Shops — ***Les magasins***

a baker — *un boulanger*
a baker's shop — *une boulangerie*
a cake shop — *une pâtisserie*
a butcher — *un boucher*
a butcher's shop — *une boucherie*
a grocer — *un épicier*
a grocer's shop — *une épicerie*
a greengrocer — *un marchand de légumes*
a delicatessen — *une épicerie fine*
a cheese shop — *une fromagerie*
a cheesemonger — *un marchand de fromages*
a fishmonger — *un poissonnier*
a fishmonger's shop — *une poissonnerie*
a confectioner — *un confiseur*
a confectioner's shop, a sweet shop — *une confiserie*
a tobacconist — *un marchand de tabac*
a tobacconist's shop — *un bureau de tabac*
a bookseller — *un libraire*
a bookshop — *une librairie*
a stationer — *un papetier*
a stationer's shop — *une papeterie*
a newsagent — *un marchand de journaux*

a chemist — *un pharmacien*
a chemist's shop, a pharmacy — *une pharmacie*
a clothes shop — *un magasin de vêtements*
a fashion boutique — *une boutique de mode*
a dummy — *un mannequin*
a dry cleaner's — *une teinturerie*
a launderette — *une laverie automatique*
a hairdresser, a barber (US) — *un coiffeur*
a hairdressing salon — *un salon de coiffure*
a shoe-repairer's shop — *une cordonnerie*
a hardware shop — *une quincaillerie*
a flower shop, a florist's shop — *un fleuriste*
a computer shop — *un magasin d'informatique*
a record shop — *un magasin de disques*
an antique(s) shop — *un antiquaire*
an off-licence, a wine shop — *un magasin de vins et alcools*
the undertaker's — *l'entreprise de pompes funèbres*

Note : Les constructions génitives deviennent généralement des cas possessifs incomplets ("You go to the baker's to buy a loaf of bread", "She met her friend at the butcher's"). Dans les autres cas, le mot "shop" ne peut être omis ("I bought a lovely bottle of claret at the wine shop").

cheap, inexpensive — *bon marché*
low — *bas*
dirt cheap — *à très bas prix, donné*
shoddy — *de mauvaise qualité*
defective, faulty — *défectueux*
worthless — *sans valeur*
old-fashioned — *démodé*

genuine — *authentique*
new — *neuf*
second hand — *d'occasion*
soiled — *sali*
discounted, reduced — *à prix réduit*
moderate — *modéré*
economical — *économique, économe*

high *élevé*
expensive, dear *cher*
costly, pricey *coûteux*
overpriced *dont le prix est excessif*
fair *raisonnable*
extravagant *dépensier, gaspilleur*
free, costless *gratuit*
returnable, refunded *consigné, remboursé*
self-service *libre service*
well stocked *bien achalandé*
convenient *pratique*
attractive *attirant, séduisant*
tempting *tentant*
custom-made, customized *sur mesure*
flourishing, prosperous *florissant, prospère*
crowded *plein de monde*
noisy *bruyant*
bankrupt *en faillite*

to buy*, to purchase *acheter*
to choose* *choisir*
to consume *consommer*
to bargain *marchander*
to shop *faire ses courses, des achats*
to patronize *accorder sa clientèle à*
to order *commander*

to pay* *payer*
to cost* *coûter*
to spend* *dépenser*
to open *ouvrir*
to close *fermer*
to sell* *vendre*
to reduce *réduire*
to complain *se plaindre*
to return, to take* back *rapporter*
to refund *rembourser*
to check *vérifier*
to mend *réparer*
to cash *encaisser*
to supply *fournir, approvisionner*
to charge (for) *faire payer*
to label *étiqueter*
to wrap *envelopper*
to pack *emballer*
to weigh *peser*
to deliver *livrer*
to send* *envoyer*
to receive *recevoir*
to trade in, to deal* in *faire le commerce de*
to manage, to run* *diriger, gérer*
to stock, to store *stocker*
to display *exposer*

Expressions

to go shopping *faire les commissions*
to go window-shopping *faire du lèche-vitrines*
to shop around *chercher des bonnes occasions*
to go on a shopping spree *faire des achats extravagants*
home-shopping *les achats à domicile*
a mail-order company *une maison de vente par correspondance*
a price tag *une étiquette portant le prix*
a bar code *un code barres*
a shopping centre, a shopping mall *un centre commercial*
a shopping arcade *une galerie marchande*
a D.I.Y. store *un magasin de bricolage*
a flea market *un marché aux puces*
a junk shop *une brocante*
the purchasing/spending power *le pouvoir d'achat*
the Consumer Price Index (C.P.I.) *l'indice des prix à la consommation*
consumer habits *les habitudes de consommation*
consumer protection *la protection des consommateurs*
consumer trends *les tendances de consommation*
a consumer group *une association de consommateurs*
price regulation *la réglementation des prix*
to pay cash *payer comptant*
to pay on delivery *payer à la livraison*

free of charge	*sans frais*
Value-Added Tax (V.A.T.)	*la T.V.A.*
to buy on credit	*acheter à crédit*
hire purchase	*l'achat à crédit*
a down payment	*un premier versement*
a credit card	*une carte de crédit*
to pay with plastic money	*payer avec une carte de crédit*
a credit freeze	*un gel du crédit*
terms of payment	*des conditions de paiement*
a quality standard	*une norme de qualité*
the quality/price ratio, the value for money	*le rapport qualité/prix*
a range of goods	*une ligne de produits*
a free sample	*un échantillon gratuit*
a clearance sale	*des soldes, une liquidation*
out of stock	*en rupture de stock*
to slash/to undercut prices	*sacrifier les prix*
a (good) bargain	*une bonne affaire*
a self-service store	*un magasin libre-service*
the fish counter	*la poissonnerie (supermarché)*
the shoe department	*le rayon des chaussures*
to meet customers' needs	*satisfaire les besoins des clients*
a cut in prices	*une réduction des prix*

Phrases

The customer is always right.
Le client a toujours raison.

John went to the hairdresser's yesterday to have his hair cut.
John est allé chez le coiffeur hier pour se faire couper les cheveux.

The January sales always attract huge crowds of shoppers.
Les soldes de janvier attirent toujours des foules énormes d'acheteurs.

These cheap TV sets are selling like hot cakes.
Ces postes de télévision bon marché se vendent comme des petits pains.

This fabric is sold by the metre.
Ce tissu se vend au mètre.

She no longer uses her credit card as she tends to spend more than she can afford.
Comme elle a tendance à dépenser plus qu'elle ne peut se le permettre, elle n'utilise plus sa carte de crédit.

He goes round all the stores hunting for a bargain.
Il fait tous les grands magasins en quête de la bonne affaire.

Most of the items on display were going for a song. and people were snatching them up.
La plupart des articles exposés coûtaient un bouchée de pain et les gens se les arrachaient.

If you are sold a faulty article, don't hesitate to take it back and complain to the store manager.
Si l'on vous vend un article défectueux, n'hésitez pas à le rapporter et à vous plaindre au directeur du magasin.

He had put in an order with a mail-order company, but the goods were not delivered in due time.
Il avait fait une commande auprès d'une société de vente par correspondance, mais les marchandises ne furent pas livrées en temps voulu.

Exercices

I. Compléter les phrases suivantes :

1. The store detective caught a … red-handed as the latter was trying to steal a pair of gloves.
2. She went on a shopping … and came back loaded with parcels.
3. If you find our price … than any competitor's, we'll lower it!
4. Nowadays, most customers tend to shop for goods that are good … for money.
5. As the guarantee had run out, they … her £20 for the repair.
6. They often give you free … as you go into the supermarket.
7. He went to the … store to buy a repair kit.
8. He wanted to buy some salmon, but he couldn't find the fish … .
9. She bought an antique lamp at the … market.
10. As he could not afford a new one, he bought his fridge … … .

II. Quels sont les adjectifs correspondant aux définitions suivantes ?

1. having no value
2. wasting money
3. made according to your requirements
4. not wasteful
5. dirty
6. full of people
7. out of date
8. true
9. suitable, handy
10. of poor quality

III. Retrouver la préposition ou la postposition :

1. He bought his car … credit.
2. What do you trade …?
3. Customers are expecting a cut … prices.
4. That percolator was very good value … money.
5. It is always worth shopping … : you find bargains!
6. He said he would pay … delivery.
7. They sent him the parcel free … charge.
8. Since you don't like it, why don't you take it … to the shop?
9. Tomatoes are sold … the pound.
10. I think he deals … used cars.

35. ADVERTISING — LA PUBLICITÉ

advertising, publicity	*la publicité*
an advertiser, an adman	*un publicitaire*
a publicist	*un agent de publicité*
an advertisement, an advert, an ad	*une publicité*
a commercial	*un spot publicitaire*
a flash	*un flash*
a (video) clip	*un clip*
a jingle	*un couplet publicitaire*
hype	*le battage publicitaire*
a campaign	*une campagne*
a strategy	*une stratégie*
a target	*une cible*
design	*la conception*
a concept	*un concept*
a designer	*un stylicien, un concepteur*
a sitter, a model	*un modèle*
a close-up	*un gros plan*
punch	*le dynamisme*
a challenge	*un défi*
a logo	*un logo*
a motto, a slogan	*un slogan*
a follow-up	*une relance*
a survey	*une étude*
a poll	*un sondage*
an interviewer	*un enquêteur*
a questionnaire	*un questionnaire*
a user	*un utilisateur*
a leaflet, a flyer	*un prospectus*
a sticker	*un autocollant*
a folder	*un dépliant*
a booklet, a brochure	*une brochure*
a poster, a bill	*une affiche*
a billboard, a hoarding	*un panneau publicitaire*
the cityscape	*le paysage urbain*
a drawing	*un dessin*
a caption	*une légende*
a pun	*un jeu de mots*
a trick	*une astuce*
a box	*un encadré*
a coupon, a voucher	*un bon de réduction*
a discount	*un rabais*
a rebate	*une ristourne*
a prize	*un prix, un lot*
a label	*une étiquette (descriptive)*
a (price) tag	*une étiquette (prix)*
packaging	*l'emballage, le conditionnement*
a trial	*un essai*
deceptive, misleading	*mensonger*
deceitful	*trompeur*
shocking	*choquant*
clumsy	*maladroit*
far-fetched	*exagéré*
flashy	*tape-à-l'œil*
gaudy	*criard*
incredible	*incroyable*
formal	*guindé*
odd	*bizarre*
realistic	*réaliste*
lifesize	*en taille réelle*
truthful	*véridique*
appealing	*attirant*
eye-catching	*accrocheur*
entertaining	*divertissant*
funny	*amusant*
comical	*comique*
efficient	*efficace*
effective	*qui à de l'effet*
relevant	*pertinent*
convincing	*convaincant, persuasif*
clever	*astucieux, ingénieux*
cunning	*habile, rusé*
outstanding	*remarquable*
creative	*créatif*
imaginative	*imaginatif*
ubiquitous	*omniprésent*
to advertise	*faire la publicité pour*
to promote, to publicize	*promouvoir*
to launch	*lancer*
to sponsor	*commanditer*
to market	*commercialiser*
to position	*positionner*
to design	*concevoir*
to target	*cibler*
to focus (on)	*se concentrer (sur)*
to broadcast*	*diffuser*
to communicate	*communiquer*
to saturate	*saturer*
to suggest	*suggérer*
to underline, to emphasize	*souligner*
to enhance	*mettre en valeur*
to reinforce	*renforcer*
to influence	*influencer*
to convince	*convaincre*

to compel	*forcer*	to distort	*déformer*
to achieve	*réussir*	to deceive	*tromper*
to manipulate	*manipuler*	to bother	*déranger*
to condition, to brainwash	*conditionner*	to assume	*supposer*
to call on	*faire appel à*	to energize	*dynamiser*
to stir, to rouse	*éveiller, faire naître*	to boost	*donner un coup de fouet*
to appeal to	*attirer*		
to embody	*incarner*	to test	*essayer*
to exhibit	*exposer, montrer*	to select	*choisir*
to entertain	*divertir*	to compete with	*concurrencer*

Expressions

a bus shelter	*un abribus*
urban furniture	*le mobilier urbain*
an advertising agency	*une agence publicitaire*
an advertising campaign	*une campagne publicitaire*
an advertising blitz	*un matraquage publicitaire*
a brand image	*une image de marque*
a quality standard	*une norme de qualité*
an advertising medium	*un support publicitaire*
a market survey	*une étude des supports publicitaires*
to air a commercial	*diffuser un message publicitaire*
a commercial break	*une page publicitaire*
peak viewing time, prime time	*les heures de grande audience*
audience rating	*l'indice d'écoute*
sandwich board advertising	*de la publicité par homme sandwich*
advertising space	*l'espace publicitaire*
comparative advertising	*la publicité comparative*
deceptive advertising	*la publicité mensongère*
adverse publicity	*de la contre-publicité*
a give-away paper	*un journal gratuit*
direct mail advertising	*la publicité par correspondance*
a reply card	*une carte-réponse*
a mailing list	*un fichier d'adresses*
a market survey	*une étude de marché*
a brand manager	*un chef de produit*
a field survey	*une étude sur le terrain*
the customer profile	*le profil de la clientèle*
a prospective customer	*un client potentiel*
an age group	*une tranche d'âge*
a cross section	*un échantillon représentatif*
an introductory offer	*une offre de lancement*
a special offer	*une offre spéciale, une promotion*
a free offer	*une offre gratuite*
a sampling demonstration	*une dégustation*
a stamp card	*une carte de fidélité*
a savings voucher	*un bon de réduction*
a sales promotion	*une campagne de vente*
to entice someone into buying	*pousser quelqu'un à acheter*
a buying incentive	*une incitation à l'achat*

Phrases

Advertising can brainwash some consumers into buying useless gadgets.
La publicité peut, par lavage de cerveau, pousser certains consommateurs à acheter des gadgets inutiles.

"Our motto : quality is our strength."
Notre slogan : la qualité est notre force.

I've seen this new brand advertised on television.
J'ai vu de la publicité pour cette nouvelle marque à la télévision.

Some commercials are so cleverly designed that they are quite entertaining.
Certains spots publicitaires sont si habilement conçus qu'ils sont tout-à-fait divertissants.

I hate seeing the walls of our cities plastered with gaudy posters.
Je déteste voir les murs de nos villes tapissés d'affiches criardes.

I don't see why films should be interrupted by commercial breaks.
Je ne vois pas pourquoi les films devraient être interrompus par des pauses publicitaires.

They regularly offer free samples to develop customer loyalty.
Ils offrent régulièrement des échantillons gratuits pour fidéliser la clientèle.

There are two kinds of French ads : one where a woman *has* her clothes off, the other where she *takes* them off.
Il y a deux sortes de publicités en France : l'une où une femme n'a pas de vêtements, l'autre où elle les enlève.

The launching of an advertising campaign requires skill and competence.
Le lancement d'une campagne publicitaire demande des capacités et de la compétence.

Owing to increasing advertising rates, more and more companies resort to sport sponsorship.
A cause de l'augmentation des tarifs publicitaires, de plus en plus de compagnies ont recours au parrainage sportif.

Exercices

I. Retrouver les dix expressions correctes :

1. urban time 2. a video furniture 3. a free list 4. a brand offer 5. prime survey 6. a buying clip 7. a cross card 8. a stamp incentive 9. a mailing image 10. a field section

II. Quels sont les adjectifs correspondant aux définitions suivantes :

1. intentionally misleading
2. too bright and showy
3. present everywhere
4. exaggerated
5. true to life
6. strange, peculiar

7. persuasive
8. particularly amusing
9. clever at deceiving
10. to the point

III. Remettre les éléments de la colonne de droite dans le bon ordre et traduire les phrases obtenues :

An efficient poster always	search for a key to Europe's single market.
I wonder how my address	ends December 24th.
Many sportsmen are now	required.
Offer	has a catchy slogan.
Advertisers	ended up on their mailing list.
This is the third time this evening	send it in to the following address.
I do not wish to receive	a top priority for a media executive.
Complete the coupon, tear it off and	they have broadcast this commercial.
No stamps	used as advertising media.
Buying the best advertising space is	promotional material from other companies.

Q.C.M. Récapitulatif 9ème partie : Trade

1. They had to cut down on costs to remain … .
   a-fierce — b-unfair
   c-competitive — d-economic
2. My wife is very …, she only goes to the hairdresser's once a month.
   a-economic — b-debt-ridden
   c-profitable — d-economical
3. Due to the … in demand, they had to decrease their production.
   a-takeover — b-increase
   c-slack — d-recession
4. Consumers are dispirited after the latest credit … .
   a-squeeze — b-crash
   c-incentive — d-competition
5. They desperately need to … their equipment.
   a-iron out — b-update
   c-grant — d-undertake
6. Some experts hope the lowering of interest … will boost the economy.
   a-figures — b-numbers
   c-values — d-rates
7. Unfortunately, the growth … shows no improvement.
   a-gap — b-indication
   c-index — d-price

8. It is getting more and more difficult to … foreign markets.
   a-levy b-penetrate
   c-export d-settle
9. He used to enjoy a … car, now he goes to the office by bus.
   a-state-owned b-managerial
   c-company d-franchised
10. Although oil prices are …, the price of petrol keeps increasing.
   a-plummeting b-soaring
   c-freezing d-upgrading
11. She asked the postman if there was any … for her.
   a-male b-mall
   c-mail d-courier
12. Shoppers are careful to buy articles that are good … for money.
   a-quality b-value
   c-price d-standard
13. Prices are often … after the Christmas period.
   a-slashed b-cutting
   c-convenient d-reducing
14. He was a very … salesman and could talk people into buying almost anything.
   a-relevant b-flashy
   c-efficient d-performing
15. Advertising space is very costly at peak … time.
   a-watching b-looking
   c-audience d-viewing
16. Boris Becker is a fantastic advertising … .
   a-media b-medium
   c-blitz d-executive
17. I think all these huge billboards spoil the … .
   a-cityshape b-cityscape
   c-drawing d-shape of the city
18. An introductory offer is no more than a buying … .
   a-survey b-sample
   c-incentive d-rating
19. Where did you buy this lovely dress? —At the … .
   a-confectioner's b-stationer's
   c-fashion boutique d-dry cleaner's
20. The miniskirt was nothing but a … .
   a-tag b-display
   c-fad d-bargain
21. That coffee is an excellent … .
   a-label b-brand
   c-make d-fabric
22. Although the article was obviously defective, the shop manager refused to … it.
   a-take back b-return
   c-refund d-cash
23. They have … huge losses since the Japanese flooded the market with cheap copies.
   a-footed b-suffered
   c-felt d-handled

24. Competition has never been so …!
    a-greedy b-flourishing
    c-bearish d-fierce
25. … stores sell goods at rock-bottom prices.
    a-Luxury b-Discount
    c-Clearance d-Undercut

Verbes irréguliers figurant dans les listes

to abide	abode (ou reg.)	abode (ou reg.)
to bear	bore	borne (to be born : naissance)
to beat	beat	beaten
to become	became	become
to beget	begot	begotten
to begin	began	begun
to bend	bent	bent
to bet	bet	bet
to bind	bound	bound
to bite	bit	bitten
to blow	blew	blown
to break	broke	broken
to breed	bred	bred
to bring	brought	brought
to broadcast	broadcast	broadcast
to build	built	built
to burn	burnt (ou reg.)	burnt (ou reg.)
to buy	bought	bought
to cast	cast	cast
to catch	caught	caught
to choose	chose	chosen
to cling	clung	clung
to come	came	come
to cost	cost	cost
to creep	crept	crept
to cut	cut	cut
to deal	dealt	dealt
to dig	dug	dug
to do	did	done
to draw	drew	drawn
to dream	dreamt (ou reg.)	dreamt (ou reg.)
to drink	drank	drunk
to drive	drove	driven
to dwell	dwelt (ou reg.)	dwelt (ou reg.)
to eat	ate	eaten
to fall	fell	fallen
to feed	fed	fed
to feel	felt	felt
to fight	fought	fought
to flee	fled	fled
to fly	flew	flown
to forbid	forbade	forbidden
to forecast	forecast	forecast
to foresee	foresaw	foreseen
to foretell	foretold	foretold
to forget	forgot	forgotten
to freeze	froze	frozen

to get	got	got
to give	gave	given
to go	went	gone
to grind	ground	ground
to grow	grew	grown
to hang	hung	hung (reg. en cas de pendaison)
to have	had	had
to hear	heard	heard
to hide	hid	hidden
to hit	hit	hit
to hurt	hurt	hurt
to keep	kept	kept
to kneel	knelt	knelt
to know	knew	known
to lay	laid	laid
to lead	led	led
to leap	leapt (ou reg.)	leapt (ou reg.)
to learn	learnt	learnt
to leave	left	left
to lend	lent	lent
to let	let	let
to lie	lay	lain
to lose	lost	lost
to make	made	made
to mean	meant	meant
to meet	met	met
to mistake	mistook	mistaken
to mow	mowed	mown (ou reg.)
to overtake	overtook	overtaken
to overthrow	overthrew	overthrown
to pay	paid	paid
to put	put	put
to read	read	read
to ride	rode	ridden
to ring	rang	rung
to rise	rose	risen
to run	ran	run
to rewrite	rewrote	rewritten
to saw	sawed	sawn (ou reg.)
to say	said	said
to seek	sought	sought
to sell	sold	sold
to send	sent	sent
to set	set	set
to shake	shook	shaken
to shear	sheared	shorn (ou reg.)
to shine	shone	shone
to shoot	shot	shot
to show	showed	shown
to shrink	shrank	shrunk
to sing	sang	sung
to sink	sank	sunk

to sit	sat	sat
to sleep	slept	slept
to slide	slid	slid
to smell	smelt	smelt
to sow	sowed	sown (ou reg.)
to speak	spoke	spoken
to spell	spelt	spelt
to spill	spilt	spilt
to spin	spun	spun
to split	split	split
to spoil	spoilt (ou reg.)	spoilt (ou reg.)
to spread	spread	spread
to spring	sprang	sprung
to stand	stood	stood
to steal	stole	stolen
to stick	stuck	stuck
to sting	stung	stung
to stink	stank	stunk
to strike	struck	struck
to swear	swore	sworn
to sweep	swept	swept
to swell	swelled	swollen (ou reg.)
to take	took	taken
to teach	taught	taught
to tear	tore	torn
to tell	told	told
to think	thought	thought
to throw	threw	thrown
to tread	trod	trodden
to undergo	underwent	undergone
to understand	understood	understood
to undertake	undertook	undertaken
to unwind	unwound	unwound
to upset	upset	upset
to wake	woke	woken
to wear	wore	worn
to weave	wove	woven
to weep	wept	wept
to win	won	won
to wind	wound	wound
to write	wrote	written

Aubin Imprimeur
LIGUGÉ, POITIERS

IMPRESSION - FINITION
Achevé d'imprimer en août 1997
N° d'impression L 54419
Dépôt légal août 1997 / Imprimé en France